Elogios para *Gozo al instante*

«Con *Gozo al instante*, Meng sigue ava[...] una vida mejor, para sus semejantes, fundada e[...] or construir un mundo mejor con buen hum[...]

—**Jimmy Carter, trigésimo noveno presidente de Estados Unidos**

«Vivimos en un mundo de una estimulación externa constante, donde se nos dice que el éxito material es la fuente de nuestra felicidad, y que lo que poseemos, nunca será suficiente. En realidad, la fuente de la felicidad y del contentamiento se halla dentro de nosotros, y con respirar una vez nos basta para tener acceso a ella. De esa manera podremos experimentar una sensación natural de asombro y de conocimiento de lo que es. En *Gozo al instante*, Meng presenta unas herramientas para el entrenamiento de la mente como estas, que están libres de los adornos religiosos tradicionales, y que se encuentran al alcance de todos. Su contagioso humor y la forma delicada en que nos va guiando tienen el potencial de causar un profundo impacto en la sociedad presente».

—**Su Santidad el Décimo Séptimo Gyalwang Karmapa,
Ogyen Trinley Dorje**

«*Gozo al instante* nos presenta una idea poderosa y transformadora: cualquiera que sea el punto de nuestra vida en el cual nos encontremos, todos tenemos la capacidad de tener acceso al gozo. Meng es un guía sabio y ameno que comparte con generosidad la increíble historia de su propia vida y bosqueja los pasos prácticos que todos podemos dar para entrenarnos realmente a nosotros mismos a fin de llevar una vida con menos estrés, más sabiduría y más realización».

—**Arianna Huffington, cofundadora y editora en jefe de
*The Huffington Post***

«Lo que captó mi atención fue la confesión de Chade-Meng Tan: "Yo comencé a meditar porque estaba lo suficientemente afligido como para intentar cualquier cosa". De manera que la felicidad no es algo que él ya tenía de manera natural; era una habilidad que tenía que aprender. Pero descubrió que la capacidad para tener acceso al gozo tiene una alta capacidad en cuanto a su entrenamiento. El gozo lo llevó al éxito, y ahora a su vez se presenta a sí mismo, precisamente como la clase de entrenador que todos esperaríamos: responde a tus preguntas exactamente cuando estás a punto de hacerlas mientras lees. No te está hablando *a ti*, sino que está hablando *contigo* y se manifiesta compasivo hasta con los gatos más perezosos que haya entre nosotros. Es divertido estar con Meng y también lo es leerlo. Incluso cuando escribe acerca de preocupación graves. Seamos sinceros: ¿qué nos preocupa más seriamente que hallar la manera de ser felices? Pero él sabe que es igualmente importante aprender también a trabajar con el dolor mientras nos entrenamos a nosotros mismos en el arte del gozo. Si, en *Gozo al instante*, Chade-Meng Tan muestra ser un vendedor brillantemente convincente en cuanto al poder del gozo. Con todo, no se limita a persuadir; por medio de unos ejercicios desarrollados paso a paso, *entrega* también la mercancía».

—**Hermano David Steindl-Rast, OSB, cofundador de A Network for Grateful Living**

«A veces las ideas más sencillas son las más difíciles de captar. Usando su entrenamiento para la meditación, Chade-Meng Tan nos muestra de qué manera podemos acceder con seguridad a la vasta y trascendente naturaleza del gozo, y transformarlo en un recurso sostenible que aumenta la felicidad en nuestra vida diaria».

—**Sakyong Mipham, autor de *The Shambhala Principle***

«*Gozo al instante* nos recuerda que todos tenemos en nuestro interior una semilla de gozo. Este libro va a estimular ese lugar especial que tienes en ti, para que encienda más la felicidad en tu corazón».

—**Goldie Hawn, Premio de la Academia: actriz premiada, productora y autora de gran venta**

«*Gozo al instante* es una formidable expresión de lo que significa cultivar la concientización en todas sus dimensiones, y por qué vale la pena perseverar, tanto en el esfuerzo como en su ausencia. La lógica y la claridad de Meng son inspiradoras, contagiosas y transformadoras».

—**Jon Kabat-Zinn, fundador de Mindfulness-Based Stress Reduction (MBSR) y autor de *Vivir con plenitud las crisis* y *La práctica de la atención plena***

«Es divertido leer este maravilloso libro, que presenta viñetas cómicas, chistes y charlas animadas de principio a fin. Sin embargo, no permitas que el buen humor y el tono ligero de Meng te engañen y te lleven a pensar que sus ideas también son simplemente divertidas. Como pueden atestiguar muchos que han practicado durante mucho tiempo la meditación, entre ellos el propio Meng, las instrucciones que él da en *Gozo al instante* te pueden transformar la vida. ¡Disfruta del libro y entrena tu mente! Te sentirás más feliz después de haberlo hecho».

—**Sharon Salzberg, autora de *Amor incondicional* y *El secreto de la felicidad auténtica***

«Un maravilloso libro de instrucciones sobre los gozos del gozo y la forma de llegar a él. Chade-Meng Tan, el Personaje Bueno y Alegre de Google durante años, lleva a sus lectores por una rápida senda a través de su propio descubrimiento, por la vía de la meditación y la ciencia, del profundo y elevado valor del gozo. Él lo debería saber: es ingeniero, y un ingeniero muy divertido. Me encantó leer su libro. Está lleno de sonrisas, preguntas, viñetas cómicas y relatos, además de contener una gran cantidad de ciencia de la buena, cosas todas que lo convierten en una lectura muy valiosa. *Gozo al instante* es una verdadera mina para el corazón y la mente».

—**Roshi Joan Halifax, Ph.D., abad del Centro Zen de Upaya**

«Chade-Meng Tan te seduce desde que das el primer paso, que consiste en prestarle atención a una sola respiración. Y, si ir más allá de eso es demasiado aburrido o difícil, hacerlo de nuevo. Lo cual significa que ahora le tienes que prestar atención a la segunda vez que respires. Un maestro del Zen preguntó: ¿cuánto dura la vida de uno? Respuesta: la vida es el período que transcurre entre dos respiraciones (se estaba refiriendo a la primera y la última). *Gozo al instante* es un título pensado a medias con buen humor, pero solo a medias. Es una seria introducción a la meditación, más profunda aun por explicarla de una manera tan sencilla. Yo estoy ahora en mi siguiente respiración».

—**George Yeo, presidente de Kerry Logistics y rector de la Universidad Nalanda**

«Este libro EXIGE que lo GOCES».

—**Tony Hsieh, director ejecutivo de Zappos.com**

«En este libro, Meng me ayudó a ver que el gozo no es solo una emoción; también es una acción. Al acceder al gozo que se encuentra en lo más profundo de cada uno de nosotros, ganamos el acceso a los bloques fundacionales para la creación de una vida feliz».

—**Chip Conley, autor best seller de *Ecuaciones emocionales* y empresario de hospitalidad**

«Meng ha captado el tema de nuestra búsqueda del gozo con su elegancia y humildad de costumbre. Con un gran respeto por los maestros y por su sabiduría, y unas simples reducciones a la esencia del trabajo, nos da a todos una senda a seguir que es clara y serena. ¡Todo lo que necesitamos aportar es la intención de tener una manera de vivir más llena de gozo y resistente, y estas páginas harán el resto!».

—Scott Kriens, presidente de Juniper Networks y director de 1440
Foundation

«Este es un libro importante, escrito por un visionario que se ha convertido en uno de los principales defensores del hallazgo del gozo en el trabajo en el mundo entero. Chade-Meng Tan pertenece a una rara estirpe; es alguien que comprende la investigación, pero puede hacer prácticas y utilizables esas ideas, incluso en un mundo que vive tan de prisa como el nuestro. Su amistoso estilo nos hace sentir como si estuviéramos sentados tomándonos un café en Google, con él delante de nosotros, para enseñarnos su famoso curso de entrenamiento mental. Tan ha encontrado una forma de convertir la meditación y el gozo en los sólidos principios de una de las compañías con mayor éxito en la historia, a base de expresar su valor por medio del humor y la sabiduría. Decididamente, *Gozo al instante* te va a ayudar a encontrar un gozo y un éxito mayores también en tu trabajo».

—Shawn Achor, investigador sobre el tema de la felicidad y autor
best seller del libro *La felicidad como ventaja*

«Cuando un libro ofrece pensamientos científicos prácticos acerca del éxito y la felicidad, me siento intrigado. Cuando además de eso, el libro tiene viñetas humorísticas, me cautiva. El libro de Meng es una gozosa mirada al lugar donde podemos encontrar más gozo en nuestra vida».

—Adam Grant, profesor de la Escuela Wharton y autor *best seller*
según el *New York Times* de los libros *Dar y recibir* y *Originals*

«Con el nuevo libro de Meng, es de esperar que el gozo se vuelva viral. Estas instrucciones sencillas y deleitosas nos llevan al máximo de nuestras posibilidades para experimentarlo y compartirlo».

—Steve Chen, cofundador de YouTube

«Nosotros los humanos tenemos el privilegio del acceso a una clase de gozo superior al de los animales; un gozo que nos viene de hacer el bien, ser bondadosos, tener sentido del humor, crear música y hallar la paz mental. Con *Gozo al instante*, Meng nos recuerda que este gozo humano es la clase más digna de confianza, perdurable y verdaderamente gozosa de gozo, y nos enseña cómo no usar nada más (ni nada menos) que nuestra propia mente para conseguirlo».

«A diferencia de muchos otros libros, *Gozo al instante* cumple la promesa que hace en su título. Permite que Meng te enseñe la habilidad sencilla pero poderosa de la meditación... y tanto la felicidad como el éxito pueden estar a una sola respiración de distancia. Junto con el gozo, hallarás la serenidad, la claridad y la creatividad por medio de la disciplina de tu mente. ¿Qué puedes perder?».

GOZO
AL
INSTANTE

GOZO
AL
INSTANTE

El arte de descubrir la felicidad interior

CHADE-MENG TAN

AUTOR *BEST SELLER* DEL *NEW YORK TIMES* DE
BUSCA EN TU INTERIOR

HarperCollins Español

© 2017 por HarperCollins Español
Publicado por HarperCollins Español® en Nashville, Tennessee, Estados Unidos de América.
HarperCollins Español es una marca registrada de HarperCollins Christian Publishing.

Título en inglés: *Joy on Demand*
© 2016 por Chade-Meng Tan
Publicado por HarperOne, un sello de HarperCollins Publishers.

Editora en Jefe: *Graciela Lelli*
Traducción: *Andrés Carrodeguas*
Adaptación del diseño al español: *Grupo Nivel Uno, Inc.*

ISBN: 978-0-71808-735-7

Impreso en Estados Unidos de América

17 18 19 20 21 DCI 6 5 4 3 2 1

En la vida hay muchas cosas muy desagradables.
El gozo no es una de ellas.

A todos los que me han enseñado a encontrar el gozo,
sobre todo en mis horas más oscuras, mi gratitud.

Contenido

Cómo aprendí a ser alegre por diversión y por provecho

Permíteme que te cuente mi historia. Había una vez un muchacho listo y feliz que, a los veintiún años, había llegado a ser un joven gozoso, seguro y bien adaptado. Ese no era yo.

Nací en Singapur en el año 1970. Aquel año, la diminuta nación de Singapur era un país pobre en desarrollo y sin recursos naturales. Cuando cumplí los veintiún años, Singapur se había convertido en un país rico, con uno de los ingresos per cápita más elevados del mundo. Ese fue el milagro económico de Singapur. La fortuna de mi familia creció a la par de aquel milagro económico nacional. Mi padre había comenzado su carrera a los diez años de edad como vendedor ambulante, vendiendo lo que pudiera a lo largo de las calles del centro de Singapur. Pocos años antes que yo naciera, se alistó en el ejército para salir de la pobreza. Cuando yo aún era bebé, éramos tan pobres que mi madre tuvo que apelar a hacer solo comida y media al día para conservar el poco dinero que teníamos. Pasemos rápidamente a veintiún años más tarde: mi padre se había retirado del ejército como oficial de alto rango y se había convertido en un acaudalado líder del mundo de los negocios.

A la edad de doce años, aprendí solo a programar una computadora, lo cual en el año 1982 era algo muy complicado. A los quince gané el primero de numerosos premios nacionales en el campo de la programación. Casi quince años después de aquello, cuando tenía veintinueve años, mis conocimientos de programación me facilitaron un trabajo como uno de los primeros ingenieros de una pequeña compañía llamada Google, que entonces estaba en sus comienzos (y que se ha hecho algo más grande desde que yo comencé a trabajar en ella, en el año 2000). En Google, mi alegría y mi buen humor se hicieron tan notorios que mi título en el trabajo se convirtió en «El personaje bueno y alegre (lo cual nadie puede negar)». Todo comenzó como una broma, pero se me quedó para siempre después que llegó a la portada del *New York Times*.[1] En Google también hice algo que habría debido ser un poco ajeno a la personalidad de un ingeniero: dirigí la creación de un curso de inteligencia emocional basada en la concientización, llamado «Busca en tu interior». Ese curso se convirtió en el más popular en Google y fue el tema central de un libro del mismo nombre, *best seller* a nivel internacional y recomendado por el Dalai Lama así como por Jimmy Carter, expresidente de Estados Unidos. Casi de un día para otro, me volví ampliamente reconocido como experto en unos temas con los cuales un ingeniero asiático experto en computadoras no tiene por qué estar asociado: la inteligencia emocional, la concientización, la compasión y el gozo interno. Hablé en la Casa Blanca acerca del desarrollo de la bondad y en las Naciones Unidas di una charla TED (Tecnología, Entretenimiento y Diseño, charlas auspiciadas por la Fundación Sapling) acerca de la compasión.[2] En el programa *60 Minutes* me entrevistaron para una historia sobre la concientización,[3] y CNN difundió una historia acerca de mi «algoritmo para la felicidad».[4]

Después de leer toda esa historia, cualquiera pensaría que siempre he sido un hombre feliz. En realidad, no ha sido así. De hecho, me pasé la mayor parte de mis primeros años de vida en el extremo equivocado de la felicidad. Hasta los veintiún años fui una persona triste. La tristeza era mi compañera constante y esa compañera olía como si no se hubiera bañado desde que Nixon era presidente. La felicidad no fue algo que me vino de manera natural: fue una habilidad que tuve que aprender.

Es altamente posible entrenarse para la felicidad

Una vez, un individuo chino fue a ver a una mujer que adivinaba la fortuna.

Después de leerle con mucho cuidado las palmas de las manos, la adivina le dijo:

—Ahora eres un hombre triste, y seguirás siéndolo hasta que cumplas cuarenta años.

Entonces, él le preguntó emocionado:

—¿Y qué me va a pasar después de cumplir los cuarenta años? ¿Desaparecerá por fin mi tristeza?

—No; después de los cuarenta, te vas a acostumbrar —ella le respondió.

Ese tampoco fui yo.

Por fortuna para mí, mi historia tuvo un final mucho más feliz. Fui triste hasta los veintiún años. Ese año, aprendí que la capacidad para llegar al gozo es algo altamente susceptible de entrenamiento. Desarrollé las habilidades necesarias para ganar acceso al gozo y me volví un hombre feliz. El tema central de este libro son esas habilidades, para que tú también puedas aprenderlas y ser feliz.

Los estudios hechos sugieren que las personas tienen una notable capacidad para adaptarse, tanto a la buena fortuna como a la mala, y que cada uno de nosotros tiene un nivel de felicidad relativamente estable al cual terminamos regresando, incluso después de unos acontecimientos importantes, ya sean positivos o negativos. Por ejemplo, hay un famoso estudio hecho en 1978 que muestra que hasta aquellos que han ganado una gran cantidad de dinero en la lotería, o han quedado paralíticos en un accidente, terminan regresando a su nivel promedio de felicidad.[5] Un estudio hecho con hermanos gemelos en 1996 sugiere que alrededor de la mitad de nuestra felicidad se halla asociada a nuestra composición genética.[6] Ninguno de los otros factores que se estudiaron, y que eran la posición socioeconómica, el nivel de estudios, los ingresos familiares, el estado civil o la religiosidad, pudo responder por más del tres por ciento de las diferencias entre las personas en cuanto a su felicidad. En otras palabras, las personas nacen con un punto fijado de felicidad que es determinado mayormente por sus genes. Una gran parte de nuestra felicidad depende de la suerte que tengamos con nuestra genética y a mí me tocó una mano bastante mala. Tengo un grado de felicidad bajo. Me imagino que alguna divinidad de las tiras cómicas leyó mi gráfica genética cuando nací y seguramente diría: «Lo siento, amigo; es una desgracia ser como tú. Adiós».

¡Oh no! ¿Qué hacer? Por fortuna, encontré la solución. De la misma manera que las cualidades físicas como la fortaleza y la agilidad son altamente susceptibles de entrenamiento, también lo son las cualidades mentales como el gozo y la serenidad.

Imagínate por un momento que no sabes nada sobre lo que es estar en buena forma física y finge que te acabo de enseñar cómo hacer que los bíceps aumenten de tamaño moviendo una pesa de gimnasio hacia arriba y hacia abajo con un brazo, y después te diga que hagas lo mismo. Es razonable que pienses que soy un tonto, o algo parecido. La pregunta que me deberías hacer es esta: «¿Por qué? ¿Por qué voy a querer yo desperdiciar mi tiempo y mi energía moviendo un objeto pesado hacia arriba y hacia abajo?». (Entre algunos ingenieros que conozco, esto es conocido como ¿QPA? Ese QPA significa «¿Qué pasa aquí?»).

Una vez que hayas comprendido las ideas que dan lugar a los ejercicios y a la salud física, te darás cuenta de que los ejercicios con los bíceps son algo perfectamente lógico. Cada vez que subes o bajas la pesa, fortaleces tus músculos un poco más. Si haces una gran cantidad de ejercicios con los bíceps y otros ejercicios de levantamiento de pesas, estarás adquiriendo una cualidad física conocida como fortaleza. Con la fortaleza, podrás hacer cosas que nunca antes te habías podido imaginar. Por ejemplo, ahora podrás abrir botes de encurtidos de esos que son realmente difíciles, y también podrás sacar literalmente por la fuerza a ese novio que no sirve. Sin embargo, además de desarrollar tu fortaleza (y adquirir la capacidad necesaria para sacar a la fuerza al novio que no sirve), también desarrollarás algo que es más importante aun: salud y bienestar físicos. Con la salud y el bienestar físicos, van a mejorar todos y cada uno de los aspectos de tu vida. Vas a tener más energía, vas a sufrir menos de esos días de enfermedad y vas a tener un éxito mayor en tu trabajo, porque tendrás más energía y menos días de enfermedad. Te verás mejor en el espejo, te sentirás seguro y muy bien. Si nunca has oído hablar del entrenamiento físico, lo que acabo de afirmar te debería dejar impresionado, porque te estoy asegurando que puedes efectuar de manera deliberada unos cambios fisiológicos con unos sencillos ejercicios de entrenamiento, como el de mover repetidamente un objeto hacia arriba y hacia abajo y, al hacerlo, mejorar todos los aspectos sencillos de tu vida.

En mi larga lucha con la aflicción, descubrí casi por accidente el equivalente mental del ejercicio físico. Encontré que es posible efectuar de manera deliberada cambios mentales que transforman la vida, con unos sencillos ejercicios de entrenamiento; o si los quieres llamar así, ejercicios para los bíceps de la mente. Podemos desarrollar importantes habilidades mentales, como la capacidad de tener acceso instante al gozo y, al hacerlo, mejorar todos los demás aspectos de nuestra vida. El equivalente mental del ejercicio físico es la meditación.

Decir *meditación* es lo mismo que hablar del *entrenamiento de la mente*. Desde el punto de vista científico se define como «una familia de prácticas para el entrenamiento de la mente que son diseñadas para habituar al practicante con tipos específicos de procesos mentales».[7] Para meditar, todo lo que se necesita es tener una mente. Practicar la meditación es ejercitarse con la mente para mejorar en cuanto a hacer ciertas cosas con ella, como experimentar el gozo. Para nosotros es de particular interés una forma de reflexión conocida como meditación para la concientización. Es una de las muchas maneras de meditación, de la misma forma que trotar es una de las muchas modalidades de hacer ejercicio. Se define la concientización como el hecho de «prestar atención de una manera particular: a propósito, en el momento presente, y sin emitir juicio alguno».[8] O sea, que la concientización es una forma concreta de prestar atención y la meditación para la concientización significa que estamos practicando esta manera de prestar atención.

Comencé a meditar porque me sentía lo suficientemente miserable como para probar lo que fuera. En aquellos días, en la parte del Asia de donde procedo, la meditación no era muy aceptada. De hecho, más bien era rechazada y considerada como una práctica extraña. En Singapur no teníamos *hippies* cuando yo era muchacho, pero teníamos una serie de personas sobre las cuales los miembros de mi familia murmuraban con una extraña mezcla de fascinación y de vergüenza, y esa era la clase de personas que tendíamos a asociar con la meditación. Peor aún, no había maestros seculares de meditación, de manera que la única forma de aprenderla en aquel entonces era acudir a los centros budistas (lo cual es la razón por la que salí de esa experiencia decidido a hacer accesibles las prácticas de meditación de una forma secular, de manera que las personas no tengan que ser budistas para beneficiarse de ellas, pero esa es otra historia). Peor aún, en aquellos días se percibía al budismo en algunas partes del Asia, entre ellas Singapur, como anticuado, polvoriento, aburrido y profundamente pasado de moda. Así que un joven delgado, desmañado y dedicado a la informática, que trataba con todas sus fuerzas de darles a sus amigos el aspecto de estar muy al día, habría tenido que estar realmente desesperado para tratar de aprender meditación... y ese era yo.

Aun entonces, tenía la vaga sensación de que la meditación era la solución a mi tristeza, pero no sabía por qué, ni de qué manera. El descubrimiento se produjo en septiembre de 1991, cuando era estudiante recién llegado a la Universidad Tecnológica de Nanyang, en Singapur. Asistí a una conferencia que dio en el recinto universitario una dama llamada Venerable Sangye Khadro. Sangye Khadro, conocida también como la autora Kathleen McDonald, es una mujer estadounidense que fue ordenada como monja por el budismo tibetano. Lo primero que noté en ella fue la serenidad y la gozosa dignidad que se notaba en su manera de estar de pie, caminar, sentarse y hablar. Me sentí impresionado inmediatamente. Entonces, en el mismo medio de su conferencia, la escuché decir estas palabras: «Todo tiene que ver con el cultivo de la mente». Cuando escuché aquello, en un instante, todas las cosas de mi vida adquirieron sentido de una forma repentina. Todas. En ese mismo momento, tomé dos decisiones que me transformaron. En primer lugar, me dije: «Desde este momento, aquí y ahora mismo, soy budista». En segundo lugar, decidí aprender a meditar, por difícil que fuera.

De todas formas, muy poco tiempo después de decidir que aprendería a meditar, conocí a mi primer maestro verdadero de meditación. En los círculos de meditación hay un dicho popular: «Cuando el estudiante está listo, aparece el maestro». Sería eso o sería por pura suerte. Comoquiera que fuera, conocí a un venerado maestro procedente de Sri Lanka, llamado Godwin Samararatne, quien, en mi opinión, se merecía toda la grandísima reverencia que la gente le rendía. A pesar de su profunda sabiduría, era capaz de enseñar meditación de una manera que hasta yo podía comprender. Ese fue el primero en una larga lista de personas sabias con las cuales he aprendido que es posible entrenarse para ser feliz, si se disponen uno tras otro los momentos de gozo.[9]

No me cabe la menor duda de que la meditación puede llevar a la felicidad en la vida real. Lo sé, porque yo mismo soy un ejemplo bastante extremo. La base de mi felicidad solía ser la tristeza, lo que significaba que cuando no estaba pasando nada, me sentía triste. Y significaba que si pasaba algo bueno, me sentía más feliz por un tiempo, pero después terminaba regresando a mi tristeza. Además, significaba que, a pesar de la prosperidad, el reconocimiento y otras clases de éxito mundano que fui recibiendo a medida que crecía, no era feliz. Un par de años después de comenzar a entrenar mi mente, mi base cambió a la cualidad de alegre; lo que significa que aunque nada pasara, estaba alegre. Ahora, cuando paso por algo doloroso, doloroso, termino volviendo a ser alegre.

¡Vaya!

La gente solía suponer que es imposible modificar la base de la felicidad, pero yo soy prueba viva de que ella se puede mover desde altamente negativa hasta altamente positiva con solo unos años de práctica. Por supuesto, yo no soy el único. Hasta los maestros de la felicidad necesitaron entrenamiento para llegar donde están ahora. Tomemos por ejemplo al Dalai Lama, al cual la felicidad le viene de una manera tan inmediata, que en una ocasión, cuando un reportero le preguntó cuándo fue el momento más feliz de su vida, él le respondió (con una traviesa mirada en los ojos): «¡Ya!». Hasta el Dalai Lama tuvo tiempos en que no fue alegre; hasta él tuvo que entrenar su mente para ser feliz «ya», y hasta él tiene que practicarlo todos los días.

Hasta «el hombre más feliz del mundo», el monje budista tibetano Matthieu Ricard, cuya felicidad ha corrido la suerte de ser medida y reportada desde el año 2007,[10] sería el primero en decirte que no nació feliz. Ha alcanzado unos estados duraderos de paz y gozo interiores (y lo que él llama con modestia «algunos niveles de libertad interior y de compasión»), gracias a un entrenamiento constante que le han inspirado sus maestros espirituales. Cuando le hablé respecto de esto, insistió en que no se trata de un estereotipo acerca de un número pequeño de personas que son especiales. En realidad se trata del entrenamiento por el que pasaron él y sus amigos, y del cual puede derivar beneficios similares cualquier persona. Otro que ha alcanzado una medida extrema de felicidad es Mingyur Rinpoche, en el laboratorio pionero neurocientífico de Richard Davidson en Madison, Wisconsin. Mingyur Rinpoche admite con franqueza que sufría de graves ataques de pánico cuando era niño, y que superó esos ataques de pánico con la práctica de la meditación.[11]

A mí me parece que eso no es un accidente; es probable que esté sucediendo por designio. Lo sabemos porque incluso tanto tiempo atrás como en los días del Buda, alrededor del año 500 A.C. aproximadamente, un rey de la India hizo la observación de que a él los monjes budistas le parecían notablemente pacíficos y felices. Más convincentes son para mí los que participan en mi clase de «Busca en tu interior». La gran mayoría de los que participaban practicaron muy poca meditación, o ninguna, antes de las clases, pero después de unos días o semanas de meditación, muchos de ellos informaron que su felicidad aumentó de una manera significativa. Un estudio hecho en 2003 presenta unos hallazgos similares. Según ese estudio, bastan solo ocho semanas de entrenamiento en la concientización para causar en el cerebro unos cambios significativos asociados al aumento de la felicidad.[12]

En la actualidad, me encuentro en un buen lugar, ¿tal vez a la mitad del camino?, en esta continuidad entre el Juan Triste Promedio o la María Triste Promedio en un extremo, y Su Santidad y otros maestros de la felicidad en el otro. En estos días, según me di cuenta recientemente, ya casi nunca pierdo mi sentido del humor. El Arzobispo Desmond Tutu dijo en una ocasión: «Si te quieres convertir en un agente de cambio, tienes que acordarte de mantener siempre tu sentido del humor». Y estoy de acuerdo: el gozo es un recurso inmensamente poderoso.

Bueno, tal vez solo haya recorrido la cuarta parte del camino hacia el gozo inmutable y constante, pero la idea más importante es que se trata de una continuidad. Es decir, que el gozo y la felicidad son altamente entrenables. Precisamente: esa es *la razón* por la que les llegan con tanta rapidez a Su Santidad y a otras personas muy felices. Ellos han estado practicando toda la vida. Sin embargo, eso no significa que tengas que llegar a ser un monje octogenario antes de poder ser realmente feliz, porque mucho antes que hayas dominado la felicidad, todas las cosas se van a ir volviendo mucho mejor, como vamos a ver.

Un gozo independiente de los placeres sensuales y de los del ego

Había un hombre que tenía un problema en la piel que hacía que le picara todo el tiempo. Cada vez que se rascaba donde le picaba, sentía alivio. Cierto día, un habilidoso médico le curó el problema que tenía en la piel y ya no tuvo que seguir rascándose. Entonces se dio cuenta de que cada vez que se rascaba donde le picaba se sentía bien, pero que no tener que rascarse ninguna picazón era algo que se sentía mejor aún.

Nosotros tenemos una situación en la mente que nos da picazón por dos tipos de placeres: el placer de los sentidos y el del ego. Cuando nuestros sentidos reciben un estímulo placentero, como cuando comemos algo que nos sabe bien, o cuando nuestro ego es estimulado de manera agradable, como cuando nos elogian por algo que hemos hecho, sentimos gozo, lo cual es bueno. Lo que es aún mejor es que si podemos sentir gozo sin tener que depender de los placeres de los sentidos o de los del ego. Por ejemplo, cuando estamos comiendo chocolate, sentimos gozo, y cuando nos quedamos sentados sin comer chocolate, seguimos sintiendo gozo. Para poder lograr eso, entrenamos nuestra mente para que acceda al gozo, aunque no esté recibiendo estímulo alguno. Este es también el secreto para elevar tu punto básico de felicidad.

Para entrenar nuestra mente de manera que pueda acceder al gozo sin estímulo alguno, necesitamos comprender de qué manera surge el gozo independientemente de los estímulos de los sentidos y, después, cultivar esas habilidades. Son tres: reposar, predisponerse y elevarse.

1. Reposar en el gozo

La primera habilidad que necesitamos tener para apoyar el gozo al instante es reposar la mente para ponerla en un estado de descanso. Cuando la mente está descansada, el gozo se vuelve más accesible, de manera que parte de la práctica consiste en aprender a acceder a ese gozo con reposo y después, a la vez, usar el gozo para reforzar ese reposo.

A eso llamo «reposar en el gozo», sin que necesitemos que haya algo que agrade a nuestro ego o que nos cause un placer sensual. El cultivo de esta forma de gozo interior comienza a liberarnos de tener que apoyarnos de forma excesiva en el estímulo de los sentidos y del ego para encontrar el placer. Eso significa que el gozo se va haciendo cada vez más disponible en cualquier lugar y en cualquier momento.

2. Predisponer la mente al gozo

Después, aprendemos a notar el gozo y a prestarle toda nuestra atención. Aprendemos cuál es el lugar donde lo tenemos que buscar con el fin de ver y apreciar que el gozo ya se halla a nuestra disposición, en momentos que no habíamos notado anteriormente. Podemos encontrar gozo en una respiración que nos serena y en los placeres de las actividades comunes y corrientes. Entonces invitamos a ese gozo a entrar en nosotros. El hecho de invitarlo y de notar su presencia se convierte en parte de nuestra práctica de la meditación, además de que ambas cosas se convierten en hábitos de nuestra vida diaria. Con el tiempo y la práctica, la mente comienza a saber cómo conocer el gozo. Se familiariza con él, como si fuera un miembro cercano de nuestra familia con el cual podemos contar. Mientras más se familiarice la mente con el gozo, más lo percibe, más se inclina hacia él y menos esfuerzo necesita para crear las condiciones que nos conducen al gozo.

Tal vez le cueste trabajo inclinarse porque no es muy **delgadito.**

3. Elevar la mente

Aquí aprendemos a elevar nuestra mente con un gozo total; en especial, el gozo que se deriva de la bondad, la generosidad, el amor misericordioso y la compasión. Lo saludable es que este gozo beneficia a la salud de la mente de la misma forma que la comida saludable beneficia a la salud física. Ese gozo también lleva a la mente a un estado más estable y sosegado, porque no tiene que luchar con nada al estilo del remordimiento o la envidia. A su vez, ese estado mental estable y sosegado es más propicio a llevarnos a un gozo saludable, con lo cual está estableciendo un círculo virtuoso.

Con el entrenamiento en el reposo, la predisposición y la elevación de la mente aparece una capacidad creciente para **acceder al gozo al instante** en la mayoría de las circunstancias normales de la vida (es decir, en ausencia de unas dificultades abrumadoras, como podría ser la pérdida de nuestro trabajo o la desaparición de un ser amado).

Jonathan Berent, el director de Google, después de aprender esas habilidades, notó que aquello había causado un profundo impacto en su vida. Esto es lo que me dijo: «He descubierto que en cualquier momento puedo respirar de manera consciente y acceder al gozo. De hecho, esto me ha ayudado tanto que uso el cronómetro que tiene mi reloj para que me recuerde que debo tomar al menos una respiración así por hora, cuando estoy totalmente consciente de ella. Hace un par de años, yo había pensado que todo eso carecía de sentido. ¿Gozo al instante? Te debes estar burlando de mí. Ahora, se ha convertido en una realidad para mí, y sé que es posible en cualquier momento».

Por ser ingeniero, creí que ibas a valorar un poco más el pirateo que yo hice...

Janie, otra persona que conozco, experimentó un cambio realizando una pequeña práctica de las que aparecen en este libro durante un tiempo muy breve. Ella no había podido dormir bien durante muchos años. Después de practicar la atención al gozo del amor misericordioso (consulta el capítulo 5) por dos minutos, aquella noche durmió mejor de lo que había podido en años. Ahora practica a diario el amor misericordioso y, desde entonces, ha estado durmiendo mejor.

Pero espera, que hay más. La misma preparación mental que usamos para elevar la mente, predisponerla al gozo y reposar en ese gozo es lo que nos da la fortaleza y las habilidades que necesitamos para enfrentarnos con las dificultades y con el dolor emocional. No te puedo asegurar que tu vida vaya a estar llena únicamente de gozo después de respirar una vez, ni tras horas de entrenamiento, ni cuando llegues al final de este libro, pero te aseguro que cada vez que puedas hacer estas tres cosas —reposar, predisponerte y elevarte—, **lo que te parece doloroso va a dolerte menos; lo que es neutro se volverá gozoso y lo que es gozoso se volverá aun más gozoso.**

(Aquí es donde a ti te toca decir: «¡Vaya!».)

Si no has sido feliz, o si lo eres y aspiras a serlo más aun, debes saber que puedes levantar tu punto básico de felicidad. Lo sé porque lo hice y porque he visto a muchos otros hacerlo también en el programa de entrenamiento de la mente que he enseñado en Google. También he visto estudios científicos que lo han medido. Por supuesto, los monjes budistas y otras personas de vida contemplativa lo han estado haciendo miles de años, pero no se trata de una sustancia que contenga el agua de los Himalayas, sino de algo que tú también puedes hacer, dondequiera que estés.

Tienes todo el derecho de preguntar, si es tan accesible esta clase de gozo digno de confianza y duradero, ¿por qué no hay más gente que lo haya encontrado? ¿Por qué parece ser tan escurridizo? A mí me parece que el problema principal radica en que la mayoría de las personas no están conscientes de que un gozo independiente de la estimulación de los sentidos o del ego sea posible siquiera. O si hemos oído hablar de él, muchos de nosotros pensamos que es inalcanzable, así que ni siquiera hacemos el intento.

No sabemos que es algo que todos y cada uno de nosotros podemos aprender. Hay quienes creen que se debe tener una gran cantidad de dinero para sentir gozo, mientras que otros piensan que uno solo puede hallar la felicidad si lo abandona todo y vive en una cabaña en medio de un bosque.

También es posible que pienses que necesitas estar meditando muchos años para tener acceso al gozo; sin embargo, tal como verás en el capítulo 2, en una sola respiración puedes comenzar a experimentar los beneficios.

Si pensamos que solo tendremos gozo cuando podamos comprar cosas, consumir cosas, volvernos unos ruines magnates o aspirar a la presidencia después de convertirnos en esos ruines magnates, entonces el gozo se nos va a hacer escurridizo.

En la sociedad moderna, con la tecnología de hoy, el placer es más accesible que nunca, nos rodea por completo y se halla a nuestra discreción. Con toda seguridad, nuestra falta de gozo no se debe a que no tengamos maneras de satisfacer nuestro ego y nuestros sentidos. Sin embargo, el gozo que procede de esas fuentes contiene una problemática que le es inherente, porque depende de factores externos que no se hallan bajo nuestro control. (Esa selección de YouTube nos parece hallarse totalmente bajo nuestro control... hasta que nuestro acceso a Internet deja de funcionar).

En cambio, el gozo que procede de nuestro interior, de una mente en paz como resultado de que hemos respirado unas cuantas veces; el gozo que nos produce el ser bondadosos con los demás, lo cual involucra a otras personas, pero no depende de ellas; el gozo que procede de nuestra propia generosidad, el gozo que sentimos cuando hacemos lo que debemos... todo ese gozo es nuestro, sin que dependa de las circunstancias. Si perdemos de manera accidental nuestro gozo, o si sucede algo realmente malo que nos haga sentir abrumados, seguimos teniendo gozo porque sabemos que lo podemos recuperar. Todos tenemos un recurso infinito a nuestra disposición, por restringidas o difíciles que sean nuestras circunstancias, y ese recurso es el gozo. El gozo no se nos vuelve escurridizo cuando sabemos dónde mirar y cómo hacerlo.

El gozo lleva al éxito

La vida es extraña. Hay ocasiones en que solo encontramos algo cuando lo dejamos de buscar. Por ejemplo, una vez necesitaba un tipo de cable específico para mi computadora. Busqué por toda la casa y no lo pude encontrar. Después de una hora, me di por vencido y me dije que compraría otro cable al día siguiente y, a unos pocos minutos de haber abandonado la búsqueda, lo vi delante de mí en un estante, a un metro de distancia.

Así descubrí que tenía una relación parecida con el éxito. Cuando comencé a adquirir habilidades en cuanto a tener acceso al gozo que no depende de los placeres sensuales ni del ego, me volví una persona mucho más feliz, y mi desesperado anhelo de tener éxito en el mundo también se comenzó a desvanecer. Puesto que ahora podía ser feliz, tanto si era rico como si no, y habiéndole «demostrado» al mundo quién soy yo, o sin demostrárselo, no veía por qué habría de seguir alimentando esa obsesión por tener «éxito». Pensé que me estaba dando por vencido en mi afán de tener éxito en la vida, y que terminaría como un cuento dedicado a advertir a todas esas «mamás tigresas» que hay en el Asia. Lo que sucedió fue lo opuesto y mi éxito resultó ser aun mayor.

Más tarde descubrí el porqué: el gozo lleva a la felicidad y la felicidad lleva al éxito. Pero definamos primero cuál es la diferencia entre el gozo y la felicidad. Me gusta dejar que sea Matthieu Ricard quien defina la felicidad. Supongo que «el hombre más feliz del mundo» debería saber cuál es esa diferencia. Según señala Matthieu, la felicidad es «una profunda sensación de florecimiento que surge de una mente excepcionalmente saludable... no un simple sentimiento de placer, una emoción fugaz o un estado de ánimo, sino un estado óptimo del ser».[13] En cambio, el gozo *es* un sentimiento placentero. Es una emoción. Se presenta en el momento, mientras que la felicidad es más bien un efecto neto a lo largo del tiempo de la salud y el bienestar mentales, además del florecimiento personal. El gozo es un bloque de construcción de la felicidad. La vida feliz está hecha de muchos momentos de gozo. Aunque la felicidad no significa que todos los momentos sean de puro gozo, no existe una senda a la felicidad que carezca de gozo. La capacidad para acceder al gozo al instante me capacitó para forjarme una vida feliz. En este sentido, el gozo nos lleva a la felicidad.

¿Y cómo distinguimos la felicidad y el éxito? Resulta que yo tenía estos conceptos equivocados. Mi educación asiática me había llevado a creer que el éxito es el que lleva a la felicidad y que, un día, cuando hubiera logrado el éxito, sería feliz. De hecho, lo cierto es lo contrario. El éxito no lleva a la felicidad, sino que es la felicidad la que lleva al éxito. Esta relación entre éxito y felicidad ha sido objeto de extensos estudios. Mi amigo Shawn Achor la llama «La ventaja de la felicidad», y este es también el título de su libro que ha sido un gran éxito de ventas.[14] Citando centenares de estudios llevados a cabo a lo largo de décadas, Shawn presenta de manera convincente la sugerencia de que la felicidad es una ventaja de gran importancia en la búsqueda del éxito. Tal como lo resume en un artículo publicado en el año 2011 en la *Harvard Business Review*, «la mayor de todas las ventajas en la economía moderna es un equipo de trabajo feliz y comprometido».[15]

La felicidad produce en las ventas un aumento del treinta y siete por ciento, en la productividad, un treinta y uno por ciento, y en la precisión en la realización de las tareas, un diecinueve por ciento. La felicidad también hace a las personas más populares y mejores en la realización de su trabajo, o mejores estudiantes, si están estudiando. También hace que la persona sea más sana y que esté en mejor posición en un sinnúmero de mediciones sobre la calidad de su vida. La felicidad aumenta incluso la creatividad, como veremos en el capítulo 1. Esto no sería una noticia tan buena si la felicidad estuviera fuera de nuestro control, o fuera sencillamente una cuestión de suerte. Es una noticia maravillosa, porque es posible entrenar al gozo y a la felicidad, y ese es el tema central de *Gozo al instante*.

Si quieres tener éxito, te recomiendo encarecidamente que aprendas primero a ser feliz. Es posible llegar a tener éxito sin aprender primero a ser feliz, pero te recomiendo seriamente que no lo intentes, porque si no eres feliz antes de tener éxito, es muy probable que te vuelvas menos feliz aun después de lograrlo. Por ejemplo, basándome en mi propia experiencia en cuanto a obtener el éxito en las finanzas, y en la experiencia de otras personas acaudaladas que conozco, he descubierto que las riquezas son un multiplicador de la personalidad. Si eres cruel y despiadado, entonces el hecho de ser acaudalado te va a hacer más cruel y despiadado, porque ni siquiera tendrás razones relacionadas con la supervivencia que te lleven a seguir siendo amable con nadie. En cambio, si eres bondadoso y generoso, el hecho de ser una persona acaudalada aumentará en ti esa bondad y esa generosidad, puesto que las riquezas te van a proporcionar más oportunidades para demostrarlo.

Puesto que las riquezas son un multiplicador de la personalidad, también son un multiplicador de las experiencias. Si te sientes afligido cuando perteneces a la clase media, lo más probable es que te sientas más afligido aun cuando tengas riquezas, porque todos los estados mentales que causan que te sientas afligido, como la codicia, la crueldad, la paranoia y la agitación interior se multiplicarán. De igual manera, si eres feliz como miembro de la clase media, es probable que lo seas aun más cuando seas rico, por la misma razón: los estados mentales que te daban la felicidad, como la generosidad, la bondad y la paz interior, se multiplicarán, con lo cual se estará multiplicando tu felicidad.

De manera que siempre es bueno aprender a ser feliz, y es especialmente útil hacerlo *antes* de llegar al éxito. Entonces, te ayudará a tener éxito, y también te ayudará a disfrutarlo.

Un círculo virtuoso

En parte, la motivación que me llevó a escribir este libro surgió de la reacción de los lectores ante mi primer libro, *Busca en tu interior*. Me decían que, aunque agradecían los numerosos beneficios tan maravillosos del entrenamiento en la concientización, este les parecía producto de una gran cantidad de trabajo. Les parecía desalentador pensar que no podrían disfrutar de sus beneficios (una pista: del gozo) sin meditar durante una hora diaria. En realidad, eso no es necesario. Unos cambios de perspectiva muy sencillos y eficientes, así como unas prácticas sencillas que cualquiera puede llevar a cabo, tienen el poder de lograr un cambio drástico y producir unos beneficios enormes.

Por fortuna, como yo mismo soy perezoso para la meditación, sé de qué manera hacer que esta sea más fácil incluso que las sencillas prácticas sobre las cuales escribí en *Busca en tu interior,* y la clave es hacer esas prácticas con gozo.

Confucio dijo en una ocasión: «Nunca compres solo uno cuando puedes comprar dos por el mismo precio». Solo estoy bromeando. En realidad, Confucio no dijo eso en realidad, pero *lo habría podido* decir, puesto que era un hombre sabio y todo lo demás.

Así que mi agente se comunicará contigo acerca del pago de mis derechos por el uso de mi nombre y mi imagen...

¡Me siento confundida! ¡Yo pensaba que los legalistas habían perdido!

En la vida hay algunas cosas en verdad maravillosas que se refuerzan mutuamente de manera natural y, al hacerlo, establecen unos ciclos virtuosos entre sí. Por ejemplo, si disfrutas realizando una actividad que exija algún nivel de habilidad, como hacer malabares, hacer surfing o tocar un instrumento musical, es posible que te des cuenta de que lo estás haciendo con frecuencia, y cada vez mejor. Y cuando lo vas haciendo mejor, lo haces con más frecuencia y como resultado lo haces mejor aún, y así sigue el círculo. Es decir, que en este caso, las habilidades y el disfrute forman un círculo virtuoso en el cual se fortalecen mutuamente y, por tanto, terminas beneficiándote de ambos al mismo tiempo, sin costo extra alguno, y ganando así la aprobación del Confucio ficticio que me acabo de inventar.

El gozo y la meditación son otro par de cosas realmente magníficas que forman entre sí uno de esos círculos virtuosos. La meditación es el entrenamiento de la mente. El gozo se vuelve altamente accesible en una mente entrenada. Con el entrenamiento, la mente aprende a acceder al gozo interno con una facilidad y una frecuencia cada vez mayores. Al mismo tiempo, la mente llena de gozo está en paz, la mente que está en paz es capaz de enfocarse en algo con facilidad, y una mente bien enfocada se vuelve más susceptible de recibir entrenamiento, con lo cual estará haciendo más eficaz aun la práctica de la meditación. Así se forma un círculo virtuoso y gozoso. Una vez que pongas esto en movimiento, la práctica de la meditación que tal vez te puede haber parecido algo que nunca ibas a poder mantener, unida al gozo, se convertirán ambas en un factor dominante dentro de tu vida diaria.

En este libro exploraremos esa relación y las formas de iniciar el movimiento de este círculo virtuoso, poderoso y lleno de gozo. Por medio de este círculo, es como llegaremos por fin donde están los maestros de la felicidad: a un punto en el cual cada momento es el más feliz de nuestra vida, porque siempre tenemos gozo al instante.

Los maravillosos beneficios, por si acaso no has oído hablar de ellos

Podemos dar por descontado que no hace falta decir cuál es uno de los beneficios del gozo al instante: el gozo. ¡Obvio! A medida que practiques, tus días van a estar cada vez más llenos de momentos, e incluso períodos extensos, de gozo. No todos tus momentos van a ser gozosos, pero el hecho de saber que puedes estar seguro de que tu gozo se volverá a presentar, y en unas cantidades que irán en aumento, tenderá a mejorar tu humor en general.

El gozo interior se apoya en la paz interior, de manera que este es nuestro punto de partida. Los capítulos 2 y 3 te enseñarán a reposar en el gozo. Aprenderás a calmar tu mente y a hallar algo de paz en medio de este mundo loco que se mueve a toda prisa, para poder tener gozo.

En el capítulo siguiente, aprenderás a predisponerte al gozo. Si estás leyendo este libro porque te sientes extraño al gozo, te invito a ir al capítulo

4, donde te volveré a presentar el gozo que existe en tu interior y el gozo que hay en el mundo. Este capítulo te ayuda a familiarizarte con tu gozo interior. Por medio de la práctica, te puedes volver tan predispuesto, y al final tan familiar al gozo, que se convierta en un hábito para ti.

La compasión y la bondad surgen de la paz y el gozo interiores. La compasión es a la vez el fruto y el multiplicador del gozo; otro más de esos círculos de bondad. ¡En otras palabras, el gozo te hace una persona más amable, más compasiva, y la bondad y la compasión te producen un gozo mayor! El capítulo 5 describe este ciclo con mayor detalle, y presentándote ejercicios que te van a ayudar a mantenerlo activo. Esta es la parte de la elevación.

Con la paz interior, el gozo interior y la compasión, lo que recibes es la «enchilada» entera: seguridad y carisma, creatividad e innovación, conciencia de ti mismo, bienestar y adaptabilidad emocional, felicidad, buen humor, popularidad, valentía y éxito en todos los escenarios, además de tu libertad personal y la paz del mundo. El gozo es el manantial de todas las cosas buenas, incluso de la suerte. Nos deleitaremos con mayor detalle en estos beneficios en los capítulos 1 y 7.

El tema del capítulo 6 es el manejo de los sufrimientos. Te deseo todo el gozo del mundo, amigo mío, pero lo cierto es que algunas veces suceden cosas terribles. A veces tenemos días (o meses) muy desagradables. En el mundo siempre hay sufrimiento. A veces, las probabilidades de las circunstancias se acumulan tanto contra el gozo, que todo lo que podemos hacer es resguardarnos y dar testimonio. Este capítulo explica de qué manera puedes aplicar a tu realidad las habilidades que ya has estado practicando en los capítulos anteriores cuando te tengas que enfrentar a un sufrimiento emocional. También revela el secreto mejor guardado del sufrimiento, y que tal vez te sorprenda (alarma previa): el gozo y el sufrimiento pueden coexistir. Solo porque estés sufriendo no significa que no puedas tener acceso también al gozo. No te preocupes; vas a mejorar en este aspecto con la práctica. Y este es el lado positivo del sufrimiento: podrá ser cualquier otra cosa, pero siempre es una oportunidad para practicar a mejorar tu manera de manejarlo. Recuerda que con la práctica, lo que produce gozo va a ser más gozoso aun, lo que es neutro va a ser gozoso, y lo que parece doloroso va a ser menos doloroso.

Amigos míos, tenemos mucha suerte. Tenemos una oportunidad sin precedentes. Vivimos en unos tiempos en los cuales las cosas que no creíamos que pudiéramos estudiar de manera científica —como la felicidad, la bondad, la concientización, la paz y otras—, ahora las podemos estudiar, porque tenemos la tecnología necesaria para medirlas. A lo largo de miles de años, el sufrimiento humano no ha cambiado en el aspecto cualitativo. Lo que ha cambiado es el encuentro entre la ciencia y la sabiduría antigua, formando unas poderosas prácticas que nos dan acceso a un gozo al instante que es ampliamente comprensible y, porque es ampliamente comprensible, se puede convertir en ampliamente accesible.

Este libro lo escribí para ayudar a que el gozo al instante fuera más comprensible y accesible para ti. Espero que lo disfrutes.

CAPÍTULO UNO

El gozo es lo adecuado para ti

Sorprendentes, y no muy sorprendentes, beneficios que implica el entrenamiento de la mente

Confucio dijo: «Si no puedes escoger una opción entre muchas buenas, escógelas todas». No; Confucio tampoco dijo eso. Fui yo el que lo inventé, pero de nuevo, él muy bien lo habría podido decir, porque era muy sabio y más. Existe una idea errada que es muy común, según la cual hay ciertas cosas buenas que son mutuamente excluyentes. Por ejemplo, tal vez creas que para lograr el éxito no puedes ser una persona compasiva, porque en Wall Street todo el mundo sabe que la compasión es para los tontos. También hay alguna gente que cree que la serenidad y el carisma no pueden ir juntos. Dan por sentado que el carisma de la persona depende de una especie de entusiasmo descontrolado, de sonrisas maniáticas, y que ser alguien sereno es ser un aburrido. De hecho, como veremos en este capítulo, la compasión y el éxito, la serenidad y el carisma, y muchas otras cosas buenas de la vida, desde la creatividad hasta la adaptabilidad, se refuerzan mutuamente.

Y todas ellas proceden del gozo. O si no directamente de él, se presentan como efectos secundarios del entrenamiento que nos capacita para tener acceso al gozo. Porque cuando aprendas a tener acceso cuando quieras al gozo (para eso, lee este libro), los efectos irán mucho más allá de unos gozosos momentos aislados. El gozo puede mejorar todos los aspectos de la vida. Lo que hace es establecer nuevos puntos básicos de felicidad, convirtiendo a las personas tristes en individuos alegres. Con la práctica, el gozo se puede convertir en tu personalidad y en toda tu vida. Y como si eso no fuera suficiente, también te va a hacer una persona más atrayente. El gozo se convierte en ti mismo, en todos los sentidos de la palabra. El gozo es en muchos aspectos una oferta con todo incluido. Confucio aprobaría esto. Bienvenido a la enchilada entera, con salsa extra y un juguete gratis.

¡Bienvenido a MengDonald's! Su comida gozosa viene acompañada por una enchilada entera y una porción extra de gozo.

Hasta los beneficios más elementales del entrenamiento de la mente son capaces de transformar la vida

El acceso seguro al gozo comienza con el entrenamiento de la mente. En el principio, me era muy difícil meditar. (Recuerda: la meditación es el entrenamiento de la mente. Cuando me esté refiriendo a unas prácticas específicas de meditación, como la meditación sentada, te lo voy a decir). No me parecía que tuviera algo que ver con el gozo. Por dicha, una vez que encontré la forma de practicarla, no pasó mucho tiempo —solo unos cortos meses—, antes que me comenzara a cambiar la vida. Y ahora veo que el entrenamiento de la mente tiene una relación muy clara con el gozo. En este libro, obtienes el beneficio de mi ardua experiencia para aprender, de modo que puedas esperar que las cosas mejoren para ti en menos tiempo, con menos dificultad y más gozo que los que yo tuve. Para mí es todo un placer.

El primer beneficio, el más básico y tal vez el más importante que produce el entrenamiento de la mente, es **la capacidad para serenarla a tu antojo.** Al final, con la práctica, vas a ser capaz de mantenerte en un estado mental sereno durante la mayoría de las meditaciones que hagas sentado. Mejor aún será que también te vas a dar cuenta de que cada vez eres más capaz de aplicar esta habilidad a la «vida real», no solo cuando meditas sentado. Es posible que con esta habilidad solamente te baste para ver tu vida transformada. Por ejemplo, un estudiante de mi clase, después de algunas semanas de entrenamiento, vio que era capaz de abstenerse de decirle cosas desagradables a su suegra.

No me cabe la menor duda de que eso cambió *su* vida.

La capacidad para serenar la mente a discreción también tiene unas consecuencias profundas en el liderazgo. Imagínate que estás en una sala de reuniones junto con tus compañeros de trabajo, en medio de una crisis.

Todo el mundo está exhausto, pero tú eres el único que te puedes serenar para pensar, porque solo tú has desarrollado la habilidad de serenar tu mente. ¿Qué sucede? Todos los que estén allí te van a mirar y se van a decir: «¡Caramba, este sí es un líder!». Y tendrían razón, porque eso es liderazgo. Una parte clave del liderazgo consiste precisamente en la capacidad para pensar serena y claramente cuando se está en medio de la batalla. Por tanto, al entrenarte a ti mismo para aprender a serenar tu mente, te convertirás en un líder más eficaz.

El segundo beneficio que produce el entrenamiento de la mente es la **claridad mental.** Con una mente serena, viene la claridad. En realidad, no es así para muchos principiantes, a los cuales con la serenidad mental lo que les llega es el sueño, pero una vez que desarrolles la capacidad de mantenerte sereno sin necesariamente estar soñoliento, llegarás a permanecer en un encantador estado mental que es sereno y claro al mismo tiempo. Es como una olla de agua llena de sedimentos que dejamos sin mover un rato: cuando el agua está tranquila un período de tiempo, los sedimentos se van en el fondo y el agua se aclara. De forma parecida, cuando la mente está serena un lapso de tiempo, parte de la actividad mental más ruidosa guarda silencio y la mente se aclara.

El efecto obvio de esa claridad es un aumento en la conciencia propia. A medida que la mente se va aclarando, también se aclara nuestra percepción del proceso emotivo, el proceso cognitivo y el proceso del yo. Esto fortalece por lo menos dos aspectos de la conciencia propia: la conciencia emocional, en la cual se vuelven cada vez más discernibles las sutilezas de nuestra experiencia momento tras momento; y la evaluación de nosotros mismos, en la cual analizamos —con más objetividad— nuestra propia identidad, nuestras inclinaciones, recursos y debilidades.

El tercer beneficio básico que produce el entrenamiento de la mente es la **adaptabilidad emocional,** en especial como respuesta al sufrimiento emocional. Como veremos en el capítulo 6, la flexibilidad emocional opera en tres etapas: la atención, los afectos y el conocimiento. Cuando nos golpea un episodio de sufrimiento emocional, lo primero que hacemos es aplicarle una estrategia de vigilancia, reorientando de manera temporal la atención tanto a la respiración como al cuerpo y, al hacerlo, serenamos la mente. Este hecho, por sí mismo, resuelve al instante la mitad del problema, pero solo se trata del primer paso. En el segundo, el paso afectivo, tratamos con lo emocional que está involucrado. Aquí percibimos de manera consciente y objetiva las emociones, a medida que se van produciendo en nuestro cuerpo. Al cabo de un tiempo, es posible que reconozcamos que incluso esas emociones aflictivas son simples sensaciones que están en el cuerpo, y que se hallan en un cambio constante, surgiendo y cesando a lo largo del tiempo. Entonces, lidiamos con los sentimientos tratándolos con una amistad bondadosa si es posible o, si no lo es, al menos sentándonos con ellos en una posición de ecuanimidad. En este punto, llegamos a cierto grado de compostura.

Con el tercer paso, el cognitivo, adquirimos un punto de vista más amplio, más sabio y más compasivo. Con una mente en estado de compostura, somos capaces de ver las cosas bajo una luz diferente. Por ejemplo, aprovechamos esta oportunidad para comprendernos a nosotros mismos y crecer. Si el sufrimiento emocional surge de una situación en la que participan otras personas, podemos aprovechar esa oportunidad para comprender a esas personas y sus sufrimientos. Si el dolor emocional se deriva de un fracaso, podemos decidir de qué manera lo podemos usar como bloque de construcción para obtener un éxito en el futuro, recordando que la palabra que representa el concepto de *crisis* —en la cultura china— sugiere a la vez un peligro y una oportunidad. En otros términos, aplicamos el paso cognoscitivo para aumentar tanto nuestra sabiduría como nuestra compasión, y así reducir las causas de nuestro propio sufrimiento en el futuro.

El entrenamiento de la mente nos capacita en cuanto a la flexibilidad emocional. Con ese entrenamiento practicamos las formas de serenar nuestra mente en las situaciones difíciles, percibiendo el proceso de la emoción en alta resolución y cultivando la compasión como también la objetividad, con lo cual estaremos fortaleciendo nuestra capacidad para dar los tres pasos cuando nos veamos enfrentados a un sufrimiento emocional.

Cualquiera de estos tres beneficios básicos que produce el entrenamiento de la mente —serenidad mental, claridad mental y flexibilidad emocional—, es en sí mismo algo capaz de transformar nuestra vida y, con la práctica, todos los que mediten pueden llegar a adquirir los tres. No me queda duda de que la meditación me cambió la vida (la mejoró, en caso de que necesites preguntármelo). Con el aumento de la serenidad, la claridad y la flexibilidad, me volví cada vez más capaz de superar los sufrimientos que surgían en mi vida. La meditación resultó ser la solución a mis aflicciones. Sinceramente, eso no le causa lástima a nadie. Y sé que no se ha tratado solamente de mí. Por ejemplo, volviendo a los tiempos en que operaba un pequeño negocio incipiente al que llamó Locket, Yunha Kim, su fundadora y ejecutiva, describe la manera en que los beneficios básicos producidos por el entrenamiento de la mente significaron una diferencia en su vida:

Yo estaba sometida a muchas presiones. Mientras más dinero reuníamos, más presionada me sentía, no solo con respecto al triunfo de mi compañía, sino también en cuanto a mi actuación por vez primera como joven empresaria y líder. Más tarde, tuvimos que cambiar de producto y dejar cesantes a la mitad de los integrantes del equipo, con muchos de los cuales yo había trabajado y vivido. En realidad, no puedo describir lo estresada y angustiada que me sentí durante aquel tiempo. No dormía ni me alimentaba lo suficiente y, en realidad, la incertidumbre en cuanto al futuro de la compañía me consumía. Aun así, tenía que mostrar el rostro feliz y seguro de directora ejecutiva a los demás.

Me decidí a acudir a un terapeuta, el cual me introdujo a la concientización y la meditación. Al principio, me sentía escéptica, porque pensaba que aquello era algo que solo hacían los hippies y los monjes. Yo había sido educada en el cristianismo, por lo que titubeaba en cuanto a intentar algo asociado con otras religiones. Sin embargo, después de probar unas pocas veces la meditación, me sorprendió el haber hallado claridad, tanto en mi corazón como en mi mente. Así que comencé a meditar durante diez minutos cada mañana. *Ya han pasado un par de años desde que empecé y ha marcado una verdadera diferencia en mi vida. Al principio, disfrutaba de la claridad que traía a mis pensamientos. Sin embargo, a lo largo del tiempo llegué a valorar la serenidad que había en mi mente.*

Hay momentos en los cuales me siento inquieta y de mal humor sin razón evidente. Lo siento en mi cuerpo: mi respiración es más corta, menos profunda, y tanto mis manos como mis pies se mantienen inquietos. La meditación me ayuda a identificar el motivo. Por ejemplo, en una ocasión descubrí que mi inquietud en el trabajo era consecuencia de una discusión no resuelta con mi madre la noche anterior. En otra ocasión, me sentía ansiosa en una cena en la que participaba con unas amistades, pero observé que la inquietud tenía que ver con un mensaje electrónico que me había prometido un colega y que estaba esperando. Para mí ha sido fascinante ver cómo mi mente amplía una pequeña discusión, o un mensaje electrónico que no ha llegado, para convertirlos en algo mayor y de mal agüero. La meditación no ha resuelto todos mis problemas, pero su práctica diaria me ha ayudado con frecuencia a simplificar mi vida, al desenredar en algo las complejidades de mi mente, tanto las grandes como las pequeñas.[1]

Pero espera, que hay más aún. Más allá de la serenidad, la claridad y la flexibilidad hay otros beneficios convincentes que yo no esperaba cuando comencé.

La creatividad no es un virus. ¡Es una aplicación!

La mente serena y clara es una mente alerta, tranquila; sobre todo cuando se halla inundada de un gozo interior. Y he descubierto que la mente alerta y sosegada es muy propensa a la **creatividad**.

Al principio, hice este descubrimiento de cierta manera incómoda: mientras estaba meditando, me inundaban una gran cantidad de buenas ideas y percepciones. Si tenía un problema que no podía resolver, o me invitaban a pronunciar un discurso sobre el cual no tenía ni la más ligera idea en cuanto a lo que debía decir, las respuestas me llegaban mientras estaba meditando. Las primeras veces, me parecía algo verdaderamente irritante.

Allí estaba yo, haciendo mi mejor esfuerzo por centrar delicadamente la atención en mi respiración, cuando surgía una idea grandiosa. Me entusiasmaba mucho, pero el efecto era que mi meditación formal había terminado. Todo solía concluir cuando me regañaba a mí mismo, diciéndome: «Vaya, gran trabajo. Mira lo que has arruinado *esta vez*». Sin embargo, con el tiempo aprendí a aceptar aquello como un proceso natural de la mente y a aprovecharlo. La mente que se encuentra alerta y relajada se vuelve creativa en algunas ocasiones y, cuando eso sucede, la invito a que se tranquilice, de manera que yo pueda volver al objeto de mi meditación. Pero si eso no ocurre, me limito a permitir que la creatividad siga su curso hasta el final, mientras observo con ecuanimidad. Saldré de ello con unas cuantas ideas nuevas y cierta práctica de ecuanimidad en medio del entusiasmo.

O bien, como diría un buen ingeniero de programación: «Eso no es un virus, ¡es una aplicación!».

En efecto, tanto la idea de escribir este libro, como todo el marco del mismo, surgieron en mi mente durante la meditación. Pasaron meses después

que le prometiera un segundo libro a Stephanie, mi agente, y aún no tenía propuesta alguna para ese libro. Es más, no tenía ni una sola palabra (sin doble sentido). Cuando Stephanie comenzó a llamarme para hablar sobre el tema, le dije que aún estaba esperando a que el libro se escribiera por sí mismo. Le dije que había dos cosas que sabía con respecto a este libro. La primera era que se tenía que escribir por sí mismo. Y la segunda, que cuando estuviera listo para escribirse por sí mismo, yo lo sabría. Esa promesa no mejoraba en nada la calidad ni la cantidad del sueño en Stephanie... no sé por qué.

Entonces, un día, durante mi meditación diaria, mi mente entró en un estado de serenidad y, de repente, surgieron de la nada dos pensamientos. El primero era este: «El libro ya está listo para ser escrito». El segundo pensamiento, que surgió inmediatamente después del primero, pero se tomó los dos o tres minutos siguientes para tomar forma por completo, era el marco completo dentro del cual se desarrollaría este libro. ¡Allí estaba!

Cuando me di cuenta de lo mucho que podía conducir a la creatividad una mente alerta y relajada, la primera pregunta que me hice fue esta: «¿Se trata de algo que solo me ha ocurrido a mí?». Tal vez yo fuera la única persona que se volvía creativa durante la meditación, quizá porque yo era raro o extraño. De hecho, nunca he visto que un maestro de zen pegara un salto en medio de una meditación en que estaba sentado, para gritar locamente: «¡Eureka! ¡Eureka!». Pero con el tiempo, las evidencias que he visto me convencieron de que es altamente posible repetir ese efecto. Las primeras evidencias procedían de algunos de los estudiantes de mi propia clase, los que se iniciaron en el curso *Busca en tu interior* en Google. Algunos de ellos me informaron que se habían vuelto más creativos en cuanto a resolver problemas, en especial durante su meditación sentados o inmediatamente después de ella. Incluso hubo un ingeniero que me dijo que las soluciones a los dos problemas de ingeniería más difíciles que había tenido que resolver surgieron durante su práctica de la concientización y, gracias a esas soluciones, le habían concedido un ascenso.

¿Cómo funciona esto? Desde mi perspectiva, lo puedo describir en base a una analogía con unas piedras. Cuando llegas a un lago en el que el viento sopla fuerte y las aguas están agitadas, y dejas caer una piedra pequeña en él, el contacto va a causar unas ondas, pero como el agua está picada, no puedes ver con claridad esas ondas. En cambio, deja caer una piedra en un lago en el que las aguas estén serenas y se formarán unas hermosas ondas circulares que vas a poder ver con claridad. Al parecer, la creatividad se produce cuando surgen ideas al azar y la mente las percibe con claridad. Más importante aun: capta las asociaciones novedosas, lejanas o inesperadas que existen entre esas ideas. Si nuestra mente se halla llena de problemas, de ruidos o de agitación, es como si estuviéramos tirando nuestras piedras a unas aguas turbulentas. No vamos a poder ver una gran cantidad de ondas hermosas, ni podremos ver cómo las ondas forman patrones de movimiento entre ellas. En cambio, cuando nuestra mente está alerta y sosegada al mismo tiempo, la relajación les da a las ideas que aparecen al azar el espacio que necesitan para surgir y moverse, un estado de alerta que nos permite ver esas ideas, así como también las conexiones existentes entre ellas; como cuando lanzamos piedras a un lago sereno.

Más allá de mi propia experiencia —en primera persona—, más tarde aprendí que la relación entre la atención sosegada y la creatividad es muy conocida entre las personas que se apoyan en esta última para ganarse la vida. Por ejemplo, es famoso lo que dijo al respecto Steve Jobs:

Si te limitas a sentarte y observar, verás lo inquieta que es tu mente. Si la tratas de calmar, solo se va a poner peor pero, con el tiempo, se calma y cuando lo hace hay espacio para escuchar algunas cosas más sutiles. Entonces es cuando tu intuición comienza a dar fruto y empiezas a ver las cosas con mayor claridad y a ubicarte más en el presente. Tu mente da un paso más lento y en ese momento ves una extensión gigantesca. Ves muchísimo más de lo que podías ver antes. Esto es una disciplina y es necesario practicarla.[2]

Otro ejemplo es el que procede de David Kelley y Tom Kelley, que favorecen fuertemente lo que ellos llaman «la atención relajada», como fundamento de la creatividad. Yo esperaría de los Kelley que supieran algo acerca de este tema. David y Tom son respectivamente el fundador y el socio de IDEO, la compañía de diseño más reconocida a nivel global por su creatividad y su innovación.

Este tema también ha sido estudiado en el ambiente científico. Por ejemplo, la labor de científicos especializados en el estudio del sistema nervioso —como John Kounios, Mark Jung-Beeman, Joydeep Bhattacharya y otros—, estableció la existencia de un vínculo entre el «momento ajá» del descubrimiento y las ondas alfa. Con frecuencia, las percepciones de tipo creativo llegan acompañadas de ondas alfa, en especial dentro del hemisferio derecho del cerebro. Las ondas alfa están relacionadas con la tranquilidad. Muchas veces se hallan asociadas con actividades relajantes, como caminar, tomar una ducha tibia y sí, meditar.

En la práctica, las personas de tipo creativo ya saben por instinto que la mente alerta y relajada tiene grandes probabilidades de llevar a la creatividad, y saben también de qué manera activar ese estado mental. Por eso saben salir a caminar, jugar o tomar una ducha tibia si se atascan en medio de la resolución de un problema. No obstante, mi propia experiencia y la de otras personas sugieren fuertemente que si también le añadimos la meditación a nuestro repertorio, podremos tener más situaciones creativas aun, a medida que vayamos aprendiendo a alcanzar niveles más elevados, tanto de alerta como de relajamiento, y que lo podemos hacer a nuestra propia discreción. El neurocientífico John Kounios habla acerca de un experto en meditación zen que tomó parte en uno de los experimentos de comprensión ARC (Asociación Remota Compuesta). En esos experimentos, los participantes tienen treinta segundos para pensar en una palabra que se pueda combinar con cada una de otras tres palabras en inglés, por ejemplo, *sauce* (salsa), *crab* (cangrejo) y *pine* (pino). La respuesta es *apple* (manzana, con las palabras compuestas *applesauce*, *crabapple* y *pineapple*, salsa de manzana, manzana silvestre y piña). En el caso del meditador, al principio su capacidad para centrarse obró en su contra, y no pudo responder ninguno de los acertijos. Entonces descubrió la forma de usar sus extraordinarios poderes de control cognoscitivo para *des*enfocarse; dejar su mente en libertad y permitir que su cerebro hiciera lo que Kounios considera que son las asociaciones necesarias en el hemisferio derecho, para que apareciera la solución. Después de aquello, no hubo quién lo parara, y resolvió todos los acertijos que pusieron ante él los encargados del experimento.[3]

La mente alerta y relajada no solo es fuertemente conducente hacia la creatividad sino que, como señalan los estudios hechos, una mente llena de gozo es también muy propensa a la creatividad.[4] Hay incluso un estudio que indica que la influencia de la mente llena de gozo sobre la creatividad dura hasta dos días después que se ha sentido ese estado de ánimo positivo.[5] En otras palabras, si eres feliz hoy, serás más creativo hoy, mañana y pasado mañana, cualquiera que sea la forma en que te sientas mañana y pasado mañana. ¿Por qué tanto el gozo como el relajamiento conducen de una manera tan evidente a la creatividad? Yo pienso que eso se debe a que, como veremos en el próximo capítulo, una mente llena de gozo es una mente relajada, y viceversa; por tanto, es probable que estén en juego unos factores mentales similares entre sí.

Me sorprendió ver que mi práctica de la meditación me condujera a la creatividad. Sin embargo, para mí, el beneficio más sorprendente producido por el entrenamiento de la mente fue el que se describe a continuación.

Una seguridad sorprendente

Uno de los mayores descubrimientos sorpresivos de mi vida es que puedo entrenar la confianza en mí mismo al poner mis sentaderas en un cojín para la meditación.

En mi juventud era un engreído. Confundía mi engreimiento con la seguridad, pero las dos resultaron ser unas criaturas sumamente distintas. La mayor de las diferencias entre ellas consiste en que el engreimiento, a diferencia de la seguridad, tiene necesidad de ser alimentado por la presunción. Otra gran diferencia es la fragilidad. El engreimiento es muy frágil.

Cuando algunas condiciones externas alimentan mi presunción, mi engreimiento vuela a alturas incalculables y después, cuando paso por algún fracaso, se hace añicos de inmediato en medio del aire y se estrella contra el suelo, con un sufrimiento directamente proporcional a la altitud de mi elevación anterior. En cambio, la seguridad es altamente sostenible, porque es independiente de los éxitos o de los fracasos. Además de eso, el engreimiento carece de autenticidad. Cuando me siento engreído, siempre existe una fachada que tengo que levantar para mostrarle al mundo lo maravilloso que se supone que yo sea, mientras que en lo más profundo de mí, sufro una atormentadora inseguridad, en espera de mi eminente desastre. En contraste con ello, la seguridad se basa en ver las cosas como son; así que, por su naturaleza misma, es incompatible con la falta de autenticidad.

Después de unos pocos años de estar practicando la meditación, comencé a descubrir que dentro de mí estaba creciendo una sensación de seguridad que, según me di cuenta después, es diferente al engreimiento. A lo largo de los años, esa seguridad ha vadeado con éxito, tanto la mareante desorientación que traen consigo el éxito y la adulación, como el aplastante sufrimiento que producen el fracaso y la deshonra. Para mí, el descubrimiento de que la meditación puede llevar a la seguridad fue muy sorprendente. La idea de que alguien con tantos defectos como yo sea capaz, con el tiempo, de apartarse a una buena distancia del engreimiento para llegar a la seguridad es más sorprendente aun.

A base de reflexión, he llegado a darme cuenta de que esa seguridad tiene tres fuentes saludables:

1. La seguridad que surge del conocimiento

2. La seguridad que surge de la ecuanimidad

3. La seguridad que surge de la flexibilidad

1. La seguridad que surge del conocimiento

Conocer da seguridad. Hay tres aspectos de la seguridad que brotan del hecho de conocer. El primer aspecto, que tiene muy poco que ver con la meditación, es **conocer bien lo que estamos haciendo.** Si entras a una sala para hablar acerca de un tema determinado y estás bien familiarizado con los materiales, o si eres perito en la materia y —aun mejor— si eres uno de los expertos máximos del mundo entero; entonces, vas a entrar allí con seguridad. Ni que decir tiene.

No obstante, hay otro aspecto de la seguridad que surge del hecho de conocer, y que es más poderoso que el primero, y es **conocerse a sí mismo.** Conocerte a ti mismo significa tener una fuerte conciencia de tu propio yo, tanto al nivel de la cognición emocional —el discernimiento de tus emociones en tu cuerpo, de un momento al siguiente—, como al nivel de evaluación de ti mismo, el conocimiento de tus capacidades, tus limitaciones, tus recursos y tus hábitos. Con una apta conciencia de ti mismo, sabrás de qué manera utilizar tus puntos fuertes, sabrás cómo compensar tus debilidades, podrás navegar con destreza en la mayoría de las situaciones, y en tu clóset no va a haber esqueleto alguno al que no hayas conocido aún, de manera que no hay nada con respecto a ti mismo que te vaya a causar una conmoción. De vez en cuando vas a descubrir algunas cosas tuyas que te van a sorprender, pero en general no van a ser lo suficientemente sorprendentes como para abatirte. A causa de eso, te vas a sentir cómodo dentro de tu propia piel. Y cuando uno se siente cómodo en su propia piel, se nota. Dondequiera que vayas, te acompañará cierta seguridad silenciosa que se presenta a sí misma.

¿De dónde viene eso? Principalmente de tu concientización. Cuando la practiques con tu cuerpo y con tus emociones, a lo largo del tiempo irás desarrollando una fuerte conciencia de ti mismo, conciencia que te llevará al tipo de confianza propia que nace del hecho de conocerte.

¿Y si hay algo que necesitas conocer, pero no conoces? ¿Dónde está la seguridad en esa situación? Hay un aspecto adicional de la seguridad que surge del conocer: **saber que puedes conocer.** En otras palabras, todo lo que necesites saber, eres plenamente capaz de aprenderlo. Para mí, la persona que ilustra mejor este aspecto de la seguridad es uno de mis principales instructores, el maestro de meditación Shinzen Young.

Cuando Shinzen se estaba convirtiendo en un excelente maestro de meditación desarrolló una convicción, con la cual estoy totalmente de acuerdo; según la que, si la meditación —a la cual él llama «la ciencia interna y la tecnología del Oriente»—, se uniera con éxito a la ciencia y la tecnología del Occidente, y se fertilizaran mutuamente, eso cambiaría al mundo de una manera drástica y para bien. De manera que se dedicó a adquirir experiencia en ciencia con el fin de convertirse en participante activo de un diálogo inteligente entre el mundo de la meditación y el mundo científico. Solo había un problema: que en la escuela, le fue muy mal con las matemáticas y las ciencias. Ese había sido uno de sus puntos más dolorosos en su juventud; lo que le dejó una cicatriz emocional por años. Ahora, como adulto eso se había convertido en la mayor barrera contra aquello que le parecía que era una de sus tareas más importantes. ¿Qué hacer? ¿Qué hacer?

Shinzen reflexionó sobre aquella situación y se dio cuenta de que ahora era una persona diferente al muchacho que tan malos resultados había tenido en la escuela. Todavía era terrible para las matemáticas y las ciencias, pero contaba con una capacidad importante que no había tenido cuando era muchacho: ahora tenía cierto dominio sobre su mente. Supuso que con el dominio que tenía sobre la mente, lo podría aprender todo; todo, incluso (¡uf!) las matemáticas, y una vez que llegara a ser experto en esa materia, se convertiría en perito de las ciencias. Así que comenzó a aprender matemáticas y ciencias por su propia cuenta, comenzando con las tablas de multiplicación y las matemáticas de quinto grado, y después se fue abriendo paso hasta las matemáticas y las ciencias a nivel superior. Hoy en día es un admirado pionero en la intersección entre la meditación y la ciencia.

¿Cómo fue que Shinzen pudo lograr algo así? Él dice que lo ayudaron tres cosas. En primer lugar, ahora tenía un gran poder de concentración. En el pasado, después de la segunda o tercera vez que leía algo en un texto de matemáticas que no podía comprender, se daba por vencido. Ahora, lo seguía estudiando repetidas veces con la misma intensidad y concentración hasta que conseguía entenderlo. En segundo lugar, era capaz de manejar sus pensamientos negativos. Había estado convencido de que no podía con las matemáticas, por lo que tenía frecuentes reacciones emocionales negativas contra el aprendizaje de esa materia, así como una conversación interna incesante que le decía una y otra vez: «¿A quién estás engañando? ¡Nunca vas a poder aprender esta basura!». (Sí, hasta los maestros de meditación ampliamente admirados usan esa clase de palabras).

Las fue dominando dividiéndolas en segmentos manejables y usando técnicas parecidas a las estrategias de atención, afectivas y cognoscitivas que vas a ver en el capítulo 6 para manejar las emociones dolorosas. La tercera cosa que hizo fue aplicar su poder de empatía para obtener la comprensión de los matemáticos como personas, y después internalizar a un «experto en matemáticas» en su propia personalidad. Al sentir que él era alguien que podía utilizar las matemáticas, e identificarse como entusiasta de las matemáticas desde dentro hacia fuera, dejó de sentirse intimidado por los números. Con el tiempo, pasó de ser un hombre que tuvo que volver a aprender incluso las tablas de multiplicación, a alguien que era un experto en matemáticas de alto nivel. Las matemáticas pasaron de ser —para él— una fuente continua de sufrimiento emocional, a ser un gran manantial de gozo.[6]

La lección que sacamos de Shinzen: con la meditación se adquiere cierto dominio de la mente y, una vez que se tiene eso, es posible convertirse en experto en cualquier tema. Esa certeza de saber que se puede aprender cualquier cosa crea seguridad.

2. La seguridad que surge de la ecuanimidad

La segunda fuente es esa seguridad que surge de la ecuanimidad. Esto nos viene en parte de **la capacidad para serenar la mente al instante**. Como ya mencioné, esta capacidad es uno de los beneficios básicos que produce la meditación. Con suficiente práctica, se convierte en una habilidad: se puede llegar a serenar la mente al instante en un porcentaje significativo de situaciones, por malas que se vuelvan las cosas. Si sabes hacer esto, podrás entrar en cualquier sala con algún grado de seguridad.

Cuando uno oye a las personas dar consejos como este, se pregunta si en realidad practicarán lo que predican. En mi caso, muy lamentablemente, tengo que practicar esto con frecuencia, porque mi trabajo me exige estar en el centro de atención del público más de lo que me agrada. (No es por accidente que los tres ejemplos que te presento a continuación se hayan producido en situaciones en que estoy hablando en público). Hallarse bajo el ojo escrutador del público es siempre algo que pone los nervios de punta, porque cuando uno se equivoca, el error se hace muy notorio. Un día en particular, me dieron la maravillosa oportunidad de equivocarme en la televisión. Estaba con la cadena televisiva CNBC y me entrevistaron en la Bolsa de Valores de Nueva York. Era una entrevista en vivo que se estaba transmitiendo a toda la nación y al mundo. Y, entonces, se me olvidó lo que tenía que decir. Tenía planes de hablar acerca de las tres formas de estabilizar la mente (ve el capítulo 3). Cuando llegué al segundo punto, se me olvidó cuál era. «La segunda forma de hacerlo es... (en blanco)». Tuve mi momento de «huy» al estilo de Rick Perry. En la televisión en vivo, transmitida al mundo entero. ¡No, no! ¿Qué hacer? ¿Qué hacer?

Podía sentir cómo me iba subiendo el pánico por el cuerpo. Entonces mi entrenamiento se hizo cargo de la situación y pude calmar el pánico antes que se notara. Me mantuve compuesto. Me hicieron falta unos cinco segundos para recuperarme, lo cual, cuando uno está en televisión en vivo, es un tiempo muy largo. Pero me mantuve tan sereno que más tarde, cuando vi la grabación, no tenía el aspecto de haber sido un desastre. Daba la impresión de que estaba «reflexionando» sobre lo que iba a decir. Ninguno de mis amigos que lo vieron supo que había hecho algo grave. Así que ahora sabes mi secreto. La próxima vez que te dé la impresión de que estoy reflexionando, tal vez todo lo que suceda es que esté entrando delicadamente en pánico en mi interior.

Otro aspecto de la seguridad que brota de la ecuanimidad es **la capacidad de actuar ligeramente con respecto a nuestro ego.** Eso lo describo como estar dispuesto a que tu ego sea tan grande como una montaña y tan pequeño como un grano de arena al mismo tiempo. Una vez más, el hecho de ser ocasionalmente una figura pública me presenta una abundante cantidad de oportunidades para practicarlo. Es lo que sucede, por ejemplo, cuando me invitan para hablarle a un público que considero que está muchísimo más calificado que yo. En una ocasión, me invitaron en un país asiático a un auditorio repleto con los principales líderes budistas de ese país, para que les hablara del tema del budismo en el mundo moderno. Allí había muchos monjes mayores, de aspecto severo, líderes de los principales templos, líderes de organizaciones budistas laicas y académicos distinguidos. ¿Y quién era yo? En lo que a mí respecta, solo era un ingeniero de California.

Aquí también pude aplicar mi entrenamiento. Miré al público y me sentí muy pequeño, porque cada una de las personas que estaban allí, con una mano atada detrás de la espalda, sabía diez veces más acerca del budismo que yo. Sin embargo, también me sentí pequeño de una manera saludable: yo estaba allí totalmente entregado a servir a aquel grupo de personas, de manera que mi propio ego y mis necesidades eran totalmente irrelevantes. Al mismo tiempo, para servir a ese público de la manera que se merecía, necesité creer que me merecía estar allí, de pie frente a ellos, hablándoles como si yo supiera algo que ellos no sabían. Y, de hecho, así era. Tal vez no tenga ni la décima parte de su erudición o su práctica budista, pero es posible que me encuentre entre los principales expertos del mundo en cuanto a la aplicación de las prácticas de sabiduría en el escenario de la vida moderna y, a causa de ello, es probable que tenga algunas comprensiones duramente adquiridas que puedo compartir, y que hasta los principales eruditos podrían considerar valiosas. Tenía que haber en mi cabeza una voz que estuviera dispuesta a decirme estas palabras: «Soy un maestro en este tema. Merezco estar aquí». (Entonces, una segunda voz se levanta como reacción y dice: «¿Quién, yo?». Y después la voz original le contesta: «Sí, tú, y es mejor que te acostumbres a la idea...». Y a continuación, un insulto dirigido a mí mismo). A partir de eso, casi avergonzado, le permití a mi ego que se volviera lo suficientemente grande como para llenar toda la sala. Por consiguiente, también le permití que fuera pequeño y gigantesco al mismo tiempo. El truco estuvo en enfocarme en dos actitudes: servicio y buen humor. Al enfocarme en servir a las personas que tenía ante mí, le permití a mi ego que fuera del tamaño que necesitara ser con el fin de servir, y mantuve despierto mi buen humor ante lo absurda que era aquella situación.

Casi al final de la sesión, un monje de aspecto severo que estaba sentado en la primera fila, al parecer muy importante, puesto que estaba sentado al frente y en el centro, con una placa en su asiento en la que estaba escrito su nombre en un idioma que no sé leer, me hizo una pregunta que supongo que se podría interpretar como una cuestión difícil de responder.

Me preguntó por medio de la traducción simultánea: «De los cuatro niveles de iluminación, tal como se definen en el budismo tradicional, ¿en cuál de ellos te encuentras?». Noté algo de tensión en la sala mientras él hablaba. Lo miré fijamente, en mi rostro se dibujó mi traviesa sonrisa de siempre, tracé un círculo con los dedos de la mano derecha y le respondí con toda claridad: «Ce-ro». Y me reí. Aquel monje comenzó a reírse, oí por medio del auricular que el traductor se estaba riendo, y todos los que estaban en el público también se reían. Después que se fueron apagando las risas, expliqué algo más: «En serio; ustedes son los verdaderos maestros budistas, yo solo soy un ingeniero. ¿Qué sé? Tengo la esperanza de que lo poco que haya llegado a saber les haya sido útil a ustedes». El monje asintió ligeramente con una sonrisa.

Me parece que aquella charla salió bien. ¿Cómo lo supe? Cuando las monjas budistas te rodean por completo después de terminada la charla para tomarse «selfies» contigo, es probable que hayas hecho algo bien.

Recordando aquel momento, me di cuenta de que había tratado la pregunta de aquel monje de la forma más habilidosa que pude, sin pensarlo siquiera. Me habría podido poner a la defensiva, ofendido, enojado o inseguro, y habría podido actuar de una forma muy poco correcta. Así aprendí que me bastaba con enfocarme en el servicio y el buen humor para que lo más probable fuera que no hiciera un mal papel.

La capacidad para serenar la mente procede del aspecto de su entrenamiento que enseña a enfocarla. La capacidad para tomarse el propio ego un tanto en broma viene en parte del entrenamiento para la concientización y de la cognición de sí mismo que procede de esa concientización. También procede del gozo sostenible que surge de una mente serena y del sentido de servicio que produce el entrenamiento para la compasión (lee el capítulo 5). Y sí, viene de la práctica —al menos una vez al día— de la concientización sobre el hecho de que un día vas a morir (lee el capítulo 4). Estas cosas hacen que tu ego se vuelva muy moldeable.

3. La seguridad que surge de la flexibilidad

¿Qué sucede en esos días en los cuales falla el conocimiento y también la ecuanimidad? Esto nos trae hasta la tercera fuente de la seguridad: la que surge de la flexibilidad. Un aspecto de la seguridad que brota de la flexibilidad es **la capacidad para recuperarse:** el hecho de saber que cuando las cosas fallen, siempre te vas a recuperar. Yo sé que mi práctica es lo suficientemente fuerte como para que si alguien me dice algo que me hace sentir avergonzado, ofendido o enojado, aunque pierda mi compostura, la puedo recuperar en un período de cinco a diez segundos bajo la mayoría de las circunstancias. Eso me da seguridad cuando entro a una sala. Y a un plazo algo más largo, sé que si sufro alguna clase de revés muy desagradable, digamos que me insulta en público alguien que yo creía aliado mío, o descubro que no me conceden el ascenso que yo pensaba merecerme, me puedo recuperar en un período de cuatro a cinco horas en la mayoría de las situaciones; en veinticuatro horas como máximo. Eso me da seguridad para realizar mis trabajos diarios. Y, en última instancia, tengo la fe de que —por malas que se pongan las cosas, aunque lo pierda todo, aunque me quede incapacitado en un accidente automovilístico—, es probable que pase por un período de depresión fuerte, pero también sé que en mi nivel actual de práctica, puedo recuperar mi sanidad mental y mi compostura en no más de seis a doce meses. Eso me da seguridad en cuanto a vivir esta vida.

Tengo un ejemplo casi divertido en cuanto a practicar la recuperación en corto plazo. Ese día en particular, estaba dando una charla TED en las Naciones Unidas. Es la vez que más nervioso me he sentido en cuanto a hablar en público. Yo sabía que la gente ve mucho las charlas TED, de manera que sabía también que al final, un número ridículamente alto de personas, tal vez cercano al millón, la vería, sobre todo porque se estaba celebrando en las Naciones Unidas. Llegué temprano a Nueva York, con la idea de pasar todo un día practicando mi discurso de catorce minutos en mi cuarto del hotel, frente a un espejo, vestido con mi traje de estilo chino; literalmente, un ensayo con la ropa que usaría. Al parecer, ni siquiera toda aquella preparación fue suficiente para mí.

Mientras estaba dando mi charla TED en el escenario, a mitad de la intervención me puse tan nervioso que comenzó a temblarme la pierna derecha. Al menos tuve la claridad mental necesaria para decirme a mí mismo: «Si no arreglas pronto este problema, la historia te va a recordar como el personaje que se cayó del escenario en una charla TED». Con mi entrenamiento en la meditación, al menos pude serenar mi mente lo suficiente para seguir hablando, como si nada estuviera pasando, pero los temblores no cesaron. Así que pasé sutilmente el peso de mi cuerpo a la pierna izquierda y seguí hablando. Al cabo de un instante, la pierna derecha dejó de temblar, pero la izquierda comenzó a hacerlo, así que pasé sutilmente mi peso de nuevo a la derecha y seguí hablando.

Al cabo de unos minutos, me recuperé. Me alegra informarte que no me caí del escenario en aquella charla TED, por lo cual los anales de la historia contienen un relato cómico menos a mis expensas. Más tarde, cuando pude ver el video en ted.com, me sentí atónito al ver que el personaje que estaba en el escenario mostraba seguridad, y no daba señal alguna de estar nervioso. Y era yo el que estaba allí: ¡yo era ese personaje! Sé con precisión la ansiedad que sentía en su interior, pero al mismo tiempo, mantuvo muy bien su compostura, aun a pesar de tener aquella ansiedad, seguro de que se recuperaría. Fue entonces cuando me di cuenta de que veinte años de práctica de la meditación no habían sido un desperdicio total de mi tiempo.

Otro aspecto de la seguridad que surge de la flexibilidad es más poderoso que todos los demás de los que hemos hablado; tal vez sea lo suficientemente poderoso para que, con solo dominarlo, puedas vivir toda tu vida con una sensación impecable de seguridad. Se trata del hecho de **estar dispuestos a testificar de nuestros propios sufrimientos y fracasos.** Estar dispuestos a ver esto con claridad en nosotros mismos, y ser capaces de hacerlo; ver todo ese sufrimiento, ver todos nuestros fallos, vernos aferrar a todas las cosas agradables y sentir una frenética aversión por todo lo desagradable, ver todo el sufrimiento que significa tener esta forma humana que se manifiesta en nosotros, estar dispuestos a dar testimonio de todo esto, y ser capaces de hacerlo con compostura y bondad; eso es una inmensa fuente de seguridad. Mejor aún; si puedes dar testimonio de todo ese sufrimiento y del fracaso que hay en tu interior, y tener una compostura y una bondad lo suficientemente fuertes como para que surja un delicado gozo que lo penetre todo, aun en medio de nuestra acción de testificar todo ese sufrimiento y todo ese fracaso, entonces no tendrás más temor, y serás la encarnación de la seguridad del que no tiene temor alguno. Este es uno de los niveles de seguridad más elevados que se pueden llegar a tener.

Hace algunos años, mientras batallaba con un extenso episodio de una grave angustia emocional, tomé la absurda decisión de programar un retiro formal de meditación de diez días, en el mismo medio de todo lo que me estaba pasando.

En general, los retiros de meditación son duros para la mayoría de la gente. A uno le duele la espalda, debido a las horas que pasa sentado en el día; tiene que combatir el sueño (y sentirse culpable) mientras se halla sentado; no duerme bien por la noche, que es cuando se supone que duerma; no puede hablar; el baño común está demasiado cercano a su cuarto o demasiado lejos; y está separado de todas las cosas que le dan consuelo: los seres amados, la rutina familiar, el acceso a la Internet y la comida chatarra. Bla, bla, bla. Cosas ya son lo suficientemente duras tal como son. Si además, tienes que enfrentarte con una grave angustia emocional, eso hace que se vuelvan mucho peores.

Aquellos diez días me los pasé casi todos en un intenso sufrimiento de tipo emocional. En todo el día, lo único que tenía que hacer era *tratar* de enfocar la atención en mi respiración. En otras palabras, no podía hacer nada en todo el día, menos enfrentarme a mi insoportable sufrimiento emocional en medio de la incomodidad física. Todo el día. Todos los días. Lo notable es que, cuando iba aproximadamente por la mitad, alrededor del quinto día, hubo un período de veinticinco horas en el cual mi mente se centró sin esfuerzo alguno y con intensidad en la respiración, y se llenó de una serenidad y un relajamiento profundos, además de sentir cierto grado de gozo. Aquello brotó de la nada y, a las veinticinco horas, desapareció por completo. Extraño. No obstante, con la excepción de esas horas, yo tenía puesto constantemente el Canal del Dolor: todo dolor y todo el día. Salí del retiro pensando que el noventa por ciento de él había sido un desperdicio total de mi tiempo. Lo detestaba. Tenía cosas mucho mejores que hacer, muchas gracias.

Esta noche en la Cadena del Dolor:
¡Un maratón con la Familia Duggar!
Más: ¡Las verdaderas amas de casa de las películas del oeste!

red del
dolor

Sin embargo, cuando regresé a mi vida normal, noté una repentina transformación. Por razones que en aquellos momentos no podía explicar, estaba lleno de seguridad en mi interior. Cuando mis amigos me veían, todos reaccionaban igual. Me decían: «¿Qué te pasó? Te ves muy bien. Se te nota tan... seguro» o algo parecido a eso.

Cuando reflexioné con mi maestro acerca de aquello, descubrí lo que había sucedido. En algún momento, después del segundo día más o menos, me sentí cansado de pelear contra mi sufrimiento emocional y mi abrumadora sensación de fracaso, así que decidí permitirles que ocuparan todo mi cuerpo y mi mente. Poco más tarde, decidí que también dejaría de apartar mi vista de ellos. En vez de apartarla, los miraría fijamente y **daría testimonio** de ellos. Todas esas desagradables sensaciones de mi cuerpo que estaban involucradas en la emocionalidad del sufrimiento y las sensaciones de fracaso; todos esos pensamientos de que no merecía nada, incluso esa manera tan desagradable de hablar conmigo mismo que me decía que no era digno ni siquiera de estar vivo, hicieron que me sentara a dar testimonio de ellos. Ya en aquellos tiempos, estaba experimentado en la meditación, así que sabía que debía mirar todos los fenómenos de mi interior con ecuanimidad y bondad, pero en este caso, la profundidad de mi práctica aún no era ni remotamente capaz de generar ecuanimidad y bondad frente a tanto sufrimiento y tantos fracasos, así que todo lo que podía hacer era dar testimonio. Ni con ecuanimidad, ni con bondad, sino sencillamente, dar testimonio.

Hoy, reflexionando en esa experiencia desde el aventajado punto de vista de una práctica más madura, puedo ver que el ingrediente clave de mi transformación fue el simple hecho de estar **dispuesto** a dar testimonio de mi dolor y del sufrimiento que llevaba dentro. El simple hecho de estar dispuesto a hacerlo era algo inmenso. Al reflexionar, me di cuenta de que hay una palabra que indica la disposición a enfrentarse con todas las cosas que no van bien; esa palabra es *coraje*. Sin saberlo en esos momentos, me había pasado aquellos difíciles días cultivando mi coraje. Al final del retiro, lo que salió de él fue un aumento pequeño, pero perceptible, de mi coraje ante el sufrimiento emocional. Y eso era lo que explicaba el súbito aumento de mi seguridad. Era la seguridad que da el coraje.

La meditación te hace una persona atrayente

En una ocasión me entrevistó un reportero que estaba preparando una historia sobre la meditación. Me preguntó acerca de los beneficios que reporta, así que le di una lista bastante larga: mejora la salud, reduce el estrés, aumenta la flexibilidad emocional, nos hace más eficaces como líderes, etc., etc., etc. Por fin, levantó los brazos y me dijo: «Muy bien... ¿Hay algo que la meditación *no* mejore?». Yo me señalé a mí mismo y le dije: «No te hace atractivo». Los dos nos echamos a reír. Pero entonces, cuando reflexioné sobre aquello, me di cuenta de que no estaba totalmente en lo cierto, porque la meditación puede hacer que la persona sea más atrayente.

¿En qué sentido? En un gran estudio hecho en 1995, se les preguntó a más de mil quinientos hombres y mujeres de Estados Unidos, Rusia y Japón cuáles eran los rasgos que más deseaban encontrar en sus cónyuges.[7] Tanto entre los hombres, como entre las mujeres de estas tres culturas tan diferentes, el rasgo que ocupaba el primer lugar como el más deseado era el de ser «bondadoso y comprensivo». En otras palabras, **la bondad es sumamente atractiva.**

Además de eso, como veremos en el capítulo 5, sabemos que la bondad tiene una alta capacidad para recibir entrenamiento; por consiguiente, te puedes entrenar tú mismo para convertirte en un consorte muy atractivo ejercitando las prácticas que encontrarás en ese capítulo. (Ya casi puedo imaginar un mal anuncio de televisión sobre este libro, en el cual un hombre le dice a la cámara con una amplia sonrisa, sentado en un lugar de su dormitorio: «¡Yo hice los ejercicios de este libro, y mi novia piensa que soy un hombre nuevo!»).

LICENCIA PARA RELAJARSE

Hay otra forma en que la meditación te puede hacer más atrayente, no solo como posible cónyuge, sino también con respecto a las personas con las cuales trabajas: **la meditación puede aumentar tu carisma.** Según mi estimada amiga Olivia Fox Cabane, autora del libro *El mito del carisma*, este es el resultado de ciertas formas específicas de comportamiento: la conducta **en cuanto a la presencia,** la conducta **en cuanto al poder** y la conducta **en cuanto a la calidez.**[8] Las tres son críticas. Las formas de conducta en cuanto al poder proceden de una seguridad auténtica en sí mismo y, como vimos ya en la sección anterior, la meditación te puede dar esa clase de seguridad.

En mi opinión, las formas de conducta en cuanto a la presencia significan que debemos estar totalmente en el lugar donde estamos en el momento presente, y estar totalmente *allí*, con cualquiera con quien estemos interactuando en ese momento. La práctica de la concientización nos da calidad en cuanto a estar totalmente presentes. Hay una interesante historia para ilustrar lo que significa estar totalmente con los que nos acompañan; es un relato corto escrito por León Tolstoi, que se llama «Las tres preguntas». La versión ultracorta de ese relato corto es la siguiente: Un rey decidió que si conocía las respuestas a tres preguntas, siempre estaría haciendo lo que debía hacer. Y las tres preguntas eran estas: La primera, ¿cuál es el momento más importante? La segunda, ¿quién es la persona más importante? Y la tercera, ¿cuál es la cosa más importante que debo hacer? Al fin pudo aprender las respuestas de labios de un hombre sabio. El momento más importante es el presente, porque el ahora es el único tiempo sobre el cual tenemos algún control. La persona más importante es la persona con la que estamos interactuando. Y la cosa más importante que debemos hacer es poner todo nuestro empeño en servir a la persona con la cual estamos interactuando. «Si conoces estas tres respuestas», le dijo el hombre sabio al rey, «vive en el presente, trata a la persona con la que estás interactuando como la más importante del mundo, y haz tu mejor esfuerzo por servirle». Por tanto, el entrenamiento de la presencia está en la concientización (los capítulos 2 y 3) y la compasión (capítulo 5). Practica estas dos cosas y tendrás una fuerte presencia.

En cuanto a conducirse con calidez, esto en mi opinión se puede reducir a una sola frase: «¡Qué feliz estoy de verte!». Si te encuentras con alguien, y te dices a ti mismo: «¡Qué feliz estoy de ver a esta persona!», esa actitud se va a reflejar de manera natural en tu rostro y en tu cuerpo. De manera que, con solo hacer esto, vas a proyectar calidez. La preparación para la calidez es el entrenamiento para el amor misericordioso (capítulo 5). Mientras más fuerte es tu amor misericordioso, más vas a poder proyectar esa calidez de una forma orgánica y sin necesidad de esforzarte para hacerlo.

Por consiguiente, al practicar la concientización, la bondad y la compasión, te vas a volver más carismático. Haz eso y hasta es posible que todo el mundo se quiera casar contigo.

La suerte de los felices

El entrenamiento de la mente te puede hacer una persona con suerte. (No, no me estoy refiriendo a «ponerte de suerte»; eso se encuentra en la sección anterior... tal vez).

En una ocasión, un amigo me preguntó cuál es el secreto de mi éxito. A mí me agrada decir que tengo éxito porque soy listo y trabajo duro, pero eso no es cierto del todo, porque conozco personas que son más listas que yo, y trabajan más duro que yo, y no les va tan bien. Reflexionando en esa realidad, me di cuenta de que es posible sintetizar el secreto de mi éxito en una sola palabra: *suerte*. Tengo tanto éxito, porque tengo suerte.

Por fortuna, la suerte no es algo que se produzca totalmente al azar. Yo soy bendecido con tres clases de bendición y, de las tres, solo la primera depende por completo del azar. Tengo cierto poder sobre las otras dos aunque por supuesto, como se trata de la suerte, no hay ninguna garantía al ciento por ciento. Las tres clases de suerte son estas:

1. Nacer en unas circunstancias favorables

2. Estar en el lugar correcto y en el momento oportuno

3. Estar rodeado de buenas personas

1. Nacer en unas circunstancias favorables

Yo nací en una familia que era pobre, pero solidaria. Toda mi vida tuve suficiente para comer y sé que algunas veces mi madre pasaba hambre para asegurarse de que yo comiera bien. Siempre tuve un techo sobre mi cabeza. Nunca sufrí un solo día de guerra, ni un solo día en que no tuviera un hogar donde refugiarme. A pesar de haber nacido en un país que entonces era pobre pero estaba en desarrollo, siempre me ha dado agua limpia para beber, vacunas gratuitas y educación gratuita.

Es conocido por muchos que el multimillonario Warren Buffett se refería a aquellos que crecen en medio de la prosperidad, llamándolos «los miembros del club del semen con suerte»,[9] y dadas las circunstancias en que nací y crecí, también me considero miembro de ese club. Hay muchos millones de personas que nacen en unas circunstancias en las cuales no tienen ni siquiera acceso a los libros, y mucho menos a una educación, o incluso a agua limpia. Si estás leyendo este libro, es muy probable que hayas sido bendecido al menos con la misma suerte que yo.

No he hecho nada en absoluto para merecer esta clase de suerte. Sencillamente, la he tenido. Lo único que puedo hacer es pasar esta suerte a otros, comprometiéndome a hacer del mundo un lugar mejor en el transcurso de mi vida.

2. Estar en el lugar correcto y en el momento oportuno

Esta clase de suerte no aparece del todo al azar. Tenemos cierto poder para contribuir a ella y, en mi caso, he hecho dos cosas. Una de ellas es **estar siempre preparado para aprovechar las oportunidades,** en caso de que se presenten. Siempre trato de hacer las cosas lo mejor posible y de la manera más destacada que puedo. En el año 1999, cuando era aprendiz en la IBM, Lou Gerstner, el presidente ejecutivo tomaba momentos para hablar con los aprendices. Uno de los que estaban conmigo le preguntó qué era lo que más había contribuido a su éxito. Él le dijo que era el haber hecho siempre un trabajo sobresaliente, sin importarle el que fuera. Aunque se trate de un trabajo por el que no te van a dar ni las gracias, aunque sea un trabajo que no te ofrezca la posibilidad de un ascenso, hazlo siempre sobresaliente. Si lo hacemos, a fin de cuentas aparecerá alguien que lo notará, y cuando se necesite una persona de confianza para un trabajo importante, alguien dirá: «¿Qué les parece ese tipo que se llama Lou? Él siempre hace sus trabajos de una manera sobresaliente. Tal vez le deberíamos dar una oportunidad». Lou nos dijo que esa es la historia de su vida, y de la forma en que lo fueron ascendiendo para que adquiriera cada vez más responsabilidades. En mi propia experiencia, eso ha resultado ser cierto.

Otra forma en que me preparo para la aparición de las oportunidades es darle constantemente la prioridad a mi crecimiento personal, algunas veces con unos resultados espectaculares. A principios del presente siglo, cuando andaba en busca de un trabajo, la explosión de los «punto-com» estaba en pleno auge, y todo el que tuviera buen pulso y un título en ingeniería de programación en computadoras podía conseguir un trabajo en el Valle de Silicón. Puesto que era ingeniero en programación ganador de premios y con notas todas sobresalientes en una de las mejores universidades, habría podido tener cualquier trabajo que hubiera querido. Sin embargo, decidí unirme a una empresa incipiente que aún era pequeña y no producía ganancias, y tenía un nombre absurdo. Se llamaba Google. ¿Por qué? Porque decidí que nunca querría ser la persona más lista que hubiera en la sala. Si yo soy la persona más lista del grupo, nunca voy a aprender nada. Por tanto, con el fin de aumentar al máximo mi crecimiento, decidí trabajar en una compañía en la cual la gente parecía ser mucho más lista que yo, y esa compañía fue Google. Y, ¡vaya que esa decisión funcionó como yo quería!

Entonces, **salto con valentía para aprovechar las oportunidades** cuando veo que se me presentan. Con frecuencia, para aprovechar las grandes oportunidades, necesitamos hacer transiciones de importancia, y esas transiciones pueden dar miedo. Mi estimado amigo Scott Kriens, que fuera el admirado presidente ejecutivo de Juniper Networks, lo compara al hecho de volar por los aires en medio de dos trapecios: tiene que haber un momento en que estés dispuesto a soltar un trapecio para verte en medio del aire, sin apoyo de ninguna clase. Si no estás dispuesto a hacerlo, nunca vas a poder volar por los aires entre los trapecios. Muchas veces, para aprovechar las grandes oportunidades, necesitamos soltar por completo algo que es seguro y cómodo, para aventurarnos con algo desconocido y, por tanto, profundamente incómodo. Hacerlo requiere dos cosas: la confianza en ti mismo para ponerte en situaciones muy incómodas, y la conciencia de ti mismo, para saber con toda claridad cuáles son tus valores, tus principios y tu razón de ser en la vida.

A fines del año 2007, cuando estaba trabajando en Google como ingeniero, dirigí en mi tiempo libre la creación del plan de estudios basado en la concientización sobre la inteligencia emocional, llamado *Busca en tu interior*. Pocos meses más tarde, el departamento de operaciones humanas de Google, que es lo que nosotros llamamos nuestra función de recursos humanos, me ofreció un puesto para trabajar a tiempo completo en *Busca en tu interior*. Yo sería el primer ingeniero practicante en la historia de Google que había sido transferido a operaciones humanas. En el departamento de ingeniería era un miembro respetado e innovador, con unas habilidades valiosas, que me había pasado toda una vida perfeccionando, mientras que en operaciones humanas sería un dudoso trasplante que no sabía absolutamente nada de relaciones humanas. A una edad ya no tan tierna de treinta y siete años, lo tendría que reconstruir casi todo desde cero; y eso incluía mis habilidades profesionales, mis conexiones, mis credenciales y mi credibilidad. Bueno, por supuesto que habría debido negarme. Sin embargo, analicé mis valores y decidí que, aunque me gustaba escribir en código, lo que realmente me daba una razón de ser en la vida era el crecimiento de mi paz interior, mi gozo interno y mi compasión por el mundo entero, por lo que operaciones humanas me proporcionaría la oportunidad de lograr ese crecimiento. Así que contuve la respiración y me lancé a volar entre los dos trapecios. Al llegar el año 2012, ya sería reconocido a nivel internacional como la persona que popularizó la concientización en Google y, por tanto, ayudó a legitimarla en el mundo de las corporaciones. Creo que di el paso correcto.

En la vida, las oportunidades nos tocan a la puerta con una cierta frecuencia, pero si no estás preparado para recibirlas, o no estás dispuesto a aprovecharlas, van a pasar de largo. Eso es lo que les sucede a muchas personas.

En cambio, si estás preparado para aprovechar las oportunidades, siempre estarás tratando de crecer, y siempre harás tus mejores esfuerzos, estarás intensamente consciente de cuáles son las cosas que te dan un propósito en la vida, y desarrollarás la valentía necesaria para responder a las oportunidades cuando toquen a tu puerta. Entonces las vas a poder aprovechar, y te van a cambiar la vida, y la gente que te rodea se preguntará por qué con tanta frecuencia estás en el lugar correcto y en el momento oportuno. De hecho, es probable que a ti no se te presenten más oportunidades que a los demás. La diferencia está en que puedes aprovechar, y aprovechas, las que se te presentan. Las habilidades que necesitas para hacer eso son la conciencia de ti mismo, que te da claridad en cuanto a tu razón de ser en la vida, la confianza en ti mismo, para saber que eres capaz de aprender cualquier cosa a cualquier edad, la flexibilidad de hacer un trabajo sobresaliente aun en situaciones desagradables, y la valentía para «volar por los aires en medio de dos trapecios» y meterte en situaciones incómodas. Podrás mejorar cada una de esas habilidades por medio de las prácticas de entrenamiento de la mente que aparecen en este libro.

¡Oh! ¡Yo te oí decir que tenía que tratar de volar entre dos pizzas!

3. *Estar rodeado de buenas personas*

Mi éxito depende de que estoy siempre rodeado de buenas personas que me quieren ayudar. Por ejemplo, cuando necesité ayuda con mi práctica de la meditación, algunos de los mejores maestros de meditación del occidente, como Jack Kornfield y Shinzen Young, se ofrecieron para ser mis tutores personales, a pesar de tener ellos mismos una agenda muy apretada. Cuando mi equipo estaba diseñando *Busca en tu interior*, unas personas tan maravillosas como Daniel Goleman (que escribió literalmente el libro sobre la inteligencia emocional), me ofrecieron sus consejos y su ayuda. Cuando necesité formar un equipo de voluntarios en Google para trabajar con la campaña One Billion Acts of Peace, que más tarde sería nominada para el Premio Nobel de la Paz por el Arzobispo Desmond Tutu y seis ganadores más del Premio Nobel, se ofrecieron un centenar de personas. Yo estoy de pie sobre los hombros de muchos gigantes. Solo tengo éxito porque tantas personas de buen corazón, destacadas y capacitadas, me han dado una gran ayuda. Tengo la suerte de ser siempre el que recibe su bondad y su generosidad.

Te repito que considero que mi buena suerte en este frente no es algo totalmente debido al azar. Hay tres cosas que me han ayudado grandemente. La primera es amar genuinamente a las personas. Esto lo hago tratando con un amor misericordioso a todas las personas con las que me encuentro.

Otra cosa que me ayuda es ganarme el respeto de las personas. Esto lo hago conduciéndome con integridad, cumpliendo mis compromisos con un trabajo sobresaliente y practicando una seguridad en mí mismo que se basa en la ecuanimidad. Tal vez lo más importante de todo sea aspirar continuamente a servir al mejor de los bienes. Si siempre tratas de practicar la compasión y siempre estás buscando la forma de beneficiar a quienes te rodean, y a quienes están más allá de ellas, las personas que sean buenas entre las que te rodean te amarán y te querrán ayudar.

En esencia, este tercer aspecto de la suerte procede sobre todo del amor misericordioso y de la compasión. Por fortuna, ambos son altamente susceptibles de entrenamiento y los describo con detalle en el capítulo 5.

Todos hemos oído decir que «nos hacemos nuestra propia suerte». Por desdicha, a veces se toma esto en el sentido de que si alguien no tiene suerte, es por su propia culpa. No es así como funciona la suerte. Si pudiéramos controlar todos los aspectos de nuestra suerte, no necesitaríamos esa palabra. Ahora bien, hay muchas cualidades que podemos entrenar, como el conocimiento de nosotros mismos, la seguridad, el coraje, el amor misericordioso y la compasión, los que pueden aumentar grandemente nuestra suerte. Estas cualidades también aparecen en nosotros dentro del territorio del gozo. Así que, si practicas los entrenamientos que te propongo en este libro, no solo vas a sentir más gozo, sino que también vas a mejorar tu propia suerte. Eso sí te lo puedo garantizar.

Tengo la esperanza de que al llegar a este punto, te sientas ya tan emocionado con respecto a los numerosos beneficios que trae consigo el entrenamiento de la mente, que estés ansioso por leer el resto de esta obra. Lo que sí sé es que me siento emocionado por ti, aquí, al comienzo de este gozoso viaje. Nada menos que la serenidad, la claridad, la flexibilidad emocional, la conciencia de ti mismo, la creatividad, la seguridad, la bondad, el carisma, la suerte y sí, el gozo, te esperan en los próximos capítulos.

CAPÍTULO DOS

¿Una sola respiración?
Debes estar bromeando

*Sobre cómo tu gozo puede comenzar
con la primera respiración*

Si el entrenamiento de la mente es algo tan bueno, ¿por qué no lo practica toda la gente a diario?

Una dificultad en cuanto al entrenamiento de la mente es que puede ser muy difícil en sus comienzos. Otra dificultad consiste en que, aun en los casos en que se comience con éxito, puede ser muy difícil de mantener. Por fortuna, pienso que estos problemas son sumamente fáciles de resolver.

Usemos de nuevo la analogía de los ejercicios. Todo el mundo sabe que es bueno hacer ejercicios. Por ejemplo, todo hombre querría tener el cuerpo de Fabio (y me parece que muchas mujeres también querrían tenerlo, pero de una manera distinta). Hay una sencilla razón por la cual no todos los hombres tienen el cuerpo de Fabio: es verdaderamente difícil llegar a estar en una forma tan estupenda. Se necesitan miles de horas de duro entrenamiento y, a la mayoría de nosotros los hombres, nos desagrada eso mucho más que nuestro actual cuerpo, que no se parece en nada al de Fabio.

Por fortuna, no necesitamos tener el mismo aspecto de Fabio para disfrutar de muchos de los maravillosos beneficios que produce el estar en buena forma física. Todo lo que necesitamos es dedicar veinte minutos a hacer ejercicios tres veces por semana, para adquirir el tipo de buena forma física que necesitamos con el fin de transformar nuestra vida. Lo lamentable es que hasta esto se les hace duro a una gran cantidad de personas.

Todos los años hay una gran cantidad de personas que toman como resolución de Año Nuevo comenzar a hacer ejercicios. Muchas comienzan a acudir al gimnasio o a trotar. Después de unos cuantos días, o semanas, algunos se dan por vencidos, por lo general con el cuerpo totalmente adolorido. Los que son persistentes descubren que los ejercicios comienzan a tener efectos transformadores en su vida. Se sienten más saludables, tienen más energía, mejora su aspecto y se sienten muy satisfechos con ellos mismos. Y entonces, ¿qué sucede? Varios meses más tarde, un gran porcentaje de ellos comienzan a hacer cada vez menos ejercicios. Su régimen de ejercicios empieza a desvanecerse. ¿Por qué? Porque «no tienen tiempo». Es aburrido, es tedioso, es duro, y ellos están demasiado ocupados, o cansados, o alguna otra cosa.

Yo sé que es saludable, pero después de un tiempo
no pude entender hacia dónde iba todo aquello.

¿Qué hacer? Hay por lo menos dos soluciones obvias. La primera es la comunidad. Sencillamente, si tienes gente con la cual hacer los ejercicios, por ejemplo, amigos del gimnasio o compañeros que salen a correr contigo, entonces es más probable que lo hagas. La segunda solución consiste en incorporar el ejercicio a la vida diaria. Por ejemplo, en lugar de ir en auto al trabajo, decides ir en bicicleta, y así tus viajes diarios relacionados con tu trabajo se convierten en tu ejercicio diario. O bien, para los tipos menos impulsivos, está la decisión de usar las escaleras, no el ascensor, con el fin de hacer algún ejercicio durante el día de trabajo, lo cual es probable que sea más fácil aquí, en el Valle del Silicón, donde los edificios no son tan altos, que en la mayor parte de Manhattan.

Sin embargo, también hay una tercera solución, menos evidente, pero que es la más importante de todas: el gozo.

La incorporación del gozo al ejercicio consta de dos partes. La primera es una habilidosa intensificación de los esfuerzos, lo cual significa que, al principio, se pone al que se está entrenando a hacer el régimen de ejercicios con habilidad. En esta etapa, la clave yace en **entrar suavemente, con cuidado.** Al principio, el entrenador habilidoso no agota demasiado a la persona que está entrenando, porque esto tiende a provocar una resistencia psicológica contra el entrenamiento. Sin embargo, al mismo tiempo, el entrenamiento no puede ser tan fácil, que no cause un impacto significativo. El entrenador debe comprender cuál es la dosis eficaz mínima de ejercicio, y entrenar a una intensidad que es ligeramente más elevada, pero no en exceso, comparada con la dosis eficaz mínima. Esto hace que el entrenamiento sea fácil y eficaz a la vez al principio; la persona que se entrena va entrando con suavidad en los ejercicios y va aumentando gradualmente su intensidad. Más que nada, esto requiere de una comprensión adecuada del proceso de entrenamiento.

La segunda parte de la incorporación del gozo en los ejercicios consiste en **hacerlos divertidos.** Si puedes lograr que los ejercicios sean divertidos, entonces la gente los va a hacer, y nunca va a decir que «no tiene tiempo», porque la gente siempre encuentra tiempo para divertirse. Hay una palabra que sintetiza esta solución: *los deportes.* Las personas practican tenis, baloncesto y otros deportes porque se divierten cuando juegan y, al mismo tiempo que se divierten, hacen ejercicios. Si hubiéramos sido nosotros los ingenieros los que hubiéramos inventado los deportes, les habríamos llamado «ejercicios convertidos en juegos».

En otras palabras, la solución para mantener una rutina de ejercicios consiste en hacerlos divertidos, por medio de una habilidosa aplicación a ellos de la facilidad y la diversión.

En mi experiencia, los problemas que nos encontramos en el entrenamiento de la mente son similares, y se pueden resolver con soluciones parecidas. Cada año, la gente oye hablar de esos maravillosos beneficios que produce la meditación, y son muchos los que deciden probarla. Después de unos cuantos días, o semanas, muchas personas se dan por vencidas, pensando que es demasiado difícil. Los que logran familiarizarse con ella, y perseveran por un tiempo, descubren que su entrenamiento comienza a tener efectos capaces de transformarles la vida.

Se sienten más serenos, más enfocados, más felices y más bondadosos, por lo que están muy contentos con ellos mismos. Y entonces, ¿qué sucede? Meses más tarde, un alto porcentaje de ellos ven que su práctica comienza a desvanecerse. ¿Por qué? Porque «no tienen tiempo». Es algo aburrido, tedioso, es un trabajo duro, y están demasiado ocupados, o cansados, o alguna otra cosa.

Las tres soluciones para lograr la permanencia de una rutina de ejercicios también funcionan en el caso de mantener la práctica de la meditación. En la historia vemos que las personas han usado la comunidad, la meditación hecha en conjunto y el apoyo mutuo en su práctica.

Esto no ha parecido funcionar muy bien dentro del contexto moderno. Yo creo que en parte, la razón es que para que la meditación funcione realmente bien, es bueno practicarla unos veinte minutos al día, y en la sociedad moderna nos es difícil reunir a nuestros amigos para hacer algo durante veinte minutos al día, si no tiene nada que ver con la cerveza. La incorporación de la práctica a la vida diaria también es una solución frecuente. A estas las llamamos «prácticas informales», como dirigirnos conscientemente al baño, o respirar de manera consciente mientras esperamos a que la computadora haga todo su proceso inicial para trabajar en ella. Las prácticas informales son muy beneficiosas, pero en mi experiencia, solo le pueden servir de complemento a la práctica formal que se realiza sentado; no la pueden reemplazar, porque les falta el rigor de la práctica formal que hacemos sentados. Es como tratar de desarrollar nuestra resistencia caminando por el parque. Eso es algo bueno para la salud, pero no es lo suficientemente riguroso como para desarrollar la resistencia.

Eso significa que necesitamos apoyarnos fuertemente en el gozo como solución, tal como lo hacemos con los ejercicios.

En la práctica de cada uno de los que meditan hay un punto al que yo en mi imaginación le doy el nombre de «Punto de gozo». Es el punto en el cual el meditador adquiere un acceso digno de confianza a la paz interna y al gozo interior, al menos durante su meditación. La razón está en que, cuando la práctica del meditador alcanza la suficiente profundidad, puede acceder al instante a su paz interior, al menos durante la meditación que hace estando sentado, y esa paz interior crea las condiciones para que surja el gozo interior. Por tanto, con el entrenamiento suficiente, también puede tener acceso al instante a su gozo interior. Tengo que hacer aquí una advertencia. Algunas personas experimentan el aspecto del gozo con mayor fuerza que el de la paz, mientras que es posible que otras experimenten el aspecto de la paz con mayor fuerza que el del gozo, de manera que se puede presentar algún desacuerdo en cuanto a cuál de los dos aspectos es el más fuerte, pero lo que sí queda claro es que ambos se hallan presentes. Yo tomé la decisión de llamarlo punto de gozo, y no punto de paz y gozo, porque soy demasiado perezoso para teclear tanto. Lo más importante acerca de esto es **el empuje que se sostiene a sí mismo.** Una vez que la persona llega al punto de gozo, el círculo virtuoso de gozo y habilidad la mantiene en él. Así, tiene la habilidad de acceder de una manera digna de confianza a su paz interior y a su gozo interno, lo cual hace gozosa su práctica, por lo que practica más y adquiere una habilidad mayor, lo que hace que su práctica sea más gozosa... y así sucesivamente. Este es el punto en el cual la persona deja de quejarse al autor de *Busca en tu interior,* diciéndole que no puede mantener su práctica de la meditación.

Por consiguiente, la pregunta clave que debemos hacer es esta: ¿cómo podemos acelerar nuestra llegada al punto de gozo? Al pensar en este problema, me di cuenta de que la solución no consiste en acelerar nuestro paso hacia el gozo, sino más bien en *cargar el gozo por el frente* en el proceso de entrenar nuestra mente. Esto significa introducir el gozo desde el principio, en lugar de esperar a descubrirlo en algún momento, cuando ya hayan pasado años, y arriesgarnos a no llegar nunca a ese punto. Mejor aún, el círculo virtuoso del gozo y la meditación se puede echar a andar con muy poco esfuerzo: tan poco tiempo como cien minutos de práctica, que es más o menos el tiempo que nos lleva ver la película *Frozen,* volar de San Francisco a Las Vegas, o hacer un pastel de manzana usando todos los ingredientes, y eso es lo que vamos a explorar en el presente capítulo.

No te preocupes; puedes ser perezoso

No le tengas miedo a la pereza: hay quienes nacen perezosos, hay quienes alcanzan por ellos mismos la pereza y hay a quienes les tiran encima la pereza.

El primer paso en la aplicación del gozo a la meditación consiste en entrar a ella con facilidad. Aquí es donde entras de manera relajada a la práctica y llegas a darte cuenta de que la meditación no tiene por qué ser algo tan difícil. De hecho, puede ser bastante fácil, en realidad. Cuando te relajes, surgirá dentro de ti una sensación de gozo que nace de esa relajación, y cuando permanezcas en ese gozo, tu mente se relajará aun más, y esta relajación se asentará en ti con mayor firmeza, creando así un círculo virtuoso. Así es como vemos que el primer paso hacia el asentamiento y la aplicación del gozo en la meditación es la relajación. ¿Y cómo comenzamos a asentar esta relajación? Con pereza, por supuesto. No una pereza cualquiera, sino una pereza sabia.

En Google, donde he pasado la mayor parte de mi carrera como ingeniero, hemos contratado algunos de los mejores ingenieros del mundo. Yo digo medio en broma que me encanta contratar ingenieros que sean perezosos, porque siempre son los que encuentran las formas más eficientes de hacer las cosas. Sin embargo, para que eso funcione, es necesario que sean perezosos en un sentido muy específico. Deben ser unos ingenieros altamente motivados y competentes, que les preocupe la producción de unos resultados de alta calidad, pero que sean demasiado perezosos para hacer unos trabajos que no sean necesarios, de manera que se tomen su tiempo para adquirir una comprensión interna y completa de un sistema, con la intención de hallar la forma más fácil de lograr lo que ellos necesitan hacer.

Esta es la pereza sabia. Usar los conocimientos y la sabiduría para elevar al máximo el relajamiento, sin sacrificar la calidad de los resultados, con lo cual se están beneficiando ellos mismos y benefician a los que vendrán después de ellos. A mí me agrada aplicar esta pereza sabia al proceso de entrenamiento de la mente, porque me estoy esforzando muy fuerte para ser un perezoso.

¿Cuánto tiempo me hace falta para obtener los beneficios?

Muchos principiantes plantean una importante pregunta acerca de la meditación pero son pocas las veces que se les responde de una manera adecuada. Esa pregunta es: «¿Cuánto tiempo me hace falta practicar antes de comenzar a ver beneficios significativos?». En mi experiencia, la respuesta que dan los maestros casi siempre es algo así: «No pienses en eso; solo siéntate», o lo que se parezca a eso. Cuando yo era principiante, esa respuesta espuria me enojaba con frecuencia. ¿Por qué mejor no lo dicen de manera directa? Yo creo que una de las razones es que creen que se va a tomar un tiempo largo y desalentador, así que no quieren que andemos siempre en busca de la meta. Me imagino que especialmente en mi caso, no me querían dar la respuesta, porque eran demasiado bondadosos como para decirme: «Tal vez un año para los demás, pero para ti, Meng, diez».

Así supe que muchas personas, tanto entre los maestros como entre los estudiantes, asumen que hace falta un largo tiempo para que la meditación produzca unos beneficios significativos. Es posible que esa suposición tenga unos orígenes culturales, porque a lo largo de los últimos miles de años, se enseñaba y practicaba en unas civilizaciones en las cuales casi todos los meditadores la practicaban a tiempo completo durante años. Por tanto, los programas de entrenamiento en la meditación eran perfeccionados por meditadores de tiempo completo, que gozaban de gran cantidad de tiempo libre y no tenían mucho que hacer; y eran diseñados para alcanzar un profundo dominio sobre la mente, nada menos que eso. Puesto que el caso del público al que va dirigida, y su uso, no habían cambiado en miles de años, todo el mundo daba por seguro que la meditación, necesariamente, exige unos largos períodos de práctica rigurosa durante muchos años, y nadie ponía en tela de juicio esa suposición. Es decir, nadie hasta que unos ingenieros perezosos como yo, con una escasez crónica de tiempo libre, comenzaron a aprender a meditar. ¿Cuál es una de las cosas altamente eficaces, más importantes (y fastidiosas) que hacemos los ingenieros? Poner en tela de juicio las suposiciones existentes.

La primera grieta en esa suposición se me presentó al observar que muchos de los que participan en los cursos basados en la concientización, como el de Reducción del estrés basada en la concientización (siglas en inglés: MBSR) y el curso Busca en tu interior (siglas en inglés: SIY), reportan que su vida cambió durante las breves siete u ocho semanas de su entrenamiento. A partir de eso, hice un cálculo aproximado y llegué a la conclusión de que no hacen falta más de cien horas de práctica para que un meditador comience a experimentar unos beneficios que sean lo suficientemente significativos como para transformar su vida. Después de aquello, cada vez que la gente me preguntaba por cuánto tiempo tenía que meditar antes que comenzara a cambiarles la vida, yo respondía: «Alrededor de cien horas». No obstante, en estos días digo: «Entre cincuenta y cien horas, aproximadamente». ¿Por qué? Porque supe que el Dalai Lama, cuando se le hizo una pregunta similar, respondió: «Unas cincuenta horas». Tuve que ajustar mi respuesta, de manera que tanto el Dalai Lama como yo estuviéramos en lo cierto al mismo tiempo.

Me esperaba una sorpresa mucho mayor. Al parecer, esos beneficios se hallan al alcance de la persona muy por debajo de la marca de las cincuenta horas. Un estudio hecho en el año 2007 por el científico chino Y. Y. Tang indica que bastan cien minutos de meditación para que se efectúen unos cambios susceptibles de medición.[1] ¡Cien minutos! No diez mil horas, ni cien horas; ni siquiera dos horas. ¡Vaya! Un estudio mucho más reciente, hecho en el año 2013, refuerza el descubrimiento acerca de los cien minutos.[2] En esta investigación, unos estudiantes que practicaron la meditación de concientización por diez minutos diarios a lo largo de dos semanas —lo cual hace un total de ciento cuarenta minutos—, mejoraron de manera medible sus puntuaciones en el Examen para el Récord Graduado universitario (siglas en inglés: GRE). Sí, solo dos horas y veinte minutos para mejorar tu puntuación en el GRE. Ya me parece ver a las «madres-tigresas» asiáticas corriendo a inscribir a sus hijos en clases sobre meditación de concientización después de leer lo que acabo de escribir.

Pero espera un poco. ¿Quién necesita ciento cuarenta minutos cuando se pueden conseguir beneficios en solo quince? Otro estudio hecho en el 2013 indica que basta con quince minutos dedicados a la meditación de concientización para mejorar de manera medible tu toma de decisiones, al reducir tu vulnerabilidad con respecto a algo llamado «preferencia por los costos hundidos», que contribuye a tomar malas decisiones (como la de ir a ver una película que en realidad no quieres ver, pero vas porque compraste una entrada por la cual no te van a devolver tu dinero).[3]

¡¿Qué?! ¿Que todavía no has alcanzado la iluminación? ¡Tu primo solo tiene once años y ya alcanzó el Nirvana!

Mejor aún. Resulta que el entrenamiento de la mente puede efectuar cambios, incluso a nivel epigenético, en una cantidad sorprendentemente corta de tiempo. Un innovador estudio hecho en el año 2013 por Richard «Richie» Davidson, estimado amigo mío y pionero de la neurociencia contemplativa, señala que cuando los meditadores con experiencia se pasan ocho horas en una práctica intensiva de concientización, su expresión genética comienza a cambiar.[4] Concretamente, el estudio arrojó una reducción en la expresión de los genes proinflamatorios, la cual guarda una correlación con la velocidad de recuperación de una situación estresante. Cosas como para dejarnos boquiabiertos.

Considerando todos esos datos y las experiencias de los que han participado en mis clases de Busca en tu interior, he llegado a la creencia de que es posible desarrollar las habilidades para meditar en unos porcentajes comparables a las habilidades que se necesitan en otras actividades complejas. Tomemos por ejemplo el aprendizaje del piano. Tal vez hagan falta una o dos horas para aprender a tocar una canción muy sencilla. Una vez que la persona aprende a tocar una canción sencilla, ya tiene la experiencia necesaria para crear música. ¡Ah! Sí, es cierto que solo sabe tocar una sola canción, pero se trata de una mejora significativa y objetivamente medible en su capacidad para la música. Ahora bien, para ir más allá de una sola canción; para poder tocar un pequeño número de canciones sencillas, hacen falta un número significativamente mayor de horas, tal vez entre cincuenta y cien. En ese punto en que está, nadie puede decir que es bueno en el piano, pero al menos, ahora se puede decir a sí mismo que sí puede tocar el piano. En cambio, para ser muy bueno al piano, hace falta un número mucho mayor de horas. Tal vez después de mil o dos mil horas de práctica, llegues a ser muy bueno en el piano; lo suficiente para que te inviten a tocar periódicamente en tu iglesia, o para que los vecinos te pidan que les enseñes a tocar a sus hijos. Y finalmente, para llegar a ser todo un maestro; por ejemplo, para ser tan bueno al piano, que puedas tocar como profesional con una orquesta sinfónica, te va a hacer falta un número muy grande de horas de práctica. El autor Malcolm Gladwell informa que este número asciende a las diez mil horas y sospecho que es muy probable que esté en lo cierto. En cualquiera de los dos casos, hacen falta muchos años de práctica para llegar a ese punto.

Pienso que los números son comparables cuando hablamos del entrenamiento en la meditación. Para aprender lo suficiente de los aspectos básicos, de manera que obtengamos unos beneficios significativos, comparables al aprendizaje de una canción sencilla al piano, nos hace falta un tiempo que va desde un número bastante pequeño de minutos, hasta uno bastante pequeño de horas. Tal como mencioné, las investigaciones sugieren que entre quince minutos y dos horas bastan para experimentar sus beneficios, según de qué beneficios se trate, puesto que algunos exigen más práctica que otros. Pero eso no es suficiente para que la meditación comience a cambiarte la vida. Para ello, te harán falta entre cincuenta y cien horas. En ese punto, tu práctica es lo suficientemente buena como para que puedas saborear con bastante deleite la dulzura de la paz y el gozo mientras permaneces sentado, o para que comiences a ser más flexible ante las experiencias dolorosas, y veas cómo la práctica comienza a afectar tu vida diaria. En el caso de algunas personas, esta experiencia causa una transformación en su vida; en el de otras, al menos les hace comprender de qué manera la meditación les puede cambiar la vida.

Por ejemplo, para llegar a ser muy bueno en la meditación, lo suficientemente bueno que seas capaz de tener acceso a la paz y el gozo en la meditación sentada entre el noventa y cinco y el noventa y nueve por ciento del tiempo en circunstancias normales, y lo suficientemente bueno para serenar la mente en las situaciones difíciles más de la mitad de las veces, se requieren entre mil y dos mil horas de práctica. Esta es la razón por la que quiero que todos los maestros de Busca en tu interior tengan al menos dos mil horas de práctica de meditación en su vida. No necesito que todos sean grandes maestros, pero sí que sean por lo menos muy buenos. Llegar a ser un verdadero maestro en la meditación exige muchos miles de horas de práctica. Yo desconozco el número exacto, pero diez mil me parece un cálculo razonable, aunque sé también que es muy general, con una gran cantidad de variantes posibles.

El punto clave aquí es que hace falta mucho tiempo para llegar a dominar la meditación pero, en cambio, es muy fácil aprenderla; solo se necesita una pequeña cantidad de tiempo para que comience a cambiarnos la vida. En este sentido, la meditación obedece a un aforismo llamado «Ley de Bushnell», que recibe su nombre de Nolan Bushnell, el fundador de la compañía de videojuegos Atari. La ley de Bushnell dice: «Todos los mejores juegos son fáciles de aprender y difíciles de dominar».

Esto nos lleva a una pregunta que solo un ingeniero desvergonzadamente perezoso sería capaz de hacer: ¿cuál es la cantidad absolutamente mínima de práctica de la meditación que se necesita antes que se produzca alguna clase de beneficio? Mi respuesta: una sola respiración.

¿Solo una respiración? No es posible que estés hablando en serio

Te lo digo en serio. Y no me llames Shirley.[5] Aquí tienes; pruébalo ahora mismo. Te aseguro que no podría ser más fácil.

¿Me llamaste?

¡Perdona, Shirley! ¡Falsa alarma!

PRÁCTICA FORMAL: UNA SOLA RESPIRACIÓN CONSCIENTE

Puedes cerrar los ojos o mantenerlos abiertos. Toma el aire lentamente, hasta llenar los pulmones. En todo el tiempo que dure esa respiración, **dedica por completo la atención a tu aliento de una manera delicada.** Una atención total y delicada a sentir tu respiración; eso es todo. Si prefieres una instrucción más específica, pon atención a lo que sientes, ya sea en la nariz o en el abdomen, a medida que tomas el aire.

Cuando dirijo este ejercicio en un aula, me gusta bromear diciendo que todos los participantes se acaban de ganar el derecho a alardear de una forma nueva: acaban de pasar una sesión de meditación *completa* sin desviar la atención, ni siquiera en una sola respiración. Ahora bien, dejando a un lado las bromas, observa que es muy probable que te sientas un poco más sereno y más relajado después de respirar así, que antes. Ya en la primera vez que respires, estarás adquiriendo algún beneficio.

Hay dos razones, una fisiológica y la otra psicológica, por las cuales cuando respiramos de una manera consciente, esto nos induce a la serenidad y al relajamiento. La razón fisiológica es que las veces que respiramos de manera consciente, nuestra respiración tiende a ser lenta y profunda, y el hecho de respirar de esa manera estimula el nervio vago, el cual activa a su vez al sistema nervioso parasimpático. Esto disminuye el estrés, reduce la frecuencia de los latidos del corazón y la presión arterial; básicamente, calma a la persona. La razón psicológica es que cuando uno le presta intensamente atención a su respiración, se encuentra por completo en el presente mientras dura esa respiración. Para sentirte apesadumbrado, necesitas estar en el pasado, y para preocuparte, necesitas estar en el futuro. De ahí que, cuando te hallas plenamente en el presente, estás temporalmente libre de pesadumbres y preocupaciones. Cargar con el pesar y con la preocupación es como ir arrastrando un gran peso, y estar temporalmente libre de ellos, aunque solo sea durante el tiempo que respiramos una vez, es como soltar por un instante la carga. Eso permite que el cuerpo y la mente disfruten de un valioso momento de descanso y recuperación.

La capacidad para descansar y recuperarte podría tener unas consecuencias transformadoras en ti, algunas veces en sentido literal. Un amigo mío que es un ávido jugador de tenis me dijo que una cosa muy importante que distingue a los mejores jugadores de tenis del mundo es su capacidad para restaurar y serenar su cuerpo y su mente en los diez a quince minutos que hay entre los puntos que se marcan. Cuando comienza el punto siguiente, se hallan en un estado de mayor descanso que cuando estaban al final del punto anterior. A causa de eso, pueden mantener un amplio rendimiento una y otra vez, y es así cómo ganan los Grand Slams. A mí me pareció fascinante esa idea, pero por largo tiempo no la pude comprobar, porque no tenía acceso a los mejores jugadores de tenis del mundo. Y entonces, un día, tuve la suerte de conocer a Novak Djokovic, uno de los mejores entre los jugadores de tenis en toda la historia de este deporte. La primera pregunta que le hice fue si la afirmación anterior era cierta. Él me confirmó que sí, que es cierta. Más aun, me dijo que a su nivel, el tenis ya no es un juego físico sino mental, y una parte clave de ese juego mental es la capacidad para mantenerse sereno, pase lo que pase.

Así que, si alguna vez aspiras a convertirte en uno de los mejores jugadores de tenis en la historia del deporte, ya sabes lo que tienes que hacer.

Delicado e intenso

El simple hecho de respirar una sola vez de manera consciente, cualesquiera que sean las circunstancias, es beneficioso. Sin embargo, para aquellos que deseen llevar al máximo sus beneficios, y para que esa respiración funcione lo mejor posible, es bueno tomar una cantidad generosa de dos ingredientes clave: **la delicadeza en la actitud** y **la intensidad en la atención.**

Prestar atención con intensidad y delicadeza a la vez es como cuando tú contemplas a tu bebé, o cuando tu cachorrito te mira a ti. Esa atención es intensa, pero también es delicada y no lleva esfuerzo alguno. La idea es llevar la misma intensidad y la misma bondad al objeto de la meditación, que en este caso es la respiración. Hay una analogía tradicional que habla de sostener un pájaro pequeño en la mano, lo cual tal vez no valga lo que dos en el árbol, pero mejor vuelvo a mi tema. Lo tienes atrapado con la suficiente delicadeza para no matarlo, pero al mismo tiempo, con la firmeza y la intensidad suficientes para impedir que alce el vuelo y se marche.

Hay personas a las cuales se les da de manera natural la delicadeza, pero si ese no es tu caso, no te preocupes. Hay tres cualidades que puedes usar, cualquiera de las tres te puede ayudar a llegar a este punto. La primera es

¡No; ese no cuenta!

No seas imbécil.

el relajamiento físico. Ponte en una situación que sea físicamente relajante para ti. Por ejemplo, siéntate en tu silla favorita, sal a trotar o toma un baño. Cuando te sientas relajado, préstale atención a esa sensación, de manera que tu mente se familiarice con ella. Donde hay relajamiento, aparece después la delicadeza. La segunda cualidad es la sensación de **descanso mental**. Recuerda que la meditación puede ser algo fácil. No estás haciendo nada en particular; solo le estás prestando atención a tu respiración, la cual de todas maneras se produce de forma espontánea. Mejor aún: lo estás haciendo solo mientras dura una sola respiración. Es tan fácil, que hasta Meng lo puede hacer. No hay ningún lugar donde ir, nada que hacer, ninguna meta que alcanzar. Y donde hay una sensación de descanso, lo siguiente que aparece es la delicadeza. La tercera cualidad es **el amor misericordioso.** La razón por la cual la contemplación de tu bebé es algo tan natural y espontáneo es porque en esta acción participan tanto el amor como la bondad. Analízate a ver si hay alguna forma de que brote en ti ese amor misericordioso, a base de aplicártelo a ti mismo, a la experiencia de tu respiración o al momento presente. Tienes también la alternativa de traer a la mente un recuerdo que despierte en ti una abundancia de amor misericordioso, y disfrutar ese recuerdo antes de hacer la meditación durante esa respiración consciente. Cuando la mente se halla sumergida en un amor misericordioso, lo que sigue es la delicadeza.

La intensidad es importante, porque mientras más intensamente estás atendiendo al momento presente, más libertad temporal adquieres con respecto a las lamentaciones acerca del pasado y las preocupaciones acerca del futuro. Además de eso, mientras practiques con mayor intensidad, mayor será el tiempo que permanecerán los beneficios después de la práctica. Los maestros del Tíbet lo comparan con un perfume muy fuerte. Si tienes un frasco pequeño de un perfume muy intenso, y lo destapas solo por unos segundos, su fragancia se va a quedar en el ambiente largo tiempo. De manera parecida, ya sea que estés practicando la concentración, la serenidad, la atención al momento presente o el amor misericordioso, mientras mayor sea la intensidad con que puedas hacer brotar esa sensación, más tiempo permanecerá y más te beneficiará.

Hay algo que se observa en el campo de la ciencia deportiva que nos proporciona una dramática demostración del poder que tiene la intensidad; en este caso, el entrenamiento físico. Procede de una forma de entrenamiento llamada entrenamiento por intervalos de alta intensidad (siglas en inglés: HIIT).

Hay cierto régimen de entrenamiento en este HIIT que recibe el nombre de régimen Timmons (por Jamie Timmons, profesor de biología de los sistemas en la Universidad de Loughborough), y que fue presentado en un programa documental de la BBC llamado «La verdad acerca de los ejercicios».[6] En este documental se presentaba a dos sujetos. Uno de ellos corría en bicicleta a una velocidad que podía mantener durante treinta minutos al día. El otro montaba bicicleta con intensidad y solo por un minuto al día: corría con todas sus fuerzas en la bicicleta durante veinte segundos hasta estar exhausto, descansaba unos minutos y después volvía a salir con todas sus fuerzas. Hacía eso tres veces, de manera que el tiempo total de su entrenamiento era de un minuto.

Semanas más tarde, ambos lograron las mismas mejoras, al menos en dos medidas de importancia: el VO2 max, la cantidad de oxígeno que el cuerpo es capaz de utilizar, y la sensibilidad a la insulina, que mide lo sensible que es el cuerpo a los efectos de la insulina. Un minuto uno, y treinta el otro, y ambos lograron las mismas mejoras. ¡Vaya! Yo practico el régimen Timmons y, al parecer, me ha funcionado bien. Ese mismo principio lo aplico a mi meditación diaria: al menos una fracción de esta comprende una intensa atención a mi respiración.

Se produce un alto nivel de intensidad en la meditación cuando el objeto de la meditación, en este caso la respiración, ocupa todo el primer plano en la atención de la persona. Aunque la mente esté consciente de otros fenómenos, como los pensamientos, los sonidos o las imágenes, pero todos se encuentran en un segundo plano. En el primer plano de la atención solo está la respiración.

Hay una historia zen que ilustra lo que es un alto nivel de intensidad en la atención. Un maestro zen les preguntó a sus estudiantes: «¿Cuánto dura una vida?». Los estudiantes le ofrecieron una variedad de respuestas: «Cincuenta años». «Setenta años». «Cien años». Ante cada una de las respuestas, el maestro contestaba: «No». Por fin, cuando la sala quedó en silencio, el maestro dijo: «Monjes, recuerden esto: una vida es el período que transcurre entre dos respiraciones».

Como respuesta a esta historia, una amiga mía, que es una admirada maestra budista de meditación, dijo en broma: «Sí, el período que hay entre la primera respiración y la última». (Sí, es cierto, los meditadores budistas avanzados son personas de buen humor, desde el último hasta el mismo Dalai Lama).

Dejando de lado las bromas, esta historia te da una idea tan intensa sobre la atención, que es como si toda la experiencia de la vida estuviera aquí mismo, en este momento único que forma el presente. Ese momento lo sentimos casi como si no formara parte del tiempo, porque cuando la mente se halla tan fuertemente centrada en el presente, que el pasado y el futuro se reducen a simples conceptos, la única experiencia es el aquí y el ahora. Esa experiencia no nos exige diez mil horas de entrenamiento, sino que la podemos saborear aquí y ahora, en lo que dura una respiración. Todos la podemos tener ya, sin entrenamiento. Lo que hacen las diez mil horas de entrenamiento es capacitar a la mente para concentrarse de esta manera por la cantidad de tiempo que quiera, a cualquier profundidad que escoja, y sin esfuerzo. Sin embargo, la experiencia cualitativa básica ya se encuentra a la disposición de todos. Es imprescindible que apliquemos la delicadeza al mismo tiempo que la intensidad. En otras palabras, si la intensidad se produce a costa de la delicadeza, entonces ese no es un precio que valga la pena pagar. Por ejemplo, si estar intensamente centrado en la respiración hace que te sientas totalmente estresado, entonces necesitarás disminuir la intensidad hasta que dejes de sentir ese estrés. Aquí tienes una regla general importante: si, por cualquier razón, solo puedes escoger una, **escoge siempre la delicadeza por encima de la intensidad.** En este caso, atiende a la respiración de una manera muy delicada y, con el tiempo, te vas a acostumbrar a la delicadeza y te vas a sentir cómodamente relajado con la respiración. Por tanto, aumenta la intensidad.

Créate el hábito de respirar

Una de las mejores cosas acerca de la práctica de la respiración consciente es que, como es tan fácil y toma tan poco tiempo, la puedes practicar en cualquier momento y lugar. En términos de computadoras, es altamente portátil. Esa es la buena noticia. Y hay otra noticia mejor: por su naturaleza, es muy fácil convertirla en un hábito. Según Charles Duhigg, autor de *El poder de los hábitos,* un hábito es un circuito cerrado que consta de tres partes: una entrada, una rutina y una recompensa.[7] La entrada es algo que activa el hábito; es lo que nos lleva a la rutina. La rutina es la conducta en sí, y lleva a la recompensa. La recompensa es el beneficio que percibimos, y que procede de haber realizado la conducta, y refuerza el hábito de manera que la próxima vez que se produzca la misma entrada, esta tiene mayores probabilidades de activar automáticamente la rutina. Así se forma el circuito. Un ejemplo de estos circuitos cerrados es cepillarme los dientes dos veces al día. Para mí, existen dos entradas: levantarme de la cama por la mañana y prepararme para ir a la cama por la noche. Cuando se producen esas dos entradas, me voy de forma automática, casi sin pensarlo, hasta el baño, donde activo la rutina, que es el acto de cepillarme los dientes en sí mismo. La recompensa la forman la sensación y la satisfacción que van asociadas a una dentadura limpia.

En el caso en que respiramos de manera consciente una vez, la rutina consiste en centrar nuestra atención en la respiración siguiente y, cuando sea posible, una atención delicada e intensa a la vez. La recompensa es esa sensación de serenidad que procede de la rutina. Entonces, todo lo que te hace falta es la entrada. Una vez que encuentres la entrada correcta, vas a poder formar un circuito cerrado de hábito y respirarás al menos unas cuantas veces por día en meditación, de manera que te puedas beneficiar al hacerlo, y te aseguro que esto es mucho mejor que cero.

Existen una serie de entradas que podrías tener en cuenta. Puedes usar como entrada el primer momento de tu día. En el instante en que te despiertes, respira una vez de manera consciente, y entiende que se te acaba de conceder el don de un día más de vida. También puedes usar como entrada el momento en que te acuestas por la noche, en cuyo caso, esa respiración consciente te relaja preparándote para una buena noche de sueño. O le puedes añadir a tu reloj o a tu teléfono inteligente un timbre que suene una vez por hora y así podrás tener una respiración consciente una vez por cada hora que estés despierto. Todas esas entradas son excelentes, y yo las uso. No obstante, la que te recomiendo más es esta: **cada vez que tengas que esperar por algo, respira de manera consciente.** Yo me paso una gran cantidad de tiempo esperando, y me imagino que tú también lo haces. Espero cuando se detiene el tránsito y en la fila para recoger mi almuerzo. Espero en el aeropuerto, en la estación de trenes y en la parada de taxis. Espero a que comiencen las reuniones, a que lleguen los personajes importantes, a que eche a andar mi computadora y a que cargue las páginas de la web. Tantas veces que hay que esperar. En cada ocasión en que necesito esperar, respiro de manera consciente una o varias veces.

Esta es una práctica maravillosa, que produce numerosos beneficios. En primer lugar, ya no desperdicio mi tiempo, porque cada momento en que tengo que esperar lo uso de forma productiva, practicando la meditación consciente. En segundo lugar, si la espera me produce algo de agitación, puedo usar mi respiración para serenarme. Y tal vez lo mejor de todo sea que, una vez que se repite con tanta frecuencia esta práctica, que se convierte en hábito, uno nunca se vuelve a aburrir, porque el mismo aburrimiento se convierte en una entrada. A la primera señal de aburrimiento, la mente avisa: «¡Fantástico! Ahora puedo meditar». Y entonces se dedica a la meditación de una manera simplemente espontánea. Se acabó el aburrimiento.

En realidad, hay excepciones. En cuanto a mí mismo, en los últimos diez años más o menos, puedo recordar con exactitud dos veces en que me sentí aburrido. Una fue casi al final de un retiro de meditación de diez días, en el cual estaba tan cansado por la práctica, que perdí de forma temporal mi capacidad de meditar todo un día y ese día me aburrí. Hubo otra ocasión en la cual estaba en medio de una audiencia, viendo una escenificación sumamente pobre. Era tan mala que no pude soportar seguirla viendo ni por un minuto más, pero al mismo tiempo era tan escandalosa, que en aquellos momentos me fue imposible entrar en la meditación, así que me aburrí. Sin embargo, en el primer caso estaba sufriendo de desesperación y en el segundo, de agitación, de manera que en ambas ocasiones, estaba sufriendo algo que era mucho más intenso que el aburrimiento, de manera que en realidad el problema no era el aburrimiento. Por consiguiente, el número de veces en estos diez años más o menos en las cuales el aburrimiento por sí mismo fue para mí un verdadero problema es cero. He encontrado que esta experiencia es común entre los meditadores maduros.

Aquí tienes otro de los excelentes beneficios que produce el entrenamiento de la mente: vas a sufrir menos de aburrimiento hasta que, con la práctica, llegues a un punto en el cual te vas a sentir aburrido muy pocas veces, o casi nunca, durante el resto de tu vida.

Más importante aun es que, una vez que se establece con fuerza el ciclo de entrada, rutina y recompensa, se convierte en un hábito mental, y con este hábito, muy pronto, la mente se llega a familiarizarse con la meditación.

Por medio de la familiarización, la práctica formal de la meditación se hace más sencilla y más fácil de mantener. Todas estas cosas, junto con todas esas respiraciones aisladas, se van sumando con el tiempo. Esta práctica presenta beneficios aquí y ahora, produce beneficios mayores aun en el futuro y casi no toma tiempo extra. La vida no se puede volver mucho más fácil que esto.

PRÁCTICA INFORMAL: CRÉATE EL HÁBITO DE RESPIRAR DE MANERA CONSCIENTE

Escoge una entrada; algo que, cuando ocurra, active el hábito de respirar una vez de manera consciente. La entrada que más te recomiendo es cualquier situación en la cual tengas que esperar.

Cada vez que se te presente la entrada, inspira una vez con lentitud y a profundidad, y ponle cierta cantidad de atención a esa respiración. Por razones de seguridad, por ejemplo, si estás caminando o conduciendo un auto, es posible que necesites mantener una cantidad adecuada de atención con respecto a tus alrededores mientras le prestas algo de atención a tu respiración.

Si respirar una vez de esta manera consciente te hace sentir mejor, limítate a observarlo. Esta será la recompensa que reforzará el hábito.

El gozo comienza ahora, con la primera respiración

En este punto de tu práctica, después que hayas hecho algunas repeticiones de esta respiración consciente, es posible que comiences ya a saborear un pequeño indicio del gozo que hay en esta práctica. Tal vez sea demasiado sutil todavía para que lo notes de manera consciente, en cuyo caso, no importa, porque a medida que vayas profundizando en tu práctica, el gozo se irá haciendo más fuerte, y tu capacidad para percibirlo también se agudizará, de manera que solo será cuestión de tiempo antes que el gozo de esta práctica se vuelva perceptible para ti.

En estos momentos, podrías experimentar un gozo procedente de cualquiera de las cuatro fuentes siguientes, dos de las cuales son de corta duración, mientras que las otras dos son muy importantes y altamente duraderas.

Las fuentes del gozo que son de corta duración son el gozo de la novedad y el gozo producido al percibir la acción. El gozo de la novedad es la emoción que se siente al experimentar algo nuevo, por lo que es evidente que se va a desvanecer con mucha rapidez, puesto que, por definición, las cosas no siguen siendo nuevas durante mucho tiempo. El gozo de la acción percibida es el de descubrir que algo que pensaste inicialmente que se hallaba totalmente fuera de tu control, en realidad es algo sobre lo cual puedes tomar unas cuantas decisiones. Ese gozo tiene también una duración limitada, porque nos habituamos a él con mucha rapidez.

A mí, la mejor ilustración de estas dos fuentes del gozo me vino por una pequeña bebé. Un día, cuando mi hija tenía unos tres meses de edad, poco después que había logrado controlar sus propias manos y sus dedos, le di un pequeño auto de juguete y le enseñé cómo podía jugar con él, empujándolo hacia delante. Ella observó fascinada la demostración, como si papá fuera el personaje más maravilloso de la tierra.

Tomó el auto, lo empujó hacia delante para verlo moverse, y entonces rompió a reír, como si aquello fuera lo más maravilloso que había hecho en toda su vida, lo cual es probable que fuera cierto, puesto que hasta ese momento su repertorio tenía que ver sobre todo con los procesos que se relacionan con la ingestión y la digestión. Entonces, lo hizo por segunda vez: tomó el auto, lo empujó hacia delante y se volvió a echar a reír.

Lo hizo una tercera vez y lo siguió haciendo. Aquello duró unos pocos minutos: después, se fueron acabando las risas. La fascinación con el auto duró unos minutos más. Yo me imaginé que mi hija acababa de experimentar el gozo de la novedad (el auto de juguete al que puede mover) y el de la percepción de la acción (el descubrimiento de que ella podía decidir si quería o no que el auto de juguete se moviera). Por supuesto, solo pude hacer conjeturas, puesto que los bebés de tres meses no se suelen enzarzar en discusiones analíticas acerca de las sutilezas de sus estados mentales.

Él no aprecia las sutilezas de mis comentarios analíticos, así que se lo voy a expresar todo de una forma más simple en mi pañal.

¡Adelante, niña!

Los adultos también podemos experimentar el gozo de la novedad y el de la percepción de la acción, pero para nosotros esa experiencia es sumamente callada, si se compara con la de los bebés, porque es como si diéramos por sentado que habrá acción («Eh, mira, puedo mover un objeto pequeño desde el punto A hasta el punto B; vaya maravilla»), y por lo general, las cosas tienen que ser bastante intensas para despertar en nosotros una respuesta a su novedad. Con todo, es posible que experimentemos un indicio de estos gozos cuando respiremos de manera consciente, en especial si antes de esa respiración consciente estábamos algo agitados y después nos serenamos de una manera notable cuando respiramos. Es probable que pasemos por una sensación de novedad, como la de pensar: «Vaya, qué bien; yo no estaba esperando esto». Y también es posible que percibamos la acción, al darnos cuenta de que «realmente existe algo que puedo hacer para disminuir mi agitación en un tiempo muy breve; magnífico». Saber que no estás del todo a merced de tu agitación te puede producir algún gozo.

No obstante, aunque experimentes el gozo que puede proceder de ambas fuentes, va a tener una duración muy corta, así que permíteme hablarte de otros dos que he llegado a considerar como muy importantes y altamente sustentables. ¿Hasta qué punto pueden ser sustentables? Más de veinte años más tarde en mi práctica de la meditación, aún experimento con frecuencia estas clases de gozo, y espero seguirlo haciendo el resto de mi vida. La primera fuente de gozo altamente sustentable es **el gozo que produce el alivio momentáneo de las aflicciones.** Es muy frecuente que la mente se encuentre en algún estado de aflicción. A veces, sufre de alguna aflicción que la debilita, como el desespero, la depresión o el odio. Muchas veces, sufre con aflicciones que son potentes, pero no siempre la debilitan, como la codicia, la preocupación, el remordimiento, el temor, la envidia o la ira. Con frecuencia, aun en ausencia de aflicciones más agudas, existe alguna aflicción sutil, como una inquietud y una agitación de bajo nivel. Cuando le prestamos atención con delicadeza e intensidad a una respiración, hallamos algún alivio temporal de esa aflicción y, por consiguiente, con ese alivio surge el gozo. Este alivio y este gozo se hallan a tu alcance desde la primera vez que respiras de forma consciente. Con la práctica, se pueden expandir, tanto en profundidad como en tiempo. En otras palabras, el alivio y el gozo pueden aumentar en su poder para contrarrestar unas aflicciones cada vez más fuertes, y durante un tiempo cada vez más largo. Veremos esto de nuevo en el capítulo 4, cuando hablemos acerca del gozo de no tener dolor.

La segunda fuente de un gozo altamente sustentable es **el gozo de la comodidad.** Esto es algo que tal vez sientas cuando estás sentado en una bañera llena de agua caliente, en un estado de alerta (no durmiéndote) y de relajamiento a la vez. Por supuesto, en la bañera caliente tenemos un gozo procedente del placer de los sentidos, pero además de él, y mayormente independiente de él, está el gozo de la comodidad. En parte, este gozo de la comodidad procede de lo relajada que es la situación, de que no tienes nada particularmente difícil que hacer en ese momento; en parte procede también del hecho de sentirte cómodo contigo mismo. Mi experiencia es que el gozo de la comodidad siempre se halla a nuestra disposición cuando nuestra mente yace en estado de alerta y relajamiento al mismo tiempo. Esto tiene unas consecuencias profundas, porque «alerta y relajamiento» es precisamente la descripción del estado de meditación más básico de todos.

Por tanto, a medida que vayas aprendiendo cada vez más a llevar tu mente a ese estado de meditación básico, también conseguirás un acceso cada vez más digno de confianza al gozo de la comodidad. Mejor aún: con suficiente práctica, este gozo puede crecer en fuerza, hasta que parezca estar envolviendo todo el ámbito de la experiencia de la persona. Es un gozo delicado que nos da la impresión de inundar todo nuestro ser.

El párrafo anterior nos lleva a una conclusión capaz de iluminar la mente y alterar la vida, la cual consiste en que, con el suficiente dominio, nada más que en el estado más básico de meditación, podemos adquirir **la**

capacidad de tener un acceso digno de confianza a una fuente altamente sustentable de un gozo delicado; un gozo lo suficientemente profundo como para dar la impresión de que llena todo nuestro ser. Sí, amigo mío. Esta afirmación parece grandiosa, y la estoy haciendo con toda valentía. (Ya sé que solo estamos en el capítulo 2. Te aseguro que este punto no es el clímax del libro). Como hemos visto, ya posees esta capacidad. Con la práctica, la vas a hacer más digna de confianza en la parte del gozo al instante que se refiere a eso «al instante». En mi caso, a mí me llevó muchas horas de práctica alcanzar este nivel de aptitud, pero tú lo podrías hacer en menos tiempo, porque has comenzado este entrenamiento con una comprensión mucho mejor del proceso que yo cuando lo comencé.

El consejo más estúpido que le han dado a Gopi en toda su vida se lo di yo

Tengo un buen amigo llamado Gopi Kallayil. Gopi es conocido sobre todo como el empleado de Google (los llaman «googlers») que inició el grupo llamado Yoglers, o sea, googlers que practican yoga. También es conocido como el googler que organizó la primera reunión de Google Hangouts entre el Dalai Lama y el Arzobispo Desmond Tutu, pero esa es otra historia.

Convencido de los muchos beneficios que produce la meditación, Gopi aspiraba a meditar durante una hora al día, pero no había logrado hacerlo. Un día, me pidió un consejo. Me preguntó cómo se las podría arreglar para meditar durante una hora al día. Yo le dije: «Fácil. Dedícate solo a una respiración al día. Todo lo que suceda después de esa meditación te vendrá como gratificación». Gopi me echó una mirada en la que se leía: «Te estás burlando de mí, ¿no es cierto?». Él pensaba: «Esto es lo más estúpido que he oído en toda mi vida». Sin embargo, no me lo dijo sino hasta unos años más tarde. En ese momento, todo lo que me dijo fue: «¿De veras?». (Por supuesto, si me hubiera dicho: «Seguramente, no puedes estar hablando en serio», yo le habría respondido: «Voy en serio. Y no me llames Shirley»).

Le expliqué: «En primer lugar, recuerda que la meditación es un entrenamiento mental. Eso significa que la intención de respirar una vez de esa manera es en sí misma una meditación, porque cada vez que surge en ti esa intención, tu mente se inclina un poco más hacia la práctica de la meditación. Por tanto, hasta el solo hecho de tener esa intención todos los días es algo útil. Además, respirar de manera consciente una sola vez es algo tan fácil y toma tan poco tiempo, que no tienes excusa para no hacerlo. Podrás decir que hoy no dispones de diez minutos para meditar, pero no puedes decir que no tienes tiempo para respirar una sola vez, de manera que hacer de esa respiración una práctica diaria es algo sumamente factible. Una vez que respires así una vez al día, estarás generando el impulso necesario para tu práctica, y cuando llegue el día en que estés listo para sentarte a meditar por largo tiempo, ese impulso estará presente para ayudarte».

Gopi me respetaba lo suficiente como para probar lo que yo le sugerí, aunque fuera lo más estúpido que había escuchado en toda su vida, solo porque era yo quien se lo sugería. Pero no comenzó con una sola respiración. Empezó con diez respiraciones al día, lo cual se lleva alrededor de un minuto, porque él es un hombre con un desempeño extraordinario, y quiso hacer diez veces más de lo que yo le indicaba. Así que respiró de manera consciente diez veces al día durante unos días, y entonces se dio cuenta de algo muy importante. Comprendió que una hora sentado solo es una cantidad de respiraciones ensartadas una tras otra, y eso es todo. Con el tiempo, los periodos que permanecía sentado se fueron haciendo cada vez más largos y, al cabo de algunos meses, logró llegar a su meta de meditar durante una hora al día.

Amigos, recuerden: nunca subestimen el poder de una sola respiración. El buen estado de la mente y el gozo al instante comienzan ambos aquí mismo, con esa respiración.

CAPÍTULO TRES

De una respiración a un Googol

Para asentarte en un gozo sustentable

Imagínate que eres un pobre campesino muerto de hambre y sin tierras en la India antigua. Un día, el rey anuncia que va a abrir las puertas del tesoro real y que cualquiera puede ir a sacar de él cuantas monedas quiera. Solo hay una condición: no te puedes llevar más de las que puedas cargar tú.

¡Dinero gratis! Si eres sabio, vas a tomar aunque sea un poco.

Tal vez te lleves una moneda, y así podrás alimentar a tu familia por unos cuantos días. Eso es bueno, pero ¿por qué tomar una sola? Si te llevas dos puñados de monedas, podrás alimentar a tu familia durante meses. Mejor todavía; si te tomas el tiempo necesario para arreglarte los bolsillos, de manera que cuando llegues al tesoro real, puedas llenarlos con monedas, además de las que puedes llevar en las manos; hasta es posible que puedas comprar una granjita y alimentar a tu familia toda la vida. O aun mejor: si te tomas el tiempo para hacerte un saco resistente, entonces podrás volver a casa con un saco lleno de monedas y ser rico para toda la vida. O mejor; si también les hablas de aquello a tus amigos y a tus parientes, de manera que todos se puedan beneficiar también, podrás aumentar la riqueza de tu familia y de tu comunidad.

Hacer una sola respiración consciente es como tomar del tesoro real una sola moneda: es sabio que lo hagas, y vas a derivar de tu acto unos beneficios significativos inmediatos, pero solamente con un poco más de esfuerzo, te habrías podido beneficiar mucho más, así que no hacer más es desperdiciar una inmensa oportunidad. Hacer cien minutos de práctica de la meditación es como tomar dos puñados de monedas: es una gran mejora que solo te exige un poco de esfuerzo, pero sigues con la posibilidad de mejorar más aun. Acumular entre cincuenta y cien horas de práctica de la meditación es como arreglarte los bolsillos y rellenarlos con las monedas del rey. Hace falta algo de esfuerzo, pero vas a comenzar a cambiar tu vida. Acumular miles de horas en la práctica de la meditación es como entrar al tesoro real con un saco resistente. Sí, vas a necesitar tiempo y esfuerzo para hacer el saco y sí, vas a necesitar esfuerzo también para llevar todas esas monedas de vuelta a tu casa, pero vas a derivar de esa acción unos beneficios para toda la vida que sobrepasarán tus más desbocadas expectativas. Por último, enseñarles esta senda a otros es como hablarles a tus parientes y tus amigos sobre el gesto del rey de regalar su dinero. Los elevarás a todos hacia la paz, el gozo y la bondad, así como a todos los beneficios de la sociedad.

Los frutos de la práctica de la meditación son como monedas que se nos regalan. Están a disposición de todos los que los quieran y lo han estado miles de años. Lo único que necesitas hacer es tomarlos. Han sido redescubiertos de manera independiente de una u otra forma en todas las tradiciones de la fe y ahora se hallan también en el mundo secular. Tengo la esperanza de ver a la gran mayoría de los seres humanos llenándose los bolsillos, llenando sacos, carretillas y camiones de reparto con la práctica de la meditación.

Exploremos en este capítulo las maneras de extender con habilidad la comodidad de nuestras prácticas desde una sola respiración hasta toda una fortuna.

El entrenamiento básico: el asentamiento de la mente

Algunas veces, uno tiene suerte en la vida, cuando lo más importante de todo lo que necesita hacer resulta ser también lo más sencillo. Un ejemplo de esto es respirar. Respirar es lo más importante de todo lo que necesitamos hacer en nuestra vida y, en el caso de muchos de nosotros, también es la cosa más fácil que podremos hacer jamás. Si perteneces a ese grupo de personas que pueden respirar sin esfuerzo, ¡tienes mucha suerte! Lo mismo resulta cierto en cuanto a la meditación. La habilidad más sencilla que se necesita en ella es también la más importante. ¿Cuál es?

La habilidad más sencilla, más fundamental, más básica y más importante que se necesita en la meditación es **la capacidad para asentar la mente**.

¿Qué significa eso de asentar la mente? Imagínate que tienes un globo de vidrio que tiene nieve adentro, y lo estás sacudiendo continuamente. Si yo te pido que asientes la nieve del globo, ¿qué haces? Lo pones en una mesa, en el piso o en cualquier otra superficie que esté inmóvil. Uno de los significados literales de la palabra «asentar» es «descender hasta una superficie».

Literalmente, asientas el globo que tiene la nieve, y eso es todo. Es muy fácil. Una vez que se asienta el globo, con el tiempo, el agua que tiene dentro se vuelve tranquila y clara al mismo tiempo.

Asentar la mente es algo similar. Asentarla significa sencillamente ponerla en descanso para que se acerque a algún grado de tranquilidad. Hay muchas formas de asentar la mente, pero me gustaría sugerirte tres métodos que son fáciles y altamente eficaces.

El primer método es **el anclaje.** Esto significa llevar con delicadeza la atención a un objeto que escogemos y, si se desvía, traerla delicadamente de vuelta hacia él. Piensa en lo que es anclar como cuando un barco tira el ancla en un mar picado. El barco se mantiene cerca del sitio donde se halla el ancla, a pesar del movimiento del aire y el agua. De igual manera, cuando se ancla la atención en un objeto que uno escoge, esta se mantiene cerca del objeto, a pesar del resto de la actividad mental.

Como objeto de la meditación, puedes escoger cualquier cosa que le aporte a tu mente alguna medida de estabilidad en la atención. El objeto estándar de la meditación, y mi favorito personal, es la respiración, pero también puedes escoger el cuerpo, o alguna experiencia sensorial, como una vista, un sonido, un contacto, o sensaciones internas del cuerpo, o incluso todo el campo sensorial a la vez, como un solo objeto grande. Una persona que yo conozco encontró que la sensación que tenía en las plantas de los pies podía ser su objeto favorito de meditación. Indiscutiblemente, es una persona muy bien fundada. Y sí, me parece que su idea tiene piernas.

Si el anclaje es demasiado difícil para ti, aquí tienes el segundo método: **descansar.** Y «descansar» significa eso exactamente: dejar de trabajar o de moverte con el fin de relajarte; eso es todo. Cuando estoy físicamente cansado después de una fuerte sesión de ejercicios, me siento en mi sillón más cómodo y descanso. De una manera parecida, para descansar la mente, todo lo que hago es sentarme y permitir que mi mente se relaje. Una forma de descansar la mente es usar una imagen. Por ejemplo, imagínate una mariposa que descansa delicadamente sobre una flor que se mueve con lentitud bajo la brisa. De igual forma, la mente descansa con delicadeza sobre la respiración. Otra forma es usar este mantra: «No hay ningún lugar donde ir ni nada que hacer en este momento, sino descansar». Descansar es un instinto; todos lo sabemos hacer. Aquí la idea es hacer que el descanso, en vez de ser solo un instinto, se convierta en una habilidad.

Si descansar es también demasiado difícil para ti, he aquí el tercer método: **ser.** «Ser» significa pasar del hacer al ser. Significa no hacer nada en particular, sino solo sentarnos para experimentar el momento presente.

Puedes pensar en esto como el «no hacer», o el sentarte sin una agenda, o simplemente, solo sentarte. El ingrediente clave de esta práctica es que estés en el momento presente. Mientras tu atención se encuentre fija en el presente, lo estarás haciendo bien. De una forma alternativa, y ligeramente más poética, puedes pensar que el ingrediente clave es **conocer**. Mientras *sepas* que estás sentado, estarás haciendo las cosas bien.

Las tres prácticas anteriores, y todas las que asientan la mente en general, tienen dos rasgos en común: todas comprenden un cierto grado de **quietud mental** y de **atención al momento presente**. A causa de eso, todos llevan al estado básico de meditación, que es el estado en el cual la mente se halla **alerta** y **relajada** al mismo tiempo. Cuando la mente está así, con el tiempo se serenará de la misma manera que se asientan los copos de nieve en el globo de vidrio, y permanecerá en un estado en el que estará serena y clara.

Vamos a intentarlo.

PRÁCTICA FORMAL: EXPLORACIÓN DE LAS MANERAS DE ASENTAR LA MENTE

Vamos a sentarnos unos momentos; solo cinco minutos. Los tres primeros minutos los vamos a pasar explorando cada uno de los tres métodos para asentar la mente, un minuto cada uno. Entonces, usaremos los últimos dos minutos con un estilo libre, practicando cualquiera de los tres métodos, el que prefieras o cualquier combinación de los tres.

Arreglo

Siéntate en cualquier postura que te permita permanecer alerta y relajado al mismo tiempo, según lo que signifique esto para ti. Puedes mantener los ojos abiertos o cerrados.

Anclaje (1 minuto)

Durante un minuto, préstale una delicada atención a tu respiración, o a tu cuerpo, o a cualquier objeto sensorial que le aporte a la mente alguna medida de estabilidad en cuanto a la atención. Si tu atención se desvía, regrésala de nuevo con delicadeza.

(Continúa)

Descansar (1 minuto)

Durante este minuto, pon la mente a descansar. Si quieres, te puedes imaginar que tu mente está posada sobre tu respiración de la misma forma que una mariposa se posa delicadamente sobre una flor. O bien, dite a ti mismo: «No hay ningún lugar donde ir, ni nada que hacer, en este momento, sino descansar».

Ser (1 minuto)

En este minuto, pasa del hacer al ser. A estar sentado sin agenda alguna. Solo permanece sentado y experimenta el momento presente durante todo el minuto.

Estilo libre (2 minutos)

Durante los dos minutos siguientes, puedes practicar cualquiera de los tres métodos anteriores, cualquiera que sea tu favorito, o puedes ir cambiando entre ellos en cualquier momento.

Después de realizar unas cuantas veces la exploración anterior, es útil que decidas cuál de los métodos para asentar la mente es tu favorito. Este va a ser tu método primario para asentarla. No te preocupes en cuanto a «equivocarte» en tu decisión. No puedes fallar, aparte de que puedes cambiar de idea en cualquier momento. Esto es como escoger tu sabor de helado favorito: no te puedes equivocar y puedes cambiar de idea cuando te parezca bien.

Recomiendo que se haga el ejercicio de asentar la mente por lo menos una vez al día y al menos por un minuto diario. La mayoría de los maestros que conozco recomiendan veinte minutos al día, pero lo puedes hacer por el tiempo que quieras, a sabiendas de que no hay duración que sea demasiado larga. Hasta los meditadores experimentados en los retiros formales podrían tomar la decisión de hacer esta meditación tan básica durante diez horas o más al día, así que no seas tímido en cuanto a practicar a asentar tu mente por tanto tiempo como lo desees.

PRÁCTICA FORMAL: ASENTAMIENTO DE LA MENTE

Escoge uno de los tres métodos para asentar la mente (el anclaje, el descanso o el ser) para que se convierta en tu método favorito. Siéntate en cualquier postura que te permita estar alerta y relajado al mismo tiempo, según lo que esto signifique para ti. Puedes mantener los ojos abiertos o cerrados.

Asienta tu mente usando tu método favorito durante cualquier cantidad de tiempo que decidas. Puedes cambiar de método en cualquier momento.

Diferentes estilos de meditación para meditadores diferentes

¿Por qué te presenté tres métodos para asentar la mente? ¿Por qué no me limité a uno? ¿Será por ser codicioso? No; no se trata (solamente) de que yo sea codicioso. Lo hice debido a una realidad muy importante acerca del entrenamiento de la meditación, del cual todos los maestros y las personas que lo reciben deben estar muy conscientes, y es que cada individuo tiene una disposición mental ligeramente distinta y, por tanto, los métodos de entrenamiento funcionan mejor si se tienen en cuenta las diferencias entre las personas.

Incluso entre estos tres sencillos métodos para entrenar en el más básico de los estados de meditación, es posible que uno funcione mejor, para ciertas personas, que los demás. Tal vez a una persona se le pueda hacer difícil el de anclaje, porque se estresa cuando trata de anclar su atención en la respiración. A otra le costará esfuerzo el método de ser (no hacer), porque le sigue molestando una pregunta: «¿Estoy haciendo bien esto?». Para ella, el anclaje podría ser más cómodo, porque sabe precisamente cuando «está haciendo las cosas bien». A otro lo podría atraer el método del descanso, porque hace mucho deporte, de manera que sabe con precisión lo que significa descansar, y lo puede hacer con la misma facilidad con la mente, que como lo hace con el cuerpo. Puesto que el asentamiento de la mente es la más importante de todas las prácticas de meditación, decidí sugerir tres métodos que abarcan una gama suficientemente amplia de disposiciones. En general, es importante que tanto los maestros como los que reciben el entrenamiento no se apeguen demasiado a ningún método en especial. Además de eso, opino que es imprescindible que un maestro comprenda *cómo* funciona un método, sus pro y sus contra, y después se lo pueda explicar a la persona que se está entrenando, con el fin de ayudarla a hallar por sí misma los métodos óptimos en su caso.

También es útil notar que incluso en el caso de una misma persona, el método óptimo de meditación podría cambiar, según sea la situación. Por ejemplo, mi método favorito para asentar mi mente es el de anclar la respiración, pero en algunos días, después de haber pasado por un periodo muy agotador en el trabajo, podría tomar la decisión de que la mejor práctica en ese momento es la de descansar; no la del anclaje.

Esto nos lleva a una importante pregunta: ¿cómo sabemos cuál es la mejor práctica en un momento dado? Con el tiempo, y con suficiente ejercicio, desarrollarás una intuición. Te convertirás en algo parecido a un habilidoso chef de sushi que se puede ajustar de manera intuitiva a las ligeras variaciones entre una tanda de arroz y otra para preparar siempre un arroz de sushi perfecto. De igual manera, puedes modificar de manera intuitiva tu práctica para ajustarte a las variaciones que se produzcan de un día a otro en tu estado mental. ¿Y si aún no has desarrollado esa intuición, qué hacer, qué hacer? No te preocupes; todo lo que necesitas hacer es experimentar. En primer lugar, experimenta para averiguar cuál es tu método favorito en cuanto a asentar tu mente. Después, en cada sesión de meditación, comienza con él. Si por alguna razón sientes que necesitas cambiar de método, siéntete libre para hacerlo en cualquier momento y, después de cambiarlo, si sientes que prefieres regresar a tu método favorito anterior, regresa en cualquier momento. La experimentación no tiene nada de negativa, y no hay manera de equivocarse al hacerla. Es como un juego manipulado a tu favor: si juegas, ganas. Cuando sientas dudas, te puedes limitar a quedarte con tu método favorito y confiar que con ese basta. Es como un chef novato de sushi que aún no ha desarrollado la habilidad para ajustarse a las ligeras variaciones entre las distintas tandas de arroz. Mientras siga la receta estándar, todavía puede producir un arroz de sushi sabroso. Tal vez su arroz no sea siempre perfecto, como el de su maestro, pero sigue sabiendo bien.

En general, nunca tengas timidez en cuanto a experimentar, y nunca tengas miedo de variar tu práctica de un día a otro. Por supuesto, si prefieres quedarte con la misma muchos años, tampoco tengas miedo de hacerlo.

Nadie te va a poner apodos por eso.

Yo no asiento mi mente; ella se asienta a sí misma

La analogía del globo de vidrio con nieve dentro nos ayuda a comprender algo importante acerca de lo que podemos controlar y lo que no. Tú tienes el control directo en cuanto a sacudir el globo de nieve, o colocarlo sobre la mesa, pero no lo tienes sobre el estado del agua y de los copos de nieve que hay dentro de él. Por ejemplo, no puedes poner la mano dentro del globo para empujar el agua hacia abajo, ni tampoco puedes empujar hacia abajo los copos de nieve con los dedos.

En cambio, con toda la sabiduría que tienes acerca de las leyes de la física y todas esas cosas, sabes que cuando pongas el globo con nieve sobre la mesa y le des un tiempo, el agua se va a calmar y los copos de nieve se van a depositar por ellos mismos. Por consiguiente, si quieres tener un agua serena y clara dentro del globo de nieve, sabes que necesitas poner el globo sobre la mesa, y después permitir que las leyes de la física hagan lo que les corresponde.

Algo similar sucede con la mente. Nosotros en realidad no tenemos un control directo sobre si nuestra mente se halla asentada o no, pero lo que sí podemos hacer es crear las condiciones que conduzcan a la mente a asentarse, y después permitir que ella se tome su propio tiempo y se asiente sola.

Esta es una importante lección que irás aprendiendo una y otra vez al practicar la meditación: cuya clave vital es poner esfuerzo en la creación de las condiciones correctas para lo que quieres que suceda, y después dejarlas libres y permitir que las cosas sucedan, o no sucedan por su propia cuenta. En este sentido, meditar es como cultivar un campo. El granjero que es sabio crea todas las condiciones que pueden llevar al crecimiento de las cosechas: prepara la tierra, siembra las semillas y se asegura de que haya las suficientes cantidades de agua, fertilizantes y luz solar; después piensa: «Ya yo hice todo lo que pude. Ahora voy a permitir que la naturaleza haga su parte». Esta analogía es especialmente adecuada, puesto que la palabra sánscrita tradicional para referirse a la meditación es *bhavana,* que significa literalmente «cultivo». Un aspecto clave de la meditación es la habilidosa combinación de un **esfuerzo sabio y un saber soltar.**

La analogía del globo con nieve dentro tiene sus limitaciones. No capta el importante hecho de que mientras se practique con mayor frecuencia, mayor rapidez y facilidad tendrá la mente para asentarse, debido a un rasgo de la mente que se llama **familiarización.**

Mientras más esté la mente en contacto con cualquier cualidad mental, como la serenidad o el gozo, más se familiariza con ella, y mientras más familiarizada esté la mente con esa cualidad mental, más rápido y con mayor facilidad la logra. La familiarización es el otro aspecto clave de la meditación. Es tan importante en ella, que la palabra tibetana que identifica a la meditación significa literalmente «familiarizarse».

Incluso aquí mismo, mientras trabajamos en las habilidades más sencillas y básicas de la meditación, podrás ver lo importantes que son el esfuerzo sabio, el saber soltar y la familiarización. Estas tres cualidades se aplican a todo tu entrenamiento, desde este punto hasta llegar a convertirte en un maestro. Conócelas bien, porque van a ser tus guías constantes en este caminar.

La meditación no tiene que ver con el pensamiento

Una de las ideas más erróneas con respecto a la meditación es que implica «vaciar tu mente de todos los pensamientos». Esta idea errónea sola ha alejado más gente de la meditación, que cualquier otra que yo conozca. Muchos principiantes piensan equivocadamente que se supone que no deben pensar en nada durante la meditación y después, cuando se encuentran con un pensamiento tras otro, que van cayendo de forma interminable e incontrolable en su mente como una furiosa catarata, deciden que la meditación es algo imposible y se dan por vencidos.

No, la meditación no consiste en suprimir los pensamientos. La meditación más bien permite que la mente se asiente a su propia manera, en su propio tiempo, lo cual incluye dejar que surjan los pensamientos como ellos quieran y cuando quieran. Es cierto que con el tiempo y la práctica, a medida que la mente se va asentando de una manera más profunda, la corriente de pensamientos se hace más lenta y termina yendo desde parecer una furiosa catarata, a ser como un río que fluye con rapidez; después como una corriente que fluye con lentitud y, finalmente, termina siendo como un plácido lago. Con el tiempo, y en mi propio caso, después de muchas, muchas horas de practicar la meditación, la mente aprende a aquietarse al instante, pero eso no procede de la supresión del proceso pensante, sino del hecho de aprender a darle a la mente el espacio y el tiempo necesarios para asentarse a su propia manera. La meditación no tiene que ver con lo que pienses o no pienses.

El entrenamiento de la mente es como la cocina: los tres factores mentales de la meditación

Cuando era muchacho, una de mis vecinas era una bondadosa dama a la cual llamaba tía Stella. Ella era, con mucho, la mejor cocinera del vecindario. La recuerdo con afecto, porque después que mi mamá aprendió a cocinar con ella, se convirtió en una gran cocinera y yo fui el beneficiado. Recuerdo un día, cuando estaba comenzando mi adolescencia, que le pedí a tía Stella que me dijera el secreto para ser un gran cocinero. Yo tenía mi cuaderno de notas preparado, en espera de una respuesta elaborada, pero no; se limitó a decirme: «Es muy sencillo. Todo tiene que ver con el control del fuego». Al principio me sentí incrédulo. Le protesté, diciéndole que eso no podía ser tan sencillo. Ella me iluminó con numerosos ejemplos. Entre ellos, me habló de que había una razón por la cual usaba una vasija de barro, y no una metálica, para un plato en particular; y era la forma en que las vasijas de barro distribuyen y retienen el calor. También hay una razón por la que se pone primero el ajo, después la carne y al fin los vegetales en un sofrito, y es que cada una de esas cosas se cocina mejor a una temperatura diferente. La razón por la que se cocina el arroz en agua fría, y no en agua caliente, es que si se pone en agua caliente, la capa exterior de los granos se convierte en una capa aislante que impide que se cocine la capa interior. Me fascinaba. Ella tenía razón: el secreto de la eficacia en la cocina es un habilidoso manejo de la energía.

Años más tarde, volví a aprender esa misma lección cuando comencé a meditar. El secreto de la eficacia en la meditación es el habilidoso manejo del esfuerzo. El Buda presentaba una analogía parecida, pero como no había

Suficiente serenidad

Suficiente energía mental

¡Perfecto!

RICITOS DE ORO Y LOS TRES BODHISATTVAS

tenido la suerte de ser vecino de tía Stella, su analogía no tenía que ver con la cocina. Tenía que ver con la orfebrería. El Buda enseñaba que un orfebre habilidoso hace tres cosas mientras trabaja en una pieza de oro: fortalece periódicamente el fuego, también periódicamente rocía el oro con agua y, periódicamente, examina de cerca el oro. De manera similar, el meditador hábil hace periódicamente tres cosas: periódicamente fortalece su energía mental, serena periódicamente su mente y observa periódicamente su mente con ecuanimidad.[1] Estos tres factores se equilibran entre sí. Si hay demasiada energía mental, la mente puede estar inquieta; si hay demasiada serenidad, la mente se puede embotar, y si solo hay una observación ecuánime sin los otros dos factores, es posible que el grado de concentración sea insuficiente para avanzar hacia una sabiduría profunda.

Dicho de manera sencilla, la habilidad en el manejo de la energía en la meditación se reduce al establecimiento de un equilibrio entre tres factores mentales: **la relajación mental, la energía mental** y **la observación ecuánime.** Día a día, las necesitamos a las tres al mismo tiempo, siempre juntas, apoyándose entre sí y sacando lo mejor de cada una de ellas; algo así como los Tres Chiflados. Cuando se necesita alguien que actúe como un mandón, actúa Moe; cuando se necesita tocar un violín, va Larry, y cuando se necesita un boxeador en el cuadrilátero con el fin de recaudar mil dólares para el orfanato, le toca a Curly. Cada uno de los Tres Chiflados tiene su momento en el centro de la atención, pero en realidad, siempre son los Tres Chiflados; siempre juntos apoyándose entre sí en sus diferentes papeles.

De manera parecida, es importante que no descuidemos ninguno de estos tres factores mentales. Pero ¿cómo? Resulta que es más fácil hacerlo que decirlo. La clave está en practicar la observación ecuánime, básicamente observándote a ti mismo mientras meditas. Si notas demasiada tensión, entonces aplícale el relajamiento mental; y si te entra el sueño, aplícale la energía mental.

Eso es todo. Es como la forma en que el orfebre hábil trabaja su oro, observando continuamente su trabajo, y o fortalece el fuego, o lo rocía con agua, según se necesite. **La clave es vigilar.**

La meditación del cachorro

Aquí tienes una forma divertida de practicar de manera sistemática los tres factores mentales —el relajamiento mental, la energía mental y la observación ecuánime—, de una misma sentada. Piensa en todo esto como un estirar tus «músculos mentales». Esta meditación se presenta en cinco pasos, cada uno de ellos con su propia historia.

El primer paso consiste en **relajarte.** El cuento comienza encontrándote a ti sentado debajo de un árbol con tu encantador perrito, solo relajándose, sin hacer nada en particular. Tu cachorro es pequeño, lleno de energía y curioso. Le encanta andar por todas partes, pero también te quiere a ti, así que por lo general prefiere permanecer cerca de ti, incluso cuando anda caminando por todas partes. Sin embargo, de vez en cuando se va demasiado lejos para que tú te sientas cómodo y, cuando eso sucede, vas y lo traes de vuelta al pie del árbol con delicadeza y de una forma amorosa. ¡Oh, qué tierno! El árbol representa tu respiración y el cachorro representa tu mente. En este paso de la meditación, limítate a relajarte y dejar que tu mente divague un poco, y si se te va demasiado lejos, tráela de vuelta con delicadeza y amor. ¿Cuándo puedes decir que está demasiado lejos? Yo creo que mientras tu respiración se encuentre en el fondo de tu atención, o tú no te olvides por completo de ella más de unos segundos a la vez, las cosas van bien. En realidad, eso no tiene importancia, porque la práctica clave en este paso consiste en el relajamiento de la mente de manera que, mientras sigas estando relajado, todo es posible.

El segundo paso consiste en **regocijarte**. En este momento del relato, el cachorro ha pasado algún tiempo contigo, su humano. Se ha familiarizado contigo, te ama y, por lo general, le encanta sentarse junto a ti. Cuando lo hace, te alegras, porque tienes a un ser tan encantador sentado junto a ti. A él le sigue gustando deambular por los alrededores; al fin y al cabo, sigue siendo un cachorrito, así que no siempre se encuentra sentado junto a ti, pero aunque esté corriendo por los alrededores, lo sigues mirando y regocijándote: «Qué contento estoy de tener este cachorrito». De una manera parecida, la mente está un poco más relajada y un poco más asentada en este momento. Puesto que está asentada, ahora es más fácil centrarla en la respiración. Cuando lo hagas, tómate un tiempo para regocijarte, pensando: «Tengo la mente asentada en la respiración. Me siento feliz». Y aunque tu mente esté divagando, tómate un tiempo para regocijarte en respirar una vez antes de traerla de vuelta.

El tercer paso consiste en **estar resuelto**. En este punto de la historia, el cachorro ha crecido hasta convertirse en un hermoso perro joven, y ahora tiene suficiente edad para recibir entrenamiento. Durante el entrenamiento, tú eres delicado y amoroso, pero al mismo tiempo, también le impones con firmeza la disciplina necesaria. Muestras cierta firmeza. Cuando le dices: «¡Siéntate!», esperas que se siente, y no le das ninguna galleta ni tipo alguno de refuerzo positivo, hasta que lo haga. Cualquiera que sea la orden que le des, estás resuelto a hacer que la obedezca, y le impones la disciplina de una forma firme, pero delicada y amorosa a la vez. Así entrenas al perro. De una forma similar, en esos momentos la mente es un poco más receptiva al entrenamiento y decides entrenarla. Concretamente, decides centrar toda tu atención a mantenerte en la respiración. Cada vez que tu atención divaga y se aparta de la respiración, la traes de vuelta a ella con firmeza, al mismo tiempo que con delicadeza y amor.

El cuarto paso es **refinar**. En este momento de la historia, tu joven perro es entrenado de la manera debida y ha llegado la hora de refinar sus habilidades.

Ahora obedece a las órdenes básicas de sentarse, levantarse y demás. Ahora vas un paso más allá de lo básico para entrenarlo en una tarea más exigente, como buscar trufas. Así que desarrolla las habilidades para identificar a las trufas que está olfateando, hallarlas en el suelo, cavar para sacarlas y tener la disciplina de no comérselas. De una manera similar, tu atención ha adquirido en estos momentos cierto nivel de estabilidad y ha llegado la hora de refinarla un poco. Concretamente, la indicación es que «atienda a la sutil naturaleza de la respiración», cualquiera sea el significado de esas palabras para ti.

El paso final consiste en **liberar.** En este momento de la historia, tu perro ya está bien entrenado. Lo sueltas, le permites que corra por los alrededores, confiando en que haga cuanto necesite hacer, y regrese cuando lo llames. De la misma forma, la mente en este momento se halla relativamente asentada y refinada, así que dejas de hacer esfuerzos y le permites que sea ella misma.

Esa es la práctica. Abarca los tres factores mentales: relajamiento, energía mental y observación ecuánime. Los momentos de «relajarte» y «regocijarte» comprenden la relajación mental. Los de «estar decidido» y «refinar» comprenden la energía mental. Y el de «liberar» comprende la observación ecuánime. Como parte del entrenamiento físico, siempre es bueno que te

De acuerdo. Hay una parte de la meditación del cachorro que no me entusiasma para nada.

estires de vez en cuando, de manera que tus músculos y tus tendones puedan cubrir toda su amplitud dinámica. Considero la meditación del cachorro como el equivalente en la meditación a un ejercicio de estiramiento. Es muy saludable. Te animo a que lo hagas con frecuencia.

PRÁCTICA FORMAL: LA MEDITACIÓN DEL CACHORRO

Puedes hacer la meditación del cachorro todo el tiempo que desees. En este ejercicio, vamos a pasar dos minutos en cada uno de los cinco pasos, para tener un total de diez minutos de práctica, pero siéntete en libertad de cambiar el tiempo dedicado a cada paso de la manera que te parezca bien.

Disposición

Siéntate en cualquier postura que te permita estar alerta y relajado al mismo tiempo, según lo que signifique esto para ti. Puedes mantener los ojos cerrados o abiertos.

Relájate (2 minutos)

Relájate y deja que tu cachorro ande por dondequiera, pero si se aleja demasiado, tráelo de vuelta amorosamente y con delicadeza. De la misma forma, relájate y deja que tu mente divague. La clave es relajarte, pero siéntete libre para hacer que tu mente regrese a la respiración en cualquier momento.

Regocíjate (2 minutos)

Ahora, el cachorro se ha familiarizado contigo, te ama, y le encanta sentarse junto a ti. Cuando lo hace, te regocijas. Si encuentras que anda caminando por todas partes, regocíjate también por tener un cachorro tan encantador, antes de traerlo de vuelta con delicadeza. De igual manera,

(Continúa)

cuando te des cuenta de que tu mente se ha asentado en la respiración, regocíjate, pensando: «La mente se ha asentado en la respiración. Estoy feliz». Después de eso, trae su atención con delicadeza de vuelta a la respiración.

Resuélvete (2 minutos)

Ahora el cachorro es un perro joven y está listo para recibir entrenamiento. Durante ese entrenamiento, tú has resuelto imponerle la disciplina con firmeza, aunque de una manera delicada y amorosa. De igual modo se entrena la mente. Toma la decisión de que vas a hacer que toda tu atención permanezca en la respiración. Cada vez que divague y se aleje de la respiración, tráela de vuelta con firmeza, pero de una forma delicada y amorosa.

Refina (2 minutos)

Ahora que tu joven perro se halla debidamente entrenado, es hora de refinar sus habilidades. De igual manera, también es hora de refinar el entrenamiento de la mente. En estos dos minutos, atiende a la sutil naturaleza de la respiración, cualquiera que sea el significado que tengan esas palabras para ti.

Libera (2 minutos)

Tu perro ya está bien entrenado, lo puedes liberar. De igual manera, puedes liberar tu mente. Deja de hacer esfuerzos y permítele que sea ella misma.

Bueno, pero no te dije cuál es el nombre de mi perro, ¿no es cierto? Puesto que no es perro, sino perra y le puse el nombre de «Karma».

Según tu procedencia cultural, las circunstancias de tu vida y tu disposición mental, es posible que el relajamiento sea, o no, tu primer desafío. Cualquiera que sea el factor mental que necesite que trabajes más en él es el que tiende a destacarse más. Mi primer maestro de meditación, el ya fallecido Godwin Samararatne, tenía una forma graciosa de presentar esto. Él procedía de Sri Lanka, pero anduvo enseñando en el mundo entero. Y decía: «Cuando enseño en Estados Unidos, todo el tiempo les digo a mis estudiantes: "Relájense. No trabajen tan duro". En cambio, cuando enseño en Sri Lanka, lo que les tengo que decir a mis estudiantes es: "No se relajen. Trabajen más duro"».

Cuando comencé a meditar, fue toda una lucha para mí; lo irónico era que la lucha consistía en aprender a no luchar. En realidad, debo haber sido el peor meditador del mundo, porque tenía un gran problema que nadie más tenía: durante la meditación, no podía respirar de la manera correcta. ¿Por qué? Porque era demasiado intenso. Era el estereotipo del asiático con un desempeño extraordinario y un ego frágil, de manera que siempre me presionaba muchísimo en todo lo que hacía. Cuando tenía diecinueve años, tomé unas clases para aprender a dibujar caricaturas, cuyo maestro era un anciano caballero indio que tenía unas normas muy exigentes. Después que vio la rigidez que se reflejaba en mi rostro durante una de las sesiones de estudio, me dijo: «Relájese, joven; todo está bien. Solo son caricaturas». Un maestro asiático me estaba diciendo que me relajara: así de intenso era yo todo el tiempo.

Relájate, si solo son caricaturas... pero asegúrate de que todas sean buenas, porque si no, no cobras.

Esa misma intensidad la llevé a mi práctica de la meditación y no, no me fue bien. Me sentía tan estresado por mi afán de hacer «bien» la meditación, que hasta perdí la capacidad de respirar de la manera correcta. Para resolver ese problema, siguiendo mi *modus operandi*, me esforcé más aun. Sorpresa, sorpresa: aquello no funcionó en absoluto. Después de meses de luchas diarias, terminé dándome por vencido. Sin embargo, para suerte mía, me rendí de una forma disciplinada: me seguí sentando, tal como me había comprometido a hacerlo, aunque dejé de tratar de meditar; eso era todo. Decidí que me buscaría un asiento, me sentaría y literalmente, no haría nada. Y resultó que ese nada era precisamente lo que necesitaba hacer. Después de estar unos minutos allí sentado sin hacer nada, me sentí consciente de los sentimientos que había en mi cuerpo, así que me limité a estar sentado, consciente de mis sensaciones corporales. Unos minutos después de aquello, observé mi respiración. Y entonces me dije: «Ah, así que de esta manera es como uno sabe que está respirando». Después de aquello, me quedé sentado y continué limitándome a saber que estaba respirando. Me sentía cómodo. Mi atención permaneció fija en mi respiración durante un tiempo y, de repente, todo mi cuerpo y toda mi mente se vieron envueltos por una delicada sensación de gozo. Aquello duró unos treinta minutos. Fue la primera vez que me las arreglé para «meditar». También fue mi primera experiencia en cuanto al gozo que hay en la meditación. Era el gozo que surgía de lo cómodo que me estaba sintiendo.

Durante muchos meses aquel delicado gozo venía y se iba cuando me sentaba. Me llevó mucho tiempo desarrollar la habilidad de estabilizarlo, y después de acceder a él en una manera digna de confianza. Sin embargo, en esa experiencia solamente, aprendí la lección *más* importante en toda la práctica de la meditación: en primer lugar y por encima de todo, establece el relajamiento; y si se rompe, vuélvelo a establecer.

El relajamiento es la competencia básica en la meditación que nos capacita para todas las demás. El entrenamiento sin relajamiento es como un árbol que carezca de raíces fuertes: no se puede sostener. El que está recibiendo entrenamiento y es habilidoso establece primero el relajamiento y después edifica encima de él. Cuando nos relajamos, debemos aplicar a esto tan poco esfuerzo como nos sea posible, por la obvia razón de que el esfuerzo tiende a romper el relajamiento. Si la mente no se halla relajada, haz cuanto tengas que hacer, incluso salir a dar una corta caminata, acostarte o incluso permitir que tu mente divague un poco.

Después que me di cuenta de lo importante que era aquello, pasé muchas horas practicando el relajamiento en la meditación. En otras palabras, me pasé mucho tiempo sentado sin hacer nada más que saber que estaba respirando. Después de un tiempo, el relajamiento se había convertido en una habilidad. Me sentía más sereno, me mejoró la salud, comencé a responder mejor ante el estrés y me volví menos cretino de lo que era.

De manera paradójica, cuando mejoré bastante en la relajación, me volví inquieto con ella. Aunque estaba relajado, en ese punto tenía dos problemas principales: mi atención se estaba desviando continuamente de mi respiración, y con gran frecuencia, y me quedaba dormido una y otra vez en la meditación, también con gran frecuencia. En términos de los meditadores, me faltaba estabilidad en la atención. Esa falta de estabilidad en la atención se estaba volviendo cada vez más fastidiosa para mí, de manera que me decidí a arreglarla. Pero ¿cómo? Apelando una vez más a mi antiguo *modus operandi* de desempeño extraordinario, le apliqué disciplina y esfuerzo, pero con un giro procedente de lo que ya había aprendido: primero el relajamiento. Y ese giro funcionó. Me daba firmes instrucciones a mí mismo, como: «Voy a estar atento a cada inspiración y a cada exhalación, sin perderle la atención a una sola respiración durante treinta minutos». Solo había una regla, la del relajamiento: en primer lugar y por encima de todo, establecer el relajamiento y si lo pierdo, restablecerlo. En otras palabras, no permitía que el esfuerzo me impusiera estrés. En cualquier momento en que me sentía estresado, abandonaba de forma temporal mis esfuerzos y regresaba al relajamiento antes de volver a introducir esos esfuerzos.

Aquello funcionó. Con un esfuerzo cada vez mayor, la estabilidad de mi atención comenzó a fortalecerse. Y entonces decidí intentar una travesura; hacer algo que todos y cada uno de mis maestros de aquellos momentos me habían dicho sabiamente que no hiciera: como experimento, convertí mi meditación en un juego competitivo.

Yo soy ingeniero, por lo que me encanta convertir cosas en juegos. En aquellos momentos estaba en un retiro privado y decidí competir conmigo mismo en la meditación. Me tomé el tiempo con un cronómetro para ver cuánto podía aguantar sin dejar de atender una sola respiración. Cada vez que me perdía una respiración, tomaba nota del tiempo, volvía a preparar el cronómetro y comenzaba de nuevo desde cero. Establecería mi «mejor puntuación» y después trataría de superarla.

«Estás loco», me podrás decir, pero como de costumbre, mi locura llevaba un método tras sí. Me pareció que la razón por la cual los maestros de meditación le dicen a uno que nunca se fije una meta al meditar, y mucho menos una competitiva, es porque hacerlo rompe el relajamiento, y la ruptura del relajamiento es contraproducente. Sin embargo, razoné que en mi caso —y ya tenía un acceso digno de confianza al gozo que surge de la comodidad y, puesto que mi meditación ya estaba repleta de ese gozo—, podía aplicar un alto grado de esfuerzo en una meta competitiva en la meditación sin romper el relajamiento. Esa era la teoría que había decidido poner a prueba.

El resultado de ese experimento fue una aceleración en el progreso. En solo ochenta horas de práctica durante aquel retiro, mi «mejor puntuación» pasó de seis minutos a treinta. En otras palabras, desarrollé la capacidad de mantener fija mi atención en la respiración durante media hora sin perderme ni una sola respiración, y lo hice sin estresarme.

Recordando esa experiencia desde el punto de vista de una práctica más madura, y también después de haber hablado con otros maestros, me di cuenta de que había hecho aquella cosa tan habilidosa de una manera bastante accidentada. El entrenamiento de la mente exige un hábil equilibrio de esfuerzo disciplinado y un relajamiento gozoso, lo cual significa que mientras más puedas contar con un relajamiento gozoso, más disciplinado es el esfuerzo al que te puedes comprometer; y mientras más tengas de los dos, más rápido podrás establecer una estabilidad en la atención.

Con este capítulo y el anterior, tienes todo lo que necesitas para comenzar a **acomodarte en el gozo.** A medida que practiques esta habilidad, comenzarás a experimentar la libertad de la paz y el gozo que no depende de la estimulación de tus sentidos, ni de tu ego. Puesto que la paz interior y el gozo interno son independientes de las circunstancias mundanas, se hallan a tu disposición en cualquier lugar y cualquier momento. La habilidad de acomodarte en el gozo es la primera de las tres habilidades, y te capacitará para acceder a ellas en cualquier lugar y momento, a discreción. En el próximo capítulo vamos a aprender la segunda de esas habilidades: **inclinar la mente hacia el gozo.**

La práctica diaria para entrenar la mente con comodidad

Viéndolo todo en conjunto, tenemos que el primer paso consiste en comprender que la meditación puede ser fácil, y que hasta una sola respiración en la meditación resulta beneficiosa. Reconoce que hay gozo incluso desde la primera vez que respires. Practica la respiración consciente a menudo; conviértela en un hábito.

Después, comprende que nosotros no somos los que asentamos nuestra mente, sino que ella se asienta por sí sola. Todo lo que nosotros hacemos es crear las condiciones que conducen a la mente a asentarse. Eso nos quita de encima una carga innecesaria, porque no seremos responsables en cuanto a si la mente se asienta; solo seremos responsables de crear las condiciones para que lo haga. Con este entendimiento, siéntate por más tiempo. Veinte minutos o más al día es la cantidad óptima, pero cualquier extensión que tenga tu práctica diaria es buena, aunque sea lo que dura una sola respiración. Y si no me crees, pregúntale a Gopi. Si así lo deseas, te puedes pasar todo el tiempo haciendo tu ejercicio favorito para asentar la mente (anclar, descansar o ser). Si lo prefieres, también puedes hacer la meditación del cachorro.

Cuando estés sentado más tiempo, comprende el papel de los tres factores mentales: el relajamiento mental, la energía mental y la observación ecuánime. Luego adáptalos de acuerdo a tus necesidades.

Por encima de todo, mantente relajado y disfruta del momento.

¿Quién? ¿Yo, feliz?

La inclinación de la mente hacia el gozo

En la introducción hablamos de los tres pasos que debemos dar para tener acceso al gozo: relajarnos, inclinarnos y levantarnos. En los capítulos 2 y 3 vimos lo que es entrar con relajamiento en el gozo y descansar la mente allí. En este capítulo vamos a aprender a inclinar la mente hacia el gozo.

Haz que corra el río

Hay una hermosa descripción de la inclinación mental en algunos textos antiguos. La comparan con las laderas de las montañas. Cuando el suelo está inclinado de cierta manera, el agua corre sin esfuerzo alguno, siguiendo la dirección de la inclinación. De una manera similar, cuando la mente se halla inclinada en un sentido, los pensamientos y las emociones se producen sin esfuerzo, según la naturaleza de su inclinación. Por ejemplo, si la mente está inclinada hacia el gozo, entonces tienden a aparecer pensamientos y sentimientos gozosos sin que hagamos esfuerzos.

Este concepto sencillo, pero crítico, nos lleva a una consecuencia práctica igualmente importante: que la forma hábil de entrenar la mente no consiste en ejercer el control por la fuerza sobre ella, sino en cambiar su inclinación, de manera que los pensamientos y las emociones se presenten sin esfuerzo en la dirección en la cual queremos que se presenten.

¡Nooo! Estoy muy seguro de que Meng me dijo que tenía que **reclinar** la mente hacia el gozo.

En la historia china, durante el reinado del emperador Shun (que vivió alrededor del año 2200 A.C.), los territorios que entonces eran conocidos como China sufrían de frecuentes inundaciones destructoras a lo largo del río Amarillo. El emperador le ordenó a un noble llamado Gun que resolviera el problema. La estrategia de Gun consistió en construir una serie de diques y presas para bloquear el movimiento del agua. Dada la tecnología disponible en aquellos tiempos, y la escala masiva que tenía el problema, era probable que aquella estrategia estuviera condenada al fracaso, y así fue, de una manera espectacular. Después de nueve años construyendo diques y presas, la estrategia demostró ser un completo fracaso.

Después que falleció Gun, su hijo Yu se encargó del trabajo. Yu había tenido nueve años para observar el trabajo de su padre y descubrir dónde había fracasado. Como consecuencia, su estrategia fue la opuesta. En lugar de tratar de detener el agua, trabajó con ella. Dragó el río y limpió sus embotellamientos, para permitir que corriera con mayor libertad hacia el océano. Más habilidosa aun fue la construcción de un sistema de canales de riego, para convertir parte del agua —antes destructora— de las inundaciones en agua para darles crecimiento a las cosechas. Yu es recordado en la historia de China como Yu el Grande.

Al igual que Yu el Grande, el meditador habilidoso adquiere dominio en este caso de la mente inclinándola en vez de pelear con ella. Para inclinarla, dependemos de una facultad clave: la familiarización. Anteriormente notamos que la palabra «meditación» *significa* familiarización; en este caso, **la familiarización de la mente con el gozo.** Mientras más se familiariza la mente con el gozo, más lo percibe, más se inclina hacia él y crea con menor esfuerzo las condiciones que conducen al gozo. En español, la palabra *familiar* está estrechamente relacionada con el concepto de *familia*. En este sentido, familiarizar la mente con el gozo es convertir el gozo en un familiar cercano, un miembro favorito de la familia, alguien con respecto al cual siempre podrás contar con que va a estar presente para darte una mano. Para estrechar lazos con alguien, recibimos a esa persona en nuestra vida y pasamos tiempo con ella; la tratamos con franqueza, le prestamos una cuidadosa atención y tratamos de llegar a conocerla bien. De igual manera, estaremos familiarizando nuestra mente con el gozo cuando lo recibamos, nos mantengamos receptivos a él, pasemos tiempo con él, le prestemos una cuidadosa atención y lo lleguemos a conocer bien. Nos pasaremos el resto de este capítulo tratando de conocer al gozo. ¡Hola, gozo!

¿Cómo? ¿Qué era feliz? Ni me di cuenta

Para que la mente se familiarice con el gozo, en primer lugar tiene que notar su presencia. Por esa razón la entrenamos, para que **perciba pequeños pedazos de gozo.** En la vida abundan mucho los momentos de gozo, pero nos es fácil no captarlos, porque por lo general son fugaces y no son excesivamente intensos. En otras palabras, vienen en pedazos pequeños, tanto en cuanto a tiempo como a espacio. Una vez que tu mente quede entrenada para verlos, te podrá inclinar hacia ellos y por naturaleza lo hará.

Veo que te gustan más las lascas finas de gozo al estilo de Nueva York, que el gozo de base gruesa al estilo de Chicago.

El entrenamiento es sencillo. Basta solo con notar el gozo. Cada vez que haya algún gozo surgiendo dentro de tu campo de experiencia, aunque solo sea un sutil indicio de gozo, **limítate a notar la presencia de ese gozo;** eso es todo. En eso consiste toda esta práctica.

Captar el gozo es como notar los autos azules (o los de cualquier color que escojas) por las calles. Cuando estás en medio del tránsito, todo el tiempo pasan junto a ti unos autos azules y, por lo general, no los notas en absoluto. Pero si juegas a ver cuántos autos azules encuentras, descubrirás que están por todas partes. En muchos momentos de nuestra vida podemos encontrar algún gozo, aunque sea sutil y fugaz. Por ejemplo, con esa agradable sensación que produce el agua tibia en nuestra piel cuando entramos a la ducha, surge en nosotros el gozo de inmediato, pero pocas veces lo notamos, y se desvanece en cuestión de segundos. La práctica consiste en notar cuándo se halla presente el gozo. Mientras más notes esos pequeños pedazos de gozo, más te parecerá que están en todas partes, porque siempre han estado allí. Solo que no los habías notado antes.

Esto de notar parece trivial, pero es una importante práctica en la meditación por derecho propio. ¿Por qué? Porque notar es el requisito previo para poder ver. Lo que no notamos, no lo podemos ver. Y lo que no vemos, no lo podemos comprender. Una de las metas máximas del entrenamiento de la mente es comprender por completo cuatro cosas: la naturaleza del sufrimiento, las causas del sufrimiento, la naturaleza de la libertad con respecto al sufrimiento y las causas de esa libertad con respecto al sufrimiento. La comprensión completa se apoya en una visión clara. Los textos budistas semicrípticos se refieren a eso como «ver las cosas como son». Para llegar a ver las cosas como son, se comienza en primer lugar por notarlas. De aquí que el acto mismo de notar se convierte en una meditación.

Comencemos por ver si podemos notar el gozo que hay en una sola respiración.

PRÁCTICA FORMAL: NOTAR EL GOZO QUE HAY EN UNA RESPIRACIÓN

Haz el ejército de la respiración consciente, que aparece en el capítulo 2, y que consiste simplemente en respirar una sola vez de manera consciente. Si surge alguna señal de gozo en algún momento de este ejercicio, **limítate a notarlo;** eso es todo. Si no aparece señal de gozo, no hay problema alguno; sencillamente, **notamos la ausencia** de gozo.

Ya en estos momentos, sabiendo lo que se requiere acerca del circuito cerrado del hábito (búscalo en el capítulo 2), podrás ver cómo notar el gozo se podría convertir en un hábito: entrada, rutina y recompensa. La entrada es cuando se produce alguna experiencia de gozo, la rutina es el simple acto de notarlo, y su recompensa intrínseca consiste simplemente en estar conscientes de ese gozo. De aquí que los tres componentes que se necesitan para formar un hábito se hallan presentes sin esfuerzo alguno. Todo lo que tienes que hacer es notar el gozo. Hazlo durante cierto número de contactos con él, tal vez unos treinta, y comenzará a formarse este hábito en ti. Es algo tan sencillo, que hasta Simón el Simple lo puede hacer.

PRÁCTICA INFORMAL: NOTAR A DIARIO LA PRESENCIA DEL GOZO

Cada vez que experimentes gozo,
limítate a observarlo. Eso es todo.

Atender al gozo

Una vez que comiences a notar el gozo, el paso siguiente consiste en prestarle atención. ¿Cuál es la diferencia? La diferencia está en el nivel de importancia que le demos. Imagínate que en tu casa tienes enfermo a uno de tus hijos. Notar la presencia del niño enfermo consiste solo en saber que hay un niño que está enfermo; eso es todo. Esto te podrá llevar o no a otras acciones, pero el acto de notarlo termina aquí mismo, en la simple captación de ese conocimiento. Atenderlo es diferente. Atender a un niño enfermo significa asumir responsabilidad directa por su cuidado y su mejoría. Lo alimentas, lo ayudas a aliviar su dolor, lo cuidas hasta que recupera la salud y demás. Esa atención te lleva de una simple captación de datos hasta la responsabilidad de cuidarlo.

De igual manera, notar la presencia del gozo será muy útil, pero lo es más atenderlo. Cuando notamos la presencia del gozo con frecuencia, comenzamos a familiarizar nuestra mente con el gozo. Y cuando lo atendemos, damos un paso más allá: consolidar el gozo en nuestra mente. La forma de hacer esto es usando intensidad en nuestra atención. Todo lo que debes hacer es prestarle una intensa atención al gozo. Eso es todo.

Una de las razones por las que me agrada la palabra *atender* es porque sugiere en primer lugar que estamos directamente conscientes (como en «prestar atención»), y en segundo lugar, que nos responsabilizamos con su cuidado (como en «médico que atiende a un paciente»). Cuando atendemos al gozo, entran en juego ambos sentidos del verbo *atender*.

Gozo al instante

Probemos un corto experimento. Quisiera que respiraras tres veces. La primera vez que respires, préstale toda tu atención al proceso de respirar. En la segunda respiración, serena tu cuerpo. En la tercera respiración, haz surgir el gozo. Pruébalo ahora.

¿Pudiste hacer surgir gozo para la tercera respiración? Un porcentaje de los que hagan este experimento van a lograrlo, porque las dos primeras veces que respiren se va a serenar la mente y el cuerpo se va a tranquilizar respectivamente, haciendo que surja el gozo de la comodidad. Aquellos que hayan adquirido ya la habilidad de ver ese gozo, lo van a poder sostener y ampliar. Si estás entre los que no lo pueden lograr, no te inquietes. Hay una herramienta muy sencilla que te va a permitir hacerlo. Esa herramienta es la sonrisa.

Nuestras expresiones faciales reflejan nuestros estados emocionales. Sin embargo, resulta que la causación se mueve en ambos sentidos. Las expresiones faciales reflejan los estados emocionales, y también pueden afectarlos. Una de las personas que ha descubierto este principio es el eminente psicólogo Paul Ekman. Paul es pionero en el estudio de las emociones y su relación con las expresiones faciales. Una de sus principales contribuciones es el descubrimiento de la forma en que las emociones se hallan codificadas en los músculos facia-les. Tras años de cuidadoso estudio, Paul sabe con precisión cuáles músculos faciales participan en cada una de las emociones. También se ha entrenado a sí mismo para manipular esos músculos en su propio rostro, con el fin de demostrar la expresión que toma cualquier emoción. En medio de este proce-so, él y su ayudante notaron que cuando estaban trabajando con expresiones de ira y de angustia todo el día, se sentían horriblemente mal al final del día.

Entonces comenzaron a medir sus cuerpos mientras estaban haciendo los gestos con la cara y descubrieron que sus expresiones faciales eran sufi-cientes ellas solas para crear unos marcados cambios en el sistema nervioso automático. Por ejemplo, cuando Paul creaba la expresión facial de la ira, las pulsaciones de su corazón aumentaban en diez o doce pulsaciones más por minuto, y las manos se le calentaban.[1]

Una vez sabido esto, podemos provocar en nosotros mismos el gozo de manera eficaz, con solo esbozar una sonrisa genuina. Sonríe como quien está realmente feliz. Cuando lo hagas, podrás crear en el sistema nervioso automático unos cambios relacionados con la felicidad y, a partir de esos cambios, podrás experimentar gozo. Esto a mí personalmente me funciona casi siempre que lo intento. Ni siquiera hace falta que se trate de una sonrisa total; media sonrisa también funciona.

Convirtamos esto en una breve práctica formal, comenzando con tres respiraciones. En las dos primeras, préstale toda tu atención a tu aliento y serena tu cuerpo. En la tercera, haz brotar el gozo. Si lo necesitas, esboza una sonrisa o media sonrisa, cualquiera sea el significado de *media sonrisa* para ti. Si surge algún gozo, atiende ahora al gozo, prestándole toda tu atención. Si lo deseas, puedes parar y repetir.

PRÁCTICA FORMAL: INVITAR AL GOZO Y PRESTARLE ATENCIÓN

Siéntate en cualquier postura que te permita estar alerta y relajado al mismo tiempo, según lo que signifique esto para ti. Puedes tener los ojos abiertos o cerrados.

Respiremos tres veces. La primera vez, préstale una atención delicada, pero intensa, al proceso de respirar. En la segunda respiración, serena tu cuerpo. En la tercera respiración, haz surgir el gozo. De ser necesario, esboza una sonrisa o media sonrisa, cualquiera que sea el significado que le des a esa *media sonrisa*. Si surge algún gozo, dedícale toda tu atención. Si lo deseas, repite esta práctica de las tres respiraciones unas cuantas veces más.

Cuando respiro lento y profundo, lo hago a un ritmo de unas seis veces por minuto, de manera que esta práctica solo me toma treinta segundos. Puedes extender con facilidad la práctica de las tres respiraciones hasta tres minutos, prestándole atención a la respiración durante un minuto, seguido de otro minuto dedicado a serenar tu cuerpo, y dedicando el minuto final a hacer surgir el gozo y prestarle atención al mismo. O si lo prefieres, puedes jugar con los parámetros de cualquier forma. Experimentar no hace daño alguno en realidad.

Con esta práctica, la mente se familiariza con el gozo. Con ella, puedes comenzar a desarrollar la capacidad de **hacer surgir el gozo al instante** en la mayoría de las circunstancias. ¿Por qué es tan poderosa esta sencilla práctica? Porque contiene en un mismo lugar tres elementos que conducen al gozo: la tranquilidad de la mente (por la primera respiración), la comodidad y el relajamiento (por la segunda respiración) y la invitación al gozo y a la conciencia del mismo (por la tercera respiración). Cada uno de esos elementos conduce fuertemente por sí mismo al gozo interior. Cuando se combinan, y cuando la mente está familiarizada con la combinación, esta se vuelve muy poderosa. Los únicos factores mentales que conozco, que conduzcan con más fuerza al gozo, son el amor bondadoso y la compasión, sobre los cuales hablaremos en detalle en el capítulo próximo.

La mente gozosa es excelente en la meditación

Una de las cosas más importantes que he aprendido es el papel central que desempeña el gozo en la meditación. Esta comprensión me puso firmemente en el camino del gozo en mi entrenamiento de la meditación y en mi vida. En los textos antiguos del budismo primitivo, que es la tradición de la que salió mi propio entrenamiento de la meditación, se menciona el gozo con mucha frecuencia. Un texto que reviste particular importancia, *La disertación sobre las causas próximas* (el *Upanisa Sutta*), afirma de manera enfática que «la causa próxima de la concentración es el gozo».[2] En otras palabras, el gozo es la condición más inmediatamente responsable para la concentración (en la meditación).

«La causa próxima de la concentración es el gozo». Hay tres matices importantes en esta afirmación: uno en su traducción, otro en su contexto y otro en su inherente supuesto. El matiz que hay en la traducción procede de la palabra que se ha traducido como «concentración». En pali, el idioma original del texto citado, la palabra es *samadhi*. *Samadhi* se suele traducir como «concentración» y, a veces, como «serenidad» o «quietud». Lo lamentable es que estas tres traducciones son inadecuadas, porque cada una de ellas solo capta un significado parcial del samadhi. El *samadhi* comprende las tres cosas. El *samadhi* es un estado mental que es tranquilo, sereno y relajado, y concentrado en un solo punto, lo cual significa que la atención es perfectamente estable y tranquila. El *samadhi* es sumamente importante en la meditación. La capacidad para permanecer en él es una de las marcas de un meditador altamente consumado. Yo creo que la mejor traducción de la palabra *samadhi* sería «mantenerse compuesto», y me baso en su significado literal, que es «reunir» o «recoger». La razón por la que estoy mencionando esto es señalarte que el gozo es tan útil en la meditación, que nos hace recorrer todo el camino hasta algunos de los estados más elevados de la meditación.

El segundo matiz se relaciona con la feliz realidad de que hay varias clases de gozo. El texto de las Causas Próximas se refiere en realidad a los tres tipos de gozo que se presentan en el entrenamiento de la mente, no solo a uno de ellos. Los tres tipos de gozo, en sus palabras originales en pali, son *pamojja, piti* y *sukha. Pamojja* se suele traducir como «regocijo», y se describe como la clase de emoción que se produce en nosotros cuando hallamos algo que nos agrada; algo hacia lo cual nos sentimos dispuestos; en este caso, al regocijo al hallar las enseñanzas y ver que benefician nuestra vida. En cierto sentido, la *pamojja* es el regocijo relacionado con la esperanza. *Piti* se suele traducir como «éxtasis», algunas veces «gozo inspirador» o «gozo

que da energía», y es el extático gozo que eleva la mente. *Sukha* se suele traducir como «felicidad», algunas veces como «dicha», «contentamiento»,
«placer», «gozo no enérgico» o «gozo delicado», y es el tipo de gozo tranquilo y sostenible que nos deja en el contentamiento. Cuando se usa en el contexto normal de la vida diaria, fuera de la meditación, *sukha* también toma
el significado de felicidad en general, lo cual a veces confunde a la gente que
lee los textos antiguos, hasta sacarla de la *sukha*. La causa próxima de este
mantenernos compuestos es la *sukha*, pero la *pamojja* y la *piti* desempeñan
papeles de importancia que llevan hasta ella. La razón por la que estoy des-
cribiendo este matiz es para señalarte el hecho de que el gozo de la meditación es fascinante, por multifacético y lleno de sabor.

¡Me da lástima
el tonto que no
puede encontrar
el gozo!

El tercer matiz procede de un supuesto que no es específico de este texto en particular, sino que se halla ampliamente presente entre los textos
del budismo primitivo: la idea de las fuentes «sanas» del gozo. «Sanas» se
refiere a algo que conduce al bienestar propio y de los demás, tanto en el
presente como en el futuro. La palabra pali que se traduce como «sano» es
kusala, que también se traduce con frecuencia como «habilidoso», lo cual
me parece que es una traducción habilidosa (lo que la hace superhabilido-
sa, según mi opinión). La palabra *kusala* se traduce algunas veces como

«provechoso», y te aseguro que esta traducción no fue pagada por Wall Street. Una definición sumamente simplificada de la palabra «sano» y que no le hace mucha justicia, pero que es suficiente para el propósito de este libro, sería la siguiente: es una fuente sana de gozo la que no se halla contaminada con la codicia, la mala voluntad ni las semillas de un sufrimiento futuro. Por ejemplo, la bondad es una fuente sana de gozo, mientras que el gozo que se deriva de la crueldad no es sano. El gozo procedente de las fuentes sanas es el que más nos conduce a mantener compuesta nuestra mente. El que procede de una fuente que no es sana aleja a la mente de la paz, el contentamiento y la compostura, haciéndola contraproducente, al menos en lo que respecta al propósito de la meditación. Así que recuerda que debes usar solo una fuente no contaminada, llena de una bondad sana.

No tienes necesidad de leer los textos antiguos para captar los conceptos, que son permanentes: el gozo viene en diferentes sabores; hay diferentes fuentes de gozo, no todas han sido creadas iguales, y la capacidad para mantenernos serenos, calmados y compuestos tiene mucho que ver con el gozo; en especial el procedente de las fuentes correctas. En función de la meditación, la mente gozosa conduce con fuerza hacia la meditación, y una mente que medita conduce también con fuerza hacia el gozo. Una vez que comiences a mover ese ciclo, se reforzarán mutuamente y te conducirán a una práctica más profunda y una vida más llena de gozo. Por eso no debes tener temor a usar la meditación como vehículo para llegar a una vida gozosa. Vas a recibir provecho en ambas partes de una forma sana y habilidosa.

Préstale atención a tu gozo en la vida real

Como complemento a la práctica formal de invitar al gozo en la meditación sentada están las prácticas formales de atender al gozo en la vida real. ¡Estupendo!

Hay tres fuentes de gozo sano en las actividades diarias que podemos aprovechar. Una de ellas es la forma de conducta que levanta los espíritus, como la que conlleva la generosidad, el amor bondadoso y la compasión. A estas formas de conducta les he dedicado por completo un capítulo: el próximo.

La conducta ética es otra fuente cotidiana de gozo sano. «Hacer lo que es correcto» contribuye de manera cada vez mayor a tener una conciencia limpia, de la cual surge un gozo del que nos es muy fácil no darnos cuenta, llamado **el gozo de la inocencia**. En los textos antiguos se compara el cultivo de este gozo con la actividad de un campesino que limpia el suelo quitando de él las hierbas dañinas y las piedras antes de sembrar sus cosechas. Por haber limpiado la tierra, sus cosechas crecieron mejor. De igual manera, el gozo de la inocencia elimina de la mente un importante porcentaje de vergüenza, culpa, preocupación y remordimiento, proporcionándole así la tranquilidad que es altamente favorable para llegar a la meditación. A su vez, el hecho de atender al gozo de la inocencia le da a la mente un refuerzo positivo para una conducta ética, lo cual hace que este tipo de conducta sea más probable en el futuro. Cada vez que tengas que tomar una decisión ética o dedicarte a alguna forma de conducta que sea ética, te animo a que te tomes un instante para pensar: «Acabo de hacer algo ético. Tengo la conciencia limpia. Estoy feliz». Si surge en ti el gozo, préstale toda tu atención, al menos por un momento. Se trata del gozo de la inocencia.

PRÁCTICA INFORMAL: PRESTARLE ATENCIÓN AL GOZO DE LA AUSENCIA DE CULPA

Cuando tomes una decisión ética o te dediques a alguna forma ética de conducta, tómate un momento, ya sea en el presente, o algo más tarde, para pensar: «He hecho algo ético. Tengo la conciencia limpia. Estoy feliz». Si surge en ti el gozo, préstale toda tu atención, al menos por un momento.

Otra fuente de gozo sano consiste en atender a las experiencias agradables que se presentan en tus actividades diarias normales. Esta práctica es sencilla: cuando hagas algo que comprenda una experiencia placentera, dedica al menos un instante a dirigir toda tu atención al gozo que ese placer trae consigo. Eso es todo. Por ejemplo, en el almuerzo, pon toda tu atención al disfrute del primer bocado. Ese primer bocado se produce en el momento en que tienes más hambre, de manera que también es el más delicioso. Hay un pedazo de gozo muy ligero, pero muy satisfactorio en esto; no te lo pierdas. Dedica toda tu atención a ese gozo. Esta práctica solo te pide que atiendas por completo un bocado, así que si estás almorzando con otra persona, no tiene por qué apartarte de tu conversación. Anteriormente mencioné otro ejemplo: cuando te metas a la ducha, atiende al gozo que se produce en ti en el momento en que el agua toca tu piel. Cuando estés con alguien a quien amas, dedica un instante a darle atención plena al gozo de su presencia. A lo largo de todo el día se presentan muchas oportunidades de practicar la atención al **gozo de las experiencias placenteras.** Como mínimo, si comes, hay al menos tantas oportunidades de practicar la atención a las experiencias placenteras, como el número de veces que comas, así que, como mínimo, muchas personas pueden practicar esto al menos una vez al día. Si estás leyendo este libro, es muy probable que pertenezcas al sector de la población que logra comer por lo menos una vez al día.

PRÁCTICA INFORMAL: PRESTARLE ATENCIÓN AL GOZO DE LAS EXPERIENCIAS DIARIAS AGRADABLES

Cada vez que te dediques a una actividad que comprenda una experiencia placentera, dedica al menos un momento a prestarle toda tu atención al gozo que esa actividad placentera te causa. Veamos algunos ejemplos:

En cada comida, al menos préstale toda tu atención al disfrute del primer bocado.

(Continúa)

Cuando veas a uno de tus seres amados, en especial a un hijo, dedica un momento a apreciar el hecho de que se encuentra allí, y préstale toda tu atención a ese gozo.

Cuando estés tomado de la mano con un ser amado, dedica un momento a prestarle toda tu atención al gozo de ese contacto.

Cuando tomes una ducha, dedica toda tu atención al menos por un momento al disfrute que produce el contacto del cuerpo con el agua.

Cuando hagas tus necesidades en el baño, presta toda tu atención al menos por un momento al placer del alivio que esto produce.

Cuando salgas en un día hermoso, dedica un momento a prestarle toda tu atención al disfrute que te produce el buen tiempo.

Cuando estés caminando, dedica un momento a darle tu atención plena al gozo que significa poder caminar.

En general, cuando veas, escuches, huelas, saborees o toques algo agradable, ponle toda tu atención al gozo que produce, durante un momento al menos, y cuando estés interactuando con una persona a la que amas, ponle toda tu atención al gozo de estar con esa persona, aunque sea solo por un momento.

¡Un segundo, cariño! ¡Es que le estoy prestando atención al gozo!

Esta práctica sola, que es sencilla, casi trivial, produce numerosos beneficios convincentes. El primer beneficio convincente consiste en que las relaciones se vuelven más satisfactorias. Muchos de nosotros no valoramos plenamente a las personas que amamos hasta que nos vemos separados de ellas. Por ejemplo, solo después que tus hijos se han ido a la universidad, se te ocurre que les habrías querido prestar más atención a ellos mientras aún los tenías contigo. Esta práctica evita muchos remordimientos, porque te da muchos momentos de gozo al hacerte valorar de una manera plena la presencia de ellos mientras aún están en casa. Cada vez que le dedicas un momento de atención plena al gozo de tener presente a un ser amado, lo valoras un poco más, lo disfrutas un poco más, te sientes más feliz, y tu relación con él se hace más fuerte.

El siguiente beneficio convincente es un aumento significativo en tu felicidad. Muchos nos perdemos una gran cantidad de momentos de gozo porque no estamos prestándoles atención. Con esta práctica, no solo los notamos, sino que nos deleitamos en ellos, al darles al menos un momento de atención plena. Aumenta el gozo, pero más importante aun es que nos lleva a algo más: **la gratitud.** Muy pronto, a medida que comiences a disfrutar de esos pequeños placeres de la vida, cada vez los irás dando menos por seguros. Así te irás convirtiendo en una persona cada vez más agradecida. Una gran cantidad de investigaciones han mostrado que la gratitud es una importante causa de la felicidad en la vida, en general.[3] El hecho de acostumbrarte a escribir las cosas por las cuales te sientes agradecido en un diario de agradecimiento puede aumentar de manera significativa tu felicidad.[4] Mi amigo Shawn Achor, autor de *La felicidad como ventaja*, sugiere que pasarte dos minutos al día analizando el mundo en busca de tres cosas por las que te sientes agradecido, y hacer esto solo durante veintiún días, es la forma más rápida de aprender el optimismo.[5] Shawn también sugiere una excelente práctica diaria a la que él llama «duplicador», que consiste en recordar en detalle una experiencia positiva del día, porque el cerebro no puede notar la diferencia entre la visualización y la experiencia real. Así, al hacer eso, estarías duplicando la experiencia.

Llevar un diario de gratitud, encontrar cosas nuevas por las cuales estar agradecido y recordar cada día una experiencia que te produjo gozo son ideas excelentes. No obstante, el hecho de tomarte un momento para prestarle toda tu atención a cada experiencia gozosa que tengas tiene la ventaja de que no te tomará ni tiempo ni esfuerzo. Lo puedes hacer muchas veces al día, en tu tiempo real, sin posponer la gratificación ni un solo instante.

Este ejercicio también beneficia a la práctica de la meditación al menos en dos sentidos. En primer lugar, cada momento que le estés prestando atención al gozo amplía tu atención un poco más, y como el entrenamiento de la atención se encuentra en el centro mismo de la meditación, ese momento en que le prestas toda tu atención al gozo es en realidad un momento de práctica de la meditación, y con el tiempo se van sumando las experiencias. En segundo lugar, y más importante aun, este gozo que cultivas en las actividades comunes y corrientes hace que la mente esté más sintonizada con el gozo durante tu meditación sentado. A veces, cuando me siento, mi mente nota de repente: «Oh, mira, qué agradable es esta respiración. Qué feliz me siento». De forma inesperada, recibo un impacto gratuito de *piti* y *sukha* (el gozo de la energía y el gozo de la delicadeza) que va a alimentar mi meditación. Mientras más inclines tu mente hacia el gozo en la vida real, más gozosas y productivas tenderán a ser tus meditaciones.

«Algún día moriré», y otros pensamientos felices

Uno de los mayores impedimentos, tal vez *el mayor* de todos, en cuanto a percibir los numerosos momentos de gozo que nos llegan en la vida diaria es un fenómeno llamado **adaptación**, el cual, para nuestros propósitos en estos momentos, significa que damos las cosas por sentadas. Imagínate que

Mi actitud general ante la vida simplemente es esta: «Meh».

recibas el ascenso que siempre habías querido. Al principio, te vas a sentir eufórico, pero después de unos cuantos días, o semanas, o meses, tu reacción emocional ante ese ascenso se podría resumir en una expresión muy descriptiva que yo aprendí de los adolescentes: *meh*. Lo mismo sucede cuando consigues el auto con el que habías soñado, o la casa de tus sueños, o el trabajo soñado, o cualquier otra cosa con la que habías soñado. Después de algún tiempo, *meh*.

Hay tres maneras de superar la adaptación, y ya hemos comentado dos de ellas. La primera consiste en utilizar la atención, por ejemplo, prestándole atención al gozo. En teoría, es posible superar por completo la adaptación cuando se domina la atención. Uno de los primeros estudios científicos hechos con los monjes zen observaba este fenómeno ya en el año 1966.[6] El estudio medía la reacción neurológica de las personas ante el estímulo repetido de un chasquido producido a intervalos periódicos mientras meditaban.

No es de sorprenderse que el cerebro de un meditador novato se habitúe al sonido, y después de un tiempo bastante corto, deje de reaccionar ante él. En cambio, el meditador maestro puede tomar la decisión de no adaptarse al sonido. Así que, aun después de numerosos chasquidos, la mente altamente entrenada sigue reaccionando ante cada chasquido, casi como si lo estuviera oyendo por vez primera. La tradición zen se refiere poéticamente a esto como «mente zen, mente de principiante». Aun para aquellos de ustedes que estén leyendo este libro y no sean maestros de zen —y ustedes saben quiénes son—, mientras más practiquen la concientización, más probable es que sean capaces de regular la adaptación, disminuyéndola a partir de la fortaleza de su concientización, y disfrutar así de nuevo los placeres que les ha traído el día.

La segunda manera de superar la adaptación es la gratitud. La gratitud pone en su perspectiva correcta lo preciosa que cada experiencia de gozo es en realidad. Algunos ejemplos: ese ascenso que me dieron es muy valioso; lo sé porque trabajé años para alcanzarlo. El hecho de ser el dueño de mi auto y de mi casa es también valioso, y lo sé porque estuve ahorrando durante años para conseguir mi casa y mi auto. Tener un hijo que me ama es algo muy precioso, porque conozco a muchas personas que no lo tienen. Tener buena salud es algo muy valioso. Poder sustentarme bien en la vida es muy valioso. Vivir en un país donde hay paz (es decir, no tener que vivir en una zona de guerra) es algo muy valioso. Tener acceso fácil a los alimentos y a un agua limpia es muy valioso. Poder ver el cielo azul y el césped verde es muy valioso. De hecho, todas las cosas agradables de la vida son muy preciosas, porque cualquier cosa buena puede desaparecer de un momento a otro. Puedo perder la salud; me pueden despedir de mi trabajo; puedo tener un accidente y quedarme ciego; puede estallar una guerra; la civilización se puede desplomar. La gratitud nos ayuda a ver que todo es valioso, y que mientras más puedas ver lo valiosas que son las cosas, menos las darás por seguras.

La tercera manera, y tal vez la más poderosa, de superar la adaptación es estar fuertemente conscientes de nuestra mortalidad. Algún día voy a morir. Todas las personas que amo también van a morir, algunas de ellas antes que yo. Aun si la ciencia y la tecnología pudieran extender la duración de la vida humana a mil años, o a diez mil años, o incluso a diez millones de años, al final voy a morir, y van a morir todas las personas a las que amo. La consciencia de la muerte es una de mis principales prácticas diarias; todos los días, al menos una vez, me recuerdo a mí mismo que voy a morir, y que todas las personas a las que amo también van a morir. El hecho de estar conscientes de la mortalidad lo cambia todo. Al menos, pone las cosas en su perspectiva correcta, nos da claridad en cuanto a lo que es realmente importante, a diferencia de lo que no lo es y, por tanto, cambia nuestra manera de establecer las prioridades en nuestra vida. Por ejemplo, mi amigo Ehon presenció cómo su mejor amigo, que tenía la misma edad que él, moría a los veintitantos años. Eso lo estremeció y le hizo darse cuenta de lo corta, valiosa y frágil que es la vida. Eso cambió la dirección de Ehon en la vida y lo convirtió en el exitoso empresario joven que es hoy. Steve Jobs, en el conmovedor discurso que pronunció en la ceremonia de graduación de Stanford en el año 2005, y que pronunció después de enterarse de la inminencia de su propia muerte, dijo:

Recordar que voy a estar muerto pronto es la herramienta más importante que he encontrado jamás para que me ayude a tomar las grandes decisiones de mi vida. Porque casi todo; todas las expectativas externas, todo el orgullo, todo temor a la vergüenza o al fracaso, esas cosas sencillamente desaparecen ante la faz de la muerte, dejando solo aquello que es realmente importante. Recordar que vamos a morir es la mejor manera que conozco de evitar la trampa de pensar que tenemos algo que perder. Ya estamos desnudos. No tenemos razón alguna para no seguir a nuestro corazón.

Es sorprendente que un tema tan morboso se halle enlazado con la felicidad. Un estudio señala que mientras menos tiempo sienta alguien que le queda en esta tierra, más probable es que obtenga felicidad de las experiencias ordinarias y, por tanto, más feliz será.[7] Una historia de la BBC titulada «El oscuro secreto de la felicidad en Bután» sugiere que los habitantes de Bután son tan felices porque piensan en la muerte cinco veces al día.[8] También cita un estudio de 2007 en el cual se indica que las personas a las que se les indicó que pensaran en su propia muerte tienen más probabilidades de formar palabras felices, como *gozo*, cuando se les pide que completen palabras a medio hacer, como *go_*.[9] De manera que es totalmente posible que el hecho de estar claramente conscientes de nuestra propia mortalidad sea uno de los secretos de la felicidad.

Mi consciencia diaria de mi propia mortalidad tiene otra consecuencia maravillosa: me hace muy difícil permanecer enojado con un ser amado durante largo tiempo. Pienso: «¿Cómo me sentiría yo si esta persona muriera mañana?». Bueno, me sentiría muy triste, y habría deseado comportarme mejor con ella mientras estaba viva. Con un pensamiento así, es muy difícil permanecer muy enojado durante mucho tiempo. Mi recomendación para ti es esta: al menos una vez diaria, recuerda que un día vas a morir, y que todos tus seres amados también van a morir. Aunque no sea por ninguna otra razón, hazlo sencillamente porque es cierto.

El gozo de no sentir dolor

No sufrir es uno de los grandes gozos de la vida. En una ocasión, tuve un terrible dolor de muelas. Tenía una muela del juicio que me estaba creciendo de lado y comenzó a empujar al molar que tenía delante, de manera que sentía un gran dolor. Necesité una dolorosa cirugía para que me quitaran esa muela del juicio y después de aquello, me dolió varios días. También me tuvieron que reparar el molar con un empaste en el lado, que terminó rompiéndose y enterrándose en la carne de la encía, de manera que sufrí mucho. Tuve que pasar por una cirugía dental de emergencia para arreglar ese problema. El dentista me hizo una

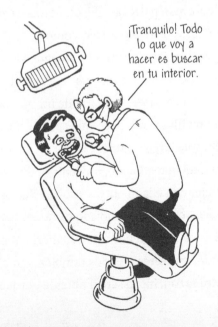

¡Tranquilo! Todo lo que voy a hacer es buscar en tu interior.

endodoncia, pero al final el molar se rompió de todas maneras y necesité otra cirugía para arreglar ese problema, lo cual me causó también gran dolor. En todos los pasos de ese proceso, yo pensaba: «¡Si no tuviera este dolor, *qué feliz me sentiría!*». Y unos pocos días después de desaparecido el dolor, me olvidé de ser feliz, hasta la siguiente vez que sufrí de un dolor parecido, en cuyo momento me dije de nuevo que si no tuviera *ese* dolor, sería muy feliz, y de nuevo, me olvidé de ser feliz unos pocos días después que desapareció ese nuevo dolor.

Si nunca me olvido de ser feliz por no estar sufriendo un dolor de muelas, estaría experimentando **el gozo de no estar sufriendo**. ¿Hay alguna manera de hacer esto? Me di cuenta de que la respuesta es que sí, y que todo comienza cuando inclinamos nuestra mente hacia el gozo.

Mi propio descubrimiento del gozo de no estar sufriendo comenzó lenta y gradualmente. Estaba haciendo las prácticas que señalo en este capítulo; inclinando la mente hacia el gozo dándole toda mi atención al gozo de mi comida, saliendo a caminar cuando había buen tiempo, observando las puestas de sol y todas esas cosas. En realidad, no estaba haciendo nada especial, más allá de prestarle atención al gozo. Con el tiempo, me di cuenta de que el número de cosas en mi categoría de experiencias que calificaban como «agradables» iba en aumento. Unas experiencias que solían ser neutrales, ni agradables ni desagradables, habían ido pasando a la categoría de «agradables».

¿Por qué? Sencillamente porque mientras más le prestaba atención al gozo en las experiencias sencillas de la vida, menos creía que eran seguras, y mientras más valoraba unas experiencias que anteriormente me habían parecido «neutrales», más me parecían agradables.

Entonces, un día, alcancé un momento crítico. Mientras estaba bebiendo un vaso de agua en mi cocina, surgió de pronto un poderoso pensamiento en mi mente que se negó a desaparecer. El pensamiento era el siguiente: **«En este momento, aquí y ahora, no tengo ningún dolor»**. Específicamente en ese momento me di cuenta de que estaba temporalmente libre del sufrimiento físico.

Por ejemplo, no me dolían las muelas. De repente, al menos una vez, me acordé de sentirme feliz por no tener dolor de muelas. Ni tener dolor de espalda, o dolor en ningún otro lugar del cuerpo. Y no tenía dolor alguno cuando caminaba, ni cuando me acostaba. Más que eso: acababa de tener acceso a un agua potable limpia, lo cual significa que no me afligía la sed. Ni me afligían el hambre o el frío. Y más aun: en esos segundos en particular, no estaba sucediendo nada especialmente malo en mi vida. No me afligían esas torturas mentales que son el odio, la ira, los celos, la envidia, las traiciones, la angustia, el duelo, el temor o el arrepentimiento. No me aflige la agitación mental que producen la codicia, la carestía, la pérdida, la preocupación o la inquietud. Caray, si solo estaba bebiendo agua en mi cocina.

Y entonces lo vi con claridad: la mayor de las libertades de las que disfruto, y también la que pienso totalmente que es segura y apenas le he prestado atención durante toda mi vida, es mi libertad temporal con respecto al sufrimiento. Sé que estoy sujeto a la vejez, las enfermedades, las lesiones, los traumas, las traiciones, la angustia, el temor y la muerte, de manera que también sé que mi libertad con respecto al sufrimiento físico y emocional es algo temporal, pero aun así, aquí y ahora mismo, tengo esa libertad.

Me paso la vida pensando en la libertad como la libertad *para* hacer cosas, pero esa libertad se vuelve trivial, comparada con la libertad mucho mayor que consiste en *no tener* aflicciones. Estoy libre de la mayor parte de las aflicciones la mayoría de los minutos de mi día, y hasta entonces, no le había prestado a esa libertad ni jota de atención, ni me había regocijado en ella por un solo instante. De aquí que, si puedo aprender a permanecer en el gozo de no estar sufriendo, voy a disponer de una gran cantidad de momentos gozosos. Allí mismo, en la cocina, me había tropezado con una de las fuentes mayores de gozo en la vida.

Nos podríamos preguntar: «¿Cómo es que eso no nos viene de manera natural? ¿Por qué no nacemos todos para estar siempre automáticamente llenos de gozo cada vez que no nos aqueja ningún dolor?».

Me parece que hay una sencilla razón: que para mantenernos en el gozo de no tener ningún dolor, es necesario que notemos la **ausencia** de dolor, y notar la ausencia de los diversos fenómenos no es algo que nos venga de manera natural. Cuando nos estimula el surgimiento de un fenómeno, como

algo que vemos u oímos, por ejemplo, lo sentimos, lo percibimos, lo conoce-
mos, y entonces surgen en nosotros pensamientos a raíz de ese fenómeno. En
otras palabras, la mente se siente estimulada para participar en ese fenómeno.
En cambio, la ausencia de fenómenos no produce estímulo alguno que nos
lleve a sentir, percibir o conocer. La única forma en que la mente puede participar es llevar volitivamente su consciencia a esa ausencia. Podemos escuchar
el sonido del silencio, por ejemplo. Así que nos hace falta cierto esfuerzo voli-
tivo para llegar a estar conscientes de la ausencia de algo que no esté sucediendo, y esa es la razón por la que esto no se nos da de manera natural. La buena
noticia es que podemos entrenar esta consciencia como hábito mental. Mientras más decidido estés a notar la ausencia de ciertos fenómenos, menos
esfuerzo necesitarás, y lo estarás haciendo de manera automática.

Es que se leyó
el libro nuevo
de ese tipo que
se llama Meng.

Para entrenar tu mente a fin de que adquiera consciencia de la ausencia
del dolor, de vez en cuando analízate a ti mismo para ver si sientes algún dolor,
y donde no tengas dolor, recuérdate a ti mismo que no lo tienes, y si surge de
ese pensamiento algún gozo, entonces préstale atención a ese gozo. Si en estos

momentos no tienes ningún dolor de muelas, recuérdate a ti mismo: «En este instante no tengo dolor de muelas», y préstale atención al gozo que eso haga surgir en ti. Aunque estés sufriendo en un sentido, te seguirá siendo posible recordar que no estás sintiendo dolor en ningún otro sentido. Por ejemplo, tal vez me duela la espalda, pero no tenga dolor de muelas, así que todavía me puedo recordar a mí mismo: «En estos momentos no tengo dolor de muelas».

Más poderoso aun que notar la ausencia del dolor físico es el poder notar la ausencia de sufrimientos mentales y emocionales. Por ejemplo, si en estos momentos no estás sintiendo ningún odio, recuerda: «Ahora mismo no estoy sufriendo el dolor que produce el odio», y una vez más, préstale atención al gozo que surja en ti como producto de ese pensamiento.

PRÁCTICA INFORMAL: NOTAR LA AUSENCIA DE DOLOR

Con regularidad, quizá una vez al día, o tal vez con mayor frecuencia, hazte consciente de tu cuerpo, para ver si está experimentando algún dolor. ¿Tienes un dolor de cabeza, o de muelas, o de cuello, o de espalda, o de estómago? Si hay alguna de esas partes de tu cuerpo donde no tienes dolor, te puedes recordar a ti mismo: «En este instante no tengo dolor de cabeza (de muelas, de cuello, etc.)». Si al pensar eso surge en ti algún gozo, préstale atención a ese gozo.

También de forma periódica, quizá una vez al día, o tal vez con mayor frecuencia, trata de estar consciente con respecto a tu mente, para ver si hay en ti alguna experiencia de sufrimiento mental o emocional. ¿Estás sintiendo el dolor de la angustia, el sufrimiento, el odio, la ira, los celos, la envidia, el deseo, la codicia, el temor o la desesperación? Si no estás sintiendo ninguna de esas fuentes de dolor, te puedes recordar a ti mismo: «En este momento no me aflige el dolor de la angustia, el sufrimiento o el odio, etc.». Si ese pensamiento hace surgir en ti algo de gozo, préstale atención a ese gozo.

Nota que ha desaparecido

Hay una sencilla práctica que puede mejorar muchísimo tu capacidad para notar la ausencia de dolor, aunque no tiene que ver únicamente con el dolor. «Notar que ha desaparecido» es una forma poderosa de practicar con cualquier fenómeno. Con ella entrenamos a nuestra mente a notar que ha desaparecido algo que anteriormente estábamos sintiendo. Por ejemplo, al final de una respiración, nota que esa respiración ha terminado. Se ha ido. Cuando se va desvaneciendo un sonido, nota cuándo termina. Se acabó. Al final de un pensamiento, nota que ese pensamiento se ha terminado. Se fue. Al final de una experiencia de emoción, como el gozo, la ira, la tristeza o cualquier otra, nota que se terminó. Ya se fue.

Sin lugar a dudas, este ejercicio es una de las prácticas de meditación más importantes de todos los tiempos. El maestro de meditación Shinzen Young dice que si solo se le permitiera enseñar una técnica de concentración, y ninguna otra, esta sería la que enseñaría. Aquí tienes las instrucciones para la práctica informal del notar que ha desaparecido, tomadas del artículo de Shinzen titulado «El poder de lo desaparecido».[10]

PRÁCTICA INFORMAL: NOTAR QUE HA DESAPARECIDO ALGO

Cada vez que desaparece de forma repentina toda una experiencia sensorial, o parte de ella, nótala. Al hablar de notar quiero decir que reconozcas con claridad cuando detectas el punto de transición entre el que toda ella se halle presente y el que, al menos parte de ella, ya no siga estando presente.

Si lo deseas, puedes usar una etiqueta mental para que te ayude a notarlo. La etiqueta para esos finales repentinos dice: «Se fue».

Si no se desvanece nada durante un tiempo, está bien. Solo mantente constante hasta que algo lo haga. Si comienzas a preocuparte con respecto

(Continúa)

al hecho de que no está terminando nada, nota cada vez que termina ese pensamiento. Eso sería un «Se fue». Si tienes una gran cantidad de frases mentales, tendrás una gran cantidad de períodos mentales... detenciones en firme, ocasiones de distintos «Se fue».

Y ahora, aquí tienes las instrucciones que te sugiero para la práctica formal.

PRÁCTICA FORMAL: NOTAR QUE HA DESAPARECIDO ALGO

Siéntate en cualquier postura que te permita estar alerta y relajado al mismo tiempo, según lo que signifique esto para ti. Puedes mantener los ojos abiertos o cerrados.

Siéntate en meditación durante tantos minutos como quieras. Aplícale una intensa atención al final de cada una de tus respiraciones, viendo con claridad el momento en que termina. Al final de una exhalación, si lo deseas, puedes notar silenciosamente para ti mismo: «Se fue».

Si surge algún pensamiento o alguna sensación, mira si los puedes observar hasta que se desvanezcan. Si cesa en algún instante, aunque sea por un momento, nótalo. Si lo prefieres, te puedes hacer notar a ti mismo: «Se fue».

Puedes terminar esta meditación en cualquier momento. En el momento en que termina la meditación, nota que ya ha terminado. Si lo deseas, puedes hacértelo notar a ti mismo: «Se fue».

La práctica de notar que algo ha desaparecido cambia la manera en que nosotros percibimos los fenómenos de tres maneras importantes. En primer lugar, trae un equilibrio a nuestra percepción de los sucesos sensoriales y mentales. Todo suceso sensorial o mental tiene tres partes: surgimiento, presencia y cesación. La mayoría de nosotros estamos conscientes del surgimiento y de la presencia, pero raras veces lo estamos de la cesación. En otras palabras, nuestra experiencia con respecto a los sucesos sensoriales y mentales es desequilibrada: muchas veces los vemos venir, pero raras veces los vemos ir. Al notar que se han ido, estarás restaurando tu equilibrio perceptivo, y de esa manera te estarás moviendo hacia la capacidad para ver las cosas como son en realidad.

En segundo lugar, y más importante aun que traer el equilibrio a nuestra percepción, la práctica de notar que algo ha desaparecido nos ayuda a ver con claridad la falta de permanencia inherente a todos los fenómenos. En todas las experiencias relacionadas con la vista, el sonido, el olor, el gusto o el tacto, hay un momento en que desaparecen. Todas las experiencias sensoriales tienen un momento de «Se fue». Todos los placeres sensuales tienen un momento de «Se fue». Incluso, o especialmente, el placer del orgasmo sexual tiene un momento también de «Se fue». Al ver con frecuencia que las cosas se van, la mente comienza a comprender la naturaleza de esta falta de permanencia. Se da cuenta de que **«Todo lo que está sujeto a un origen está sujeto también a una cesación»**. Cuando la mente comprende íntimamente la naturaleza de la falta de permanencia, comienza a ver la gratificación de los placeres relacionados con los sentidos como una forma insatisfactoria de crear una felicidad perdurable. Por eso, deja de aferrarse con tanta desesperación a los placeres de los sentidos, y mientras menos desesperadamente se aferre a ellos, menos sufre por el hecho de ser esclava de ellos, mayor es la libertad de la que disfruta y más gozosa se convierte.

En tercer lugar, y tal vez esto sea lo más importante, está la capacidad para ver que **el yo es un proceso; no un objeto.** Solemos experimentar el yo como un objeto, como si existiera una cosa que se llamara «yo». Sin embargo, para una mente muy bien entrenada, las cosas tienen unos cuantos matices más. Cuando puedas percibir tus procesos mentales con una resolución lo suficientemente alta, es posible que descubras que la mente crea de modo continuo un sentido del yo, en reacción a la información que nos dan los sentidos y a los pensamientos que van surgiendo. Cuando la mente está tan serena que no reacciona de manera compulsiva a la información de los sentidos, ni genera pensamiento alguno, puede haber momentos en los cuales no surja el sentido del yo. Cuando la mente está serena, despierta y entrenada para ver con claridad que las cosas desaparecen, podría ser capaz de ver los momentos en los cuales el sentido del yo se ha desvanecido, antes que la mente vuelva a crear ese sentido del yo. Entonces podrá percibir el yo como un proceso en continuo movimiento, y no como un objeto sólido. Al reconocer esto, nuestro sentido del yo se vuelve deleitosamente fluido, y adquirimos un gozoso sentido de ligereza en la vida.

No esperes tener gozo en todo momento, en toda meditación ni todos los días

A medida que comiences a inclinar tu mente hacia el gozo, tus sesiones de meditación se podrán volver cada vez más gozosas. Podrás tener más momentos de gozo en tu día. No obstante, te debo advertir, por favor, que no esperes tener gozo todo el tiempo. En general, mientras más practiques con el gozo, más gozo tendrás y más lo vas a notar, pero no es realista esperar sentirte bien en todas las meditaciones y en todos los minutos. ¿Por qué?

La primera razón es la variación normal que se produce de día a día en nuestras condiciones de vida. Algunos días, es posible que te sientas cansado, porque no pudiste dormir lo suficiente, o porque te está doliendo la espalda, o porque de repente recordaste una pelea que tuviste con tu cónyuge hace tres días, y sobre la cual aún estás echando chispas, o porque comiste demasiado en la cena, o porque el trabajo te ha producido estrés. Habrá días en los cuales ni siquiera sabrás por qué te sientes abatido. Aunque te las arregles para hacer brotar el gozo, tendrás días en los cuales se te va a desvanecer con rapidez, y vas a estar demasiado cansado para hacer que vuelva a brotar. Así que en algunos días es más fácil hacer surgir el gozo, y más difícil en otros. Cualquiera que sea el caso, incluso si esta dificultad persiste, por favor, no pienses que tu entrenamiento te está fallando. Esto es solo un reflejo de una mente imperfecta en medio de las variaciones de un día para otro en un mundo imperfecto. Hasta un corredor consumado podría descubrir en algunos días que no disfruta corriendo, o que no puede rendir a su nivel acostumbrado. Eso no significa que su entrenamiento no esté funcionando. Solo significa que está pasando por unos días malos, o al menos, no tan buenos. En el entrenamiento de la mente también sucede que hay días malos, o al menos no tan buenos.

No sé por qué me parece que tu técnica funciona mejor con los perros.

La segunda razón es que a veces nos suceden cosas terribles. Entonces se nos presenta de manera natural un sufrimiento emocional, incluso a los meditadores experimentados, que son capaces de acceder al gozo cuando quieren en circunstancias menos extremas. Ese dolor puede durar meses. Bajo esas circunstancias, es importante que continúes la práctica de la meditación, tanto formal como informal, no a pesar de que te sea difícil, sino precisamente *porque* te es difícil. Es como la terapia física para un corredor que sufre fuertes lesiones cuando lo atropella un auto. Tal vez no pueda correr durante meses, pero eso no hace de él un atleta fracasado. Sus dolorosos esfuerzos en la rehabilitación no son señales de debilidad. Al contrario; el hecho de que esté dispuesto a luchar manifiesta espíritu y fortaleza.

Yo he pasado por períodos muy dolorosos, en los cuales mi práctica aún no era lo suficientemente fuerte para evitar que me abrumara el dolor emocional. Me trataba a mí mismo con extrema dureza, porque era un meditador experimentado. *Se suponía* que lo pudiera hacer, pero estaba claro que estaba fallando; sobre todo, fallando en cuanto a hacer surgir el gozo. «Debo ser mucho menos valioso de lo que yo mismo me creía», me decía. Eso le añadía toneladas de peso innecesario a mi sufrimiento. Quiero alertar a todos los que se están entrenando en cuanto a tener el cuidado de no caer en esta trampa, en especial en cuanto al camino del gozo. Volveremos a hablar de esto en el capítulo 6, cuando exploremos el trabajo con el sufrimiento emocional.

Por otra parte, tal vez te sorprendas. Cuando practicas la inclinación de la mente hacia el gozo, este tiende a producirse, incluso cuando menos te lo esperas. Cuando la ladera de la mente, por usar de nuevo esa hermosa metáfora, se inclina hacia el gozo, este tiene muchas más probabilidades de aparecer. Chris, un estudiante del maestro de meditación Soryu Forall, observaba que, como consecuencia de su práctica, él había comenzado a sonreír «sin razón aparente alguna»:

Estoy más feliz y más lleno de gozo que nunca antes.

He aquí cómo sé que tengo más gozo: estoy sonriendo más. De hecho, para mí, esa fue una de las primeras indicaciones de que mi meditación iba bien. Yo solía pensar que mi progreso estaría marcado por unas experiencias grandiosas y sobrecogedoras. En lugar de eso, descubrí algo mucho más sutil. Con el tiempo, comenzó a surgir algo a lo que me refiero como «el reflejo de la sonrisa». Estaba sentado en meditación, surgía un dolor físico y entonces, sonreía sin ninguna razón aparente. Eso comenzó a pasarme también fuera del cojín. Tal vez me encuentre en alguna situación incómoda, tal vez un poco confuso, nervioso o asustado, y se produce en mí el reflejo: sonrío. Con el tiempo, a medida que he practicado, se me ha vuelto más fácil sonreír; presentar una verdadera sonrisa sincera. Una sonrisa verdadera contiene gozo. Y aquello comenzó a burbujear cada vez más en mi vida. Solía estar deprimido, y siempre he sido socialmente ansioso, pero el hecho de ser capaz de sonreír de veras y de esa manera acceder a algo de gozo, aunque solo sea por un instante, ha sido realmente poderoso. Cuando uno está sonriendo, no tiene mucho lugar para la negatividad, y la gente parece darse cuenta. Aunque es un tanto difícil de explicar, me parece que ahora soy más feliz y por tanto, menos negativo, lo que al parecer atrae a la gente. Recientemente, tuve una entrevista de trabajo y, a pesar de estar nervioso, pude sonreír y manifestar algún gozo. Al parecer, funcionó. Me ofrecieron el trabajo y el director incluso me llegó a decir: «¡Usted me cae bien!».

La vida sigue siendo dura; todavía me dejo arrastrar por el estrés y el temor, pero siempre me recupero. De alguna manera me las arreglo para regresar a esta felicidad y a la sensación de que todo está perfecto tal como está. Como consecuencia de eso, ha crecido en mí la seguridad necesaria para enfrentarme a cuantos problemas se me presenten. Me doy cuenta de que hay cosas difíciles que tengo que hacer en este mundo, pero no las puedo hacer sin poder apoyarme en una felicidad interior. La vida es tan seria que tiene necesidad de gozo y diversión. Espero que esto tenga sentido.[11]

Una práctica diaria para inclinar a la mente hacia el gozo

En primer lugar y por encima de todo, préstale atención al gozo. Cultiva la habilidad de percibir esos pequeños pedazos de gozo, tanto en la meditación formal como también en la vida diaria. Eso se hace al prestarle atención al gozo. Mientras más les prestes atención a esos pequeños pedazos de gozo, más fácil te será tener acceso a ellos.

Las prácticas informales que aparecen en este capítulo pueden mejorar ampliamente tu calidad de vida sin tomarte tiempo alguno. Por ejemplo, la práctica de prestarles atención a las experiencias agradables que se producen en los detalles de todos los días, como ponerle toda nuestra atención al primer bocado de cada comida, o al primer momento de cada ducha, garantiza el que aumente tu felicidad en la vida. Además, te recomiendo altamente la práctica formal de las tres respiraciones para invitar y atender al gozo.

Si eres un meditador experimentado, la práctica de notar que ha desaparecido es especialmente importante para ti. Puede acelerar grandemente tu crecimiento en la meditación. Si no eres un meditador experimentado, es probable que te debas centrar en las prácticas más fáciles, como la de notar el gozo en la respiración. Sin embargo, aun así, te recomiendo que practiques de vez en cuando la práctica de notar que ha desaparecido. Si llevas a cabo las prácticas que te presento en este capítulo, pronto podrás inclinar tu mente hacia el gozo. Al final, tu mente estará inclinada hacia él con tanta fuerza que aparecerá sin mucho esfuerzo, tanto en tu meditación como en tu vida.

CAPÍTULO CINCO

Enriquece tu mente en segundos

El gozo de las prácticas del corazón

¿Podrías transformar otro día en el trabajo, potencialmente infeliz, en tu día de mayor felicidad en siete años? Jane lo logró en solo ochenta segundos. Veremos cómo lo hizo y cómo tú también lo puedes hacer.

Hasta el momento, hemos aprendido a serenar la mente para que surja el gozo e inclinarla hacia ese gozo. En este capítulo vamos a aprender el último de los tres pasos en el entrenamiento de la mente para que acceda al gozo al instante. Aquí, enriquecemos la mente dándole una saludable inyección de gozo sano; un cóctel formado por tres sublimes estados mentales: el amor bondadoso, la compasión y el gozo altruista.

El amor bondadoso y el día
más feliz en siete años

En muchas de mis charlas guío a las personas en un ejercicio muy sencillo que dura diez segundos. Les digo a los que están en el auditorio que cada uno de ellos identifique a dos seres humanos que están en la sala y solo piensen: «Quiero que esa persona sea feliz y quiero que aquella también sea feliz». Eso es todo. Les recuerdo que no deben hacer ni decir nada, sino pensar. Este es un ejercicio que consiste únicamente en pensar. Todo el ejercicio se lleva solo diez segundos de pensamiento. Todo el mundo sale del ejercicio sonriendo, más feliz que diez segundos antes. Ese es el gozo del **amor bondadoso.**

Resulta que el hecho de ser el que brinda un pensamiento bondadoso es gratificante en sí mismo. Solo *pensar* que quiero que otra persona sea feliz me hace a mí feliz. Sospecho que existe alguna razón de tipo evolutivo detrás de eso. Los humanos somos unos animales ultrasociales. Sobrevivimos como especie porque somos capaces de vivir y trabajar estrechamente unidos en grandes números. Mi amigo, el psiquiatra y autor Tom Lewis, tiene una forma divertida de hablar acerca de esta ultrasociabilidad.

¡Ah! ¡Así es como se mantiene siempre feliz, todo el tiempo!

Dice que en una ocasión estaba en el zoológico mirando a los tigres, cuando un empleado le dijo que no se pueden poner dos tigres machos en el mismo espacio, porque se matarían entre sí. De repente, Tom se dio cuenta de que aquel día había diez mil visitantes en el zoológico, y ninguno de los cinco mil varones humanos estaba tratando de matar a otro. Eso, me dijo él con una traviesa sonrisa, es la ultrasociabilidad. Para tener ultrasociabilidad, necesitamos tener el mecanismo neurológico que permita que exista esa ultrasociabilidad, y yo creo que el ejercicio de diez segundos ilumina el apoyo que tiene ese mecanismo: el gozo del amor bondadoso; el que solo ser el que brinda un pensamiento bondadoso se siente internamente gratificado.

Si eso es cierto, tal vez hayamos acabado de descubrir uno de los secretos más importantes de la felicidad. Si todos los demás factores permanecen iguales, para aumentar tu felicidad, todo lo que tienes que hacer es desear que alguna otra persona sea feliz. Eso es todo. Básicamente, no toma ni tiempo ni esfuerzo. Este es otro concepto transformador clave, de los que aparecen en este libro. Ha sido un placer.

¿Hasta dónde puedes llevar este gozo del amor bondadoso? Una vez, di una charla en un centro de meditación llamado Spirit Rock, en California. Como de costumbre, guié a los presentes con este ejercicio de diez segundos y, solo por divertirnos, les asigné una tarea. La charla era un lunes por la noche, y el día siguiente, un martes, era día de trabajo, de manera que les dije que hicieran ese ejercicio el martes: una vez por hora, todas las horas, debían identificar al azar a dos personas que pasaran junto a su oficina, y desearles en secreto que fueran felices. Ellos no tenían que hacer ni decir nada, sino solo pensar: «Quiero que esta persona sea feliz». Y, como nadie sabe lo que uno está pensando, no tenía nada de vergonzoso; podían realizar todo el ejercicio sin que los detectaran, y después de diez segundos de hacer aquello, volver a su trabajo. Eso era todo. Aquella semana, el miércoles por la mañana, recibí un mensaje electrónico de Jane, una persona totalmente desconocida (ese no es su verdadero nombre). Jane me decía: «Detesto mi trabajo. Cada día, detesto tener que venir a trabajar. Pero asistí a su charla del lunes, hice mi tarea el martes, y ese martes fue mi día más feliz en siete años».

El día más feliz en siete años. ¿Y qué hizo falta para que lo lograra? Le tomó solo diez segundos en los cuales deseó que otras dos personas fueran felices, y lo repitió ocho veces; un total de ochenta segundos dedicados a ese pensamiento. Ese, mi amigo, es el maravilloso poder del amor bondadoso.

En una ocasión le hablé a una clase en la Universidad de Stanford y les asigné la misma tarea: desear que dos personas fueran felices una vez por hora durante las horas de clase. A Mischa, una de las estudiantes, le agradó tanto aquello que lo llamó su «pistola de rayos de felicidad» y le añadió un efecto de sonido «pum, pum» en su mente cada vez que deseaba que alguien que pasaba junto a ella fuera feliz. Por favor, siéntete en libertad de hacer lo mismo.

PRÁCTICA INFORMAL: DESEAR LA FELICIDAD PARA LAS PERSONAS, ESCOGIÉNDOLAS AL AZAR

Durante las horas de trabajo o de clases, identifica al azar a dos personas que pasen por tu lado, o que estén de pie o sentadas cerca de ti. Deséales en secreto que sean felices. Solo piensa: «Quiero que esta persona sea feliz y quiero que aquella persona también sea feliz». En esto consiste toda la práctica. No hagas nada; no digas nada. Solo piensa. Este ejercicio es totalmente del pensamiento.

Si lo prefieres, puedes hacer esto en cualquier momento del día, todo el tiempo que lo desees. También lo puedes hacer en cualquier otro lugar. Si no hay nadie presente, puedes traer a tu mente a una persona con el propósito de realizar con ella el ejercicio.

Incluso si quieres, puedes fingir que les estás disparando con una «pistola de rayos de gozo» y hacer en tu cabeza los efectos de sonido: «pum, pum». Para eso no se necesitan baterías.

Para familiarizar la mente con el gozo del amor bondadoso

Hay muchas cosas maravillosas en cuanto al gozo del amor bondadoso. En primer lugar, lo puedes iniciar con un simple pensamiento, y es fácil iniciar los pensamientos. Por ejemplo, comparado con otras fuentes, el gozo procedente de los placeres sensoriales exige el acceso a un objeto agradable al que la mente aún no se ha habituado, lo cual no siempre es fácil de conseguir. Incluso el gozo de la comodidad, como aprendimos en los capítulos 2 y 3, te exige que pongas tu mente en un estado de calma, lo cual les exige a algunas personas cierta cantidad de práctica. En cambio, todo lo que hace falta para iniciar el gozo del amor bondadoso es un simple pensamiento: «Deseo que esta persona sea feliz». Todo ser humano consciente que he conocido en toda mi vida sabe de qué manera iniciar un pensamiento. De aquí que el gozo del amor bondadoso sea altamente accesible.

En segundo lugar, esta fuente de gozo es muy sana. En el capítulo 4 definimos una fuente sana de gozo como una que no ha sido contaminada por la codicia, la mala voluntad o las semillas de un sufrimiento futuro. El amor bondadoso se ajusta por completo a esta definición y, más importante aun, es un antídoto contra la mala voluntad que añade una bondad sana que toda mamá aprobaría.

En tercer lugar, como todas las otras fuentes sanas de gozo mencionadas en este libro, el gozo y el estado mental sano del cual surge se refuerzan entre sí, formando un ciclo virtuoso entre ambos. En este caso, el gozo del amor bondadoso posibilita más que nos sintamos benignos y amorosos, lo cual a su vez hace más probable que experimentemos el gozo del amor bondadoso. Por tanto, una manera clave de llevar a su nivel óptimo el funcionamiento de este ciclo virtuoso consiste en familiarizar la mente con el gozo del amor bondadoso.

Mientras más se familiarice la mente con ese gozo, con mayor claridad lo experimentarás y con mayor fuerza creará las condiciones futuras para el amor bondadoso. ¿Cuál es la mejor forma de familiarizar la mente con ese gozo? Sí, la respuesta está en una atención repetida. Al prestarle atención al gozo del amor bondadoso de manera repetida, nuestra mente se familiariza con él.

Aquí tienes una práctica breve y poderosa para familiarizar tu mente con el gozo del amor bondadoso. Solo tenemos que hacerla unos pocos minutos. Cuando comiences cada minuto, trae a tu mente alguna persona por la cual te es muy fácil sentir ese amor bondadoso. En general, la mejor persona para eso es alguien por quien sientes un amor incondicional, como un hijo tuyo. Después de traer a tu mente a esa persona, deséale la felicidad. Lo más probable es que surja en ti gozo del amor bondadoso; si eso sucede, préstale toda tu atención al gozo, hasta que se disipe. Durante el resto del minuto, solo descansa la mente. Y cuando comience el siguiente minuto, inicia el ciclo de nuevo.

PRÁCTICA FORMAL: PRESTARLE ATENCIÓN AL GOZO DEL AMOR BONDADOSO

Siéntate en cualquier postura que te permita estar alerta y relajado al mismo tiempo, según lo que signifique eso para ti. Puedes mantener los ojos abiertos o cerrados.

Repite este ciclo una vez por minuto: trae a la mente alguna persona por la cual te es muy fácil sentir un amor bondadoso. Deséale que sea feliz. Es probable que surja en ti el gozo del amor bondadoso, y si esto sucede, préstale toda tu atención al gozo hasta que se desvanezca. Durante el resto del minuto, solo descansa la mente.

Cuando comience el minuto siguiente, comienza de nuevo el ciclo, hasta un total de tres minutos.

No obstante, esto lo puedes hacer la cantidad de minutos que decidas. No tienes que cumplir al pie de la letra el régimen de una vez por minuto. Siéntete libre para descansar la mente todo el tiempo que quieras entre dos ciclos. El ritmo no es lo importante; la única cosa que es importante es que le prestes atención al gozo del amor bondadoso. Eso es todo.

El amor bondadoso es la «Droga de entrada» a la compasión

La práctica del amor bondadoso nos lleva a otra cualidad muy importante que tiene el poder de estimular la mente: la compasión. ¿Cuál es la diferencia entre el amor bondadoso y la compasión? Dicho en pocas palabras, el amor bondadoso es el deseo de que nosotros mismos, u otras personas, seamos felices, mientras que la compasión es el deseo de que nosotros, u otras personas, estemos libres de sufrimiento. Parecerían ser la misma cosa, pero hay por lo menos dos diferencias importantes.

En primer lugar, la compasión comprende de forma necesaria un componente motivacional, mientras que esto no es siempre cierto al hablar del amor bondadoso. Si ves a alguien que está sufriendo, y surge en ti un fuerte sentimiento de compasión, experimentarás algún grado de motivación para hacer algo. Esa motivación, que es posible que sientas casi como una obligación, siempre está presente en la experiencia de la compasión en uno u otro grado. En cambio, esa motivación no siempre se encuentra presente en el amor bondadoso. Si deseas que alguien sea feliz, y no lo es, unas veces te sentirás motivado a hacer algo, pero otras te limitarás a encogerte de hombros y pensar: «Bueno, tal vez mañana él sea feliz».

Tuve una conversación con el eminente psicólogo Paul Ekman, en la cual me relató una historia que me hizo ver la naturaleza compulsiva de la compasión. Me habló sobre un estudio acerca de los héroes. Al parecer, existen por lo menos dos categorías de héroes. Una es la categoría de esas personas que entran corriendo a los edificios incendiados, que se tiran a los ríos o saltan a la vía del tren para salvarle la vida a alguien totalmente desconocido. Unos seres humanos asombrosos. Paul me dijo que hay otra categoría más admirable aun de héroes, en la cual se incluyen, por ejemplo, las personas que vivieron bajo el dominio de los nazis y que escondieron en sus propias casas a personas para ellos desconocidas, a fin de protegerlas. La primera categoría de héroes es la de los que toman una decisión en menos de un segundo, sin tener mucho tiempo para pensar en las consecuencias. En cambio, la segunda categoría de héroes está formada por los que han tenido tiempo para pensar en los peligros a los que se estaban exponiendo a sí mismos y a sus familias, y día tras día, tomaban la decisión consciente de seguir escondiendo personas totalmente extrañas en sus casas para protegerlas. Así que esta segunda categoría de héroes es más asombrosa aun que la primera. La pregunta es por qué. ¿Por qué nadie habría de arriesgar su propia vida y su integridad física por personas totalmente ajenas, sin esperar recompensa alguna? ¿Y por qué nadie estaría dispuesto a hacer eso conscientemente día tras día durante meses o años? Paul me dijo que cuando se entrevistaba a los héroes de las dos categorías, todos daban diferentes variantes de la misma respuesta exactamente: no podía hacer otra cosa. Por ejemplo, habrían podido decir: «No podía dejar que se murieran. ¿Qué otra decisión podía tomar?» o bien, habrían podido decir: «Ese niño se estaba ahogando. ¿Qué otra cosa podría haber hecho? No me podía quedar allí parado sin hacer nada». En otras palabras, todas las formas genuinas de heroísmo tienen una cosa en común: la compulsión que brota de la compasión. El amor bondadoso comprende pocas veces esa misma compulsión.

La segunda diferencia importante entre el amor bondadoso y la compasión está en que el amor bondadoso es más fácil para una mente sin entrenamiento. Para hacer despertar el amor bondadoso, todo lo que tiene que hacer la persona es pensar: «Quiero que esa persona sea feliz». Tras ese pensamiento, se experimenta una sensación cálida y agradable en la región que rodea al corazón, y surge el gozo, que no siempre puede que sea perceptible para la mente no entrenada, pero de una u otra forma, es un ejercicio fácil de hacer. En la mayoría de los casos, lleva a un breve momento de un gozo placentero, pero incluso en el peor de los casos, no sucede nada; no hay inconvenientes ni dificultades. En cambio, la compasión es mucho más difícil, porque nos obliga a enfrentarnos al sufrimiento. Para practicar la compasión, es necesario que pensemos: «Yo quiero que esta persona esté libre de sufrimientos». En el peor de los casos, significa que necesitamos reconocer el sufrimiento. Con mucha frecuencia, también necesitamos percibirlo, sentirlo, mirarle a la cara. En la mente no entrenada, mirar al sufrimiento a la cara, ya sea el propio o el de otras personas, muchas veces hace surgir el temor, el pánico, la aversión o al menos una gran incomodidad. De aquí que nuestro instinto natural sea apartar la mirada.

Cuando era un meditador novato, decidí que la compasión era demasiado difícil para mí. «Oye, mira, no soy ningún santo», me decía. Mirar al sufrimiento es difícil; demasiado para un simple humilde mortal como yo. En el mundo hay muchas personas santas y heroicas que son mucho mejores que yo, así que ellos se pueden ocupar de ese asunto de la compasión, y yo me puedo limitar a quedarme aquí sentado para vivir tranquilo, muchas gracias. Y, sin embargo, algo me seguía incomodando. De forma instintiva, sabía que la compasión tenía que ser una parte central de mi práctica, pero no sabía por qué, y era demasiado cobarde para averiguarlo.

Lo que hizo el cambio en mí fue un estudio científico que leí, llevado a cabo por un francés llamado Matthieu Ricard. Matthieu era un joven científico que, después de obtener su doctorado en genética celular en el Instituto Pasteur, decidió que realmente quería dedicar su vida a estudiar con grandes maestros espirituales tibetanos y practicar el budismo cuando creciera.

Cuarenta años de monje y cuarenta mil horas de meditación más tarde, Matthieu se convirtió en uno de los primeros meditadores del mundo que tenían más de diez mil horas de entrenamiento en la meditación, y cuyo cerebro fue estudiado con IRMf (imagen por resonancia magnética funcional, con la cual se mide la actividad del cerebro detectando los cambios asociados en el movimiento de la sangre). Era la primera vez que alguien hacía esos estudios con rigor científico, así que los investigadores no estaban seguros del todo en cuanto a lo que pudiera resultar de ellos. Decidieron que estudiarían unas pocas de las numerosas técnicas de meditación, en particular la meditación sobre la compasión incondicional, para ver qué sucedía. Cuando Matthieu estaba en la máquina de IRM meditando sobre la compasión, y lo estaba haciendo con doscientos cincuenta y seis electrodos conectados a su cuero cabelludo para un estudio de electroencefalografía (EEG), los cambios registrados por el equipo se salieron tanto de las gráficas que los investigadores pensaron que probablemente estuvieran midiendo alguna clase de artefacto, de manera que tuvieron que volver a revisar parte del equipo.

Sin embargo, una y otra vez se obtuvieron unos resultados muy similares con Matthieu y con muchos meditadores de mucho tiempo más, tanto practicantes monásticos como laicos, tanto hombres como mujeres, procedentes del oriente o del occidente: la diferencia entre esos meditadores y los sujetos no entrenados no se debía tanto a las cualidades especiales de los individuos, aunque de hecho sí hubo algunas diferencias entre los sujetos, sino a la naturaleza del entrenamiento por el que habían pasado. Todos los meditadores con más de diez mil horas de entrenamiento en la meditación pudieron reproducir unos resultados similares en el mismo laboratorio.

Además de no ser un santo, tampoco soy un científico especializado en el cerebro. Leí las gráficas, pero no vi con claridad de qué manera comprenderlas en cuanto a la experiencia en sí, de manera que le pedí a mi estimado amigo Richie Davidson, el investigador que dirigió esos estudios, que me las explicara de una manera que hasta yo pudiera comprender. Richie me dijo que me imaginara el nivel de emoción que surge cuando ves que un elefante se lanza contra ti o que me imaginara, en lugar de eso, que tuviera unas emociones positivas de esa misma intensidad, y me imaginara que yo fuera capaz de hacerlas surgir a discreción en unos segundos. Eso es lo que el cerebro de Matthieu y los de otros meditadores pueden hacer. ¡Increíble!

Lo más asombroso para mí en cuanto a ese experimento fue el nivel de felicidad que se registró en el caso de Matthieu. En una medida de felicidad en su cerebro, en la cual el cero es el punto neutro, y los puntos negativos cada vez mayores indican la magnitud de su felicidad, en la que –0,3 se describe como «beatífica», la felicidad de Matthieu midió –0,45.[1] La prensa le puso el apodo del «hombre más feliz del mundo».

¡Ja! ¡Y yo que pensaba que era el hombre más feliz del mundo!

Quedé estupefacto. **La compasión es el estado mental más feliz de todos cuantos se han medido jamás en la historia de la neurociencia.** Yo siempre había asociado la compasión con el sufrimiento, pero los datos presentaban una historia totalmente distinta. Muchos grandes maestros dentro de una gran variedad de tradiciones espirituales y religiosas a lo largo de milenios han enseñado que la compasión es un estado mental divino y lleno de gozo. Siempre pensé que la compasión es un estado lleno de gozo, como una sutileza vacía de contenido, típica de lo que los maestros espirituales les dicen a los civiles cuando tienen que pronunciar un discurso después de una comida. Pero no, los datos muestran que la compasión es el estado más lleno de gozo que se haya medido jamás en la historia de la neurociencia. Más tarde le pregunté a Matthieu en persona y me confirmó que, de acuerdo a su propia experiencia, no hay nada más lleno de gozo que la compasión.

Ahora bien, ¿cómo es posible eso? ¿Acaso la compasión no tiene que ver por completo con el hecho de ver el sufrimiento? De hecho, hasta la palabra *compasión* procede del término latino *compassio*, que significa literalmente «sufrir con», o sufrir juntos. ¿Cómo es posible que un estado mental tan profundamente enclavado en el sufrimiento esté asociado con el gozo, y nada menos que con el más grande de los gozos? Después que encontré el valor suficiente para practicar de verdad la compasión, hallé la sorprendente respuesta: precisamente es la necesidad de enfrentarnos al sufrimiento la que nos lleva a la facultad requerida para tener acceso a un gran gozo. ¿Cómo es eso? Me di cuenta de que si comienzo por llevar la mente a un estado sereno y estable, y después permito que el gozo interno surja e inunde mi mente, y en ese estado, me abro a mí mismo a la experiencia del sufrimiento, pronto comenzará a ocupar mi mente una abrumadora sensación de tristeza que me llevará a una gran incomodidad, tanto en el cuerpo como en la mente. En cambio, si mantengo la mente serena y estable, y si el fundamento de mi gozo interior es tan fuerte que nunca desaparece por completo, puedo experimentar esa tristeza con ecuanimidad.

Cuando hago eso, surgen tres cualidades: el valor, la seguridad y, la más importante, el amor desinteresado. El valor surge porque cuando la mente ve un sufrimiento que lo envuelve todo y, sin embargo, sigue siendo capaz de mantenerse ecuánime, su temor al sufrimiento del momento presente se debilita. Con ese valor, la mente tiene menos temor a sufrir en el futuro. De aquí que también surja la seguridad. Con el valor y la seguridad, la mente ve todo ese sufrimiento con claridad y sin temor alguno.

Cuando una mente clara y carente de temores se encuentra con el sufrimiento, adquiere la calidad de un padre o abuelo amoroso que mece tiernamente a un pequeño enfermo, deseando ver que se alivia su sufrimiento. El sentido de su propia importancia se desvanece, el sentimiento de conexión con el otro se abre paso y con esto, se despierta el amor desinteresado. La palabra griega que identifica al amor desinteresado es *ágape*, que algunos han descrito, y en mi opinión, correctamente, como el nivel más elevado de amor que conoce la humanidad, un amor que se siente comprometido con el bienestar de los demás. Yo creo que este amor desinteresado es la esencia de la compasión; es el que le da a la compasión su calidad divina y el que produce un gozo profundo.

Para mí mismo constituye un desafío mantenerme en ese estado. Tengo necesidad de hacer acopio de fuerzas para alcanzar un nivel bastante elevado de paz interior y de gozo interior antes que funcione, y hace falta mucha práctica, tal vez miles de horas, para poder hacerlo de una manera digna de confianza y sostenible. No obstante, incluso en mi nivel bastante inmaduro de práctica, ya puedo sentir su potencia, y puedo ver por qué puede terminar llevando hasta un nivel de gozo sin paralelo.

En una ocasión, estaba cenando con Matthieu en un café de París. Ya en aquel tiempo nos habíamos hecho buenos amigos, aunque yo en realidad lo veo mucho más como maestro. Ansioso por aprender de él, quería probar si lo que entendí acerca de la práctica de la compasión era al menos aproximadamente correcto, así que le pregunté: «Hay una gran cantidad de tristeza en la experiencia de la compasión y, sin embargo, se supone que ella sea un estado gozoso. Entonces, ¿cómo es que la compasión puede ser un estado triste y gozoso al mismo tiempo?». La respuesta de Matthieu confirma que mi práctica va por el camino correcto, pero él enfoca las cosas de una forma ligeramente distinta para llegar a la misma conclusión. Él afirma que es importante comprender que existe una diferencia entre la tristeza saludable y la tristeza enfermiza. A la tristeza saludable, él la llama «el valor de la compasión». Dice que este es el tipo de tristeza que inspira en la persona una respuesta amorosa que a su vez la impulsa a actuar de una manera valiente para aliviar el sufrimiento. La diferencia entre la tristeza saludable y la enfermiza es la desesperación. **La tristeza saludable es una tristeza en la que no hay desesperación.** La tristeza sin desesperación procede de la seguridad de tener los recursos internos necesarios para enfrentarse con las dificultades. ¿De dónde proceden esos recursos internos? Del entrenamiento de la mente.

La compasión es más poderosa que el amor bondadoso, pero este es mucho más fácil. Lo más importante es que ese amor bondadoso es el que le abre el camino a la compasión. Si tu deseo de que alguien sea feliz se vuelve lo suficientemente fuerte, entonces es natural que también quieras que esa persona esté libre de sufrimiento, así que de esa manera, el amor bondadoso conduce a la compasión. De ahí que la forma perezosa de cultivar la compasión sea sencillamente dominar el amor bondadoso. Practica mucho este amor, porque es algo fácil y gozoso hacerlo. A fin de cuentas, tu amor bondadoso será tan fuerte que, cada vez que veas a un ser humano, tu primer instinto va a ser desear que sea feliz. Los textos antiguos describen ese estado mental como un vigoroso trompetero que se puede hacer oír en todas las direcciones sin dificultad alguna. De igual manera, el amor bondadoso del meditador fluye en todas las direcciones sin dificultad alguna. Desde ese punto, para moverte del amor bondadoso a la compasión, todo lo que necesitas es un pequeño empujón para volverte intensamente consciente del sufrimiento. La mente que está cubierta por un amor bondadoso lo suficientemente fuerte, cuando está intensamente consciente del sufrimiento, siempre se vuelve compasiva. Ese es el camino fácil, el de la pereza... y la razón por la que pienso en el amor bondadoso como la «droga de entrada» a la compasión. Si comienzas moviéndote a un amor bondadoso fácil y delicado, muy pronto terminarás manifestando una fuerte compasión.

O bien, como se cree que dijera el famoso maestro budista indio Kamalashila: «Si atemperas tu corazón con un amor bondadoso, lo preparas como un suelo fértil y después siembras en él la semilla de la compasión, dará un gran fruto».

Una manera ligeramente más formal de ver el camino hacia la compasión es la siguiente: la compasión no es sostenible, a menos que se base en el gozo interior y la ecuanimidad. A un alto nivel de habilidad, la compasión puede crear su propio gozo interior y su ecuanimidad, echando a andar el equivalente mental de una fusión nuclear autosostenida. Sin embargo, hace falta una gran cantidad de práctica para alcanzar ese nivel. Los menos experimentados de los que practican esto sostienen la compasión con el gozo del amor bondadoso, junto al gozo y la ecuanimidad que proceden de la paz interior. La paz interior procede de la capacidad para serenar la mente a discreción, lo cual a su vez procede de una meditación en medio de la serenidad (lee «Una sola respiración consciente», capítulo 2, página 71, y «El asentamiento de la mente», capítulo 3, página 96).

Hagamos una práctica formal que nos abra el camino desde la serenidad hasta el gozo, del gozo al amor bondadoso y de este a la compasión. Para mí, la parte más importante de esta práctica es el gozo del amor desinteresado. Si surge, y cuando surja, préstale atención para familiarizar tu mente con él. Mientras más se familiarice la mente con el amor desinteresado, más se convertirá este en amigo de aquella, la querrá visitar con mayor presencia y le agradará estar con ella.

PRÁCTICA FORMAL: CULTIVAR LA COMPASIÓN POR MEDIO DE LA PAZ, EL GOZO Y LA BONDAD

Arreglo

Siéntate en cualquier postura que te permita estar alerta y relajado al mismo tiempo, según lo que signifique eso para ti. Puedes mantener los ojos abiertos o cerrados.

Asienta tu mente (2–5 minutos)

Asienta tu mente, ya sea por medio del anclaje, del descanso o del ser. Puedes anclar tu atención en cualquier objeto sensorial, como la respiración, o puedes descansar la mente sobre la respiración como una mariposa descansa delicadamente sobre una flor, o sencillamente te puedes sentar sin agenda alguna. En cualquiera de estos casos, permítele a la mente que se asiente por sí misma.

(Continúa)

Préstale atención al gozo (2-5 minutos)

Si surge algún gozo, préstale toda tu atención. Si es necesario, pon en tu rostro una sonrisa o media sonrisa, cualquiera que sea el significado que tenga la expresión media sonrisa para ti. Si surge algún gozo, préstale toda tu atención.

El amor bondadoso (2-5 minutos)

Trae a tu mente alguien por quien te es muy fácil sentir un amor bondadoso. Desea que esa persona sea feliz. Es posible que brote el gozo del amor lleno de bondad y, si eso sucede, préstale toda tu atención a ese gozo, hasta que se desvanezca. Repite este ciclo tantas veces como quieras, descansando entre una experiencia y otra el tiempo que consideres necesario.

La compasión (2-5 minutos)

Trae a tu mente alguna persona que sabes que está sufriendo, y que podría ser la misma de antes. Ponle atención a su sufrimiento. Es posible que surja en ti la tristeza, y hasta puede que envuelva todo tu cuerpo y tu mente, causándote incomodidad.

Si eres capaz de experimentar con ecuanimidad esa tristeza, hazlo. Si no puedes experimentar la tristeza con ecuanimidad, sencillamente te puedes quedar sentado con ella sin ecuanimidad. Si eso se vuelve demasiado incómodo para ti, puedes apartar tu atención de la experiencia de tristeza para dirigirla a las sensaciones que tienes en el cuerpo. Si aun eso es demasiado incómodo para ti, siéntete en la libertad de desconectarte de esa tristeza en cualquier momento.

El amor desprendido (Si es que hay alguno)

Si en algún momento durante el ejercicio de compasión surge en ti el amor desinteresado, préstale toda tu atención. Este amor es como la

(Continúa)

mente de un padre o un abuelo amoroso que carga tiernamente a un niño enfermo. Es un amor incondicional y divino. Si surge algún gozo a partir de este amor desinteresado, préstale toda tu atención.

Final (2 minutos)

Terminemos esta sesión asentando de nuevo la mente durante dos minutos. Gracias por tu atención.

Regocíjate en toda esa (gananciosa) bondad

El amor bondadoso lleva a otra cualidad que estimula la mente: el gozo altruista. Por lo general, este gozo se define como uno que se deriva del éxito y la buena fortuna de otros, pero también se puede referir ampliamente a todo gozo que esté libre de egoísmos, resentimientos, celos y envidias. Es lo diametralmente opuesto a la palabra alemana *schadenfreude,* que indica una alegría maliciosa; un placer derivado del infortunio de los demás.

El gozo altruista puede ser encantador, porque la buena fortuna de las otras personas tiende a ser muy visible, de manera que con solo ser capaz de regocijarme ante la buena fortuna de otros, me puedo regocijar grandemente. Por ejemplo, en mi compañía cada año tenemos dos ciclos de ascensos. Una gran cantidad de personas reciben ascensos y, por lo general, eso no me pasa a mí. De ahí que, si el hecho de que asciendan a otras personas me produce gozo, voy a tener mucho gozo, te lo aseguro.

Lo más sorprendente que he aprendido acerca del gozo altruista es lo difícil que es de cultivar. En mi experiencia, el gozo altruista es mucho más difícil de cultivar que el amor bondadoso y la compasión. Algunos maestros de la meditación parecen haber llegado a la misma conclusión. Por ejemplo, Nyanaponika Thera, venerado monje y erudito budista nacido en Alemania, dice que «es relativamente más fácil para el ser humano sentir compasión [o amor bondadoso] en situaciones que la requieran, que abrigar un sentimiento espontáneo de gozo compartido, fuera de un estrecho círculo de sus propios familiares y amigos».[2] ¿Por qué son así las cosas? Yo no estoy seguro del porqué, pero aun entre los niños, la compasión parece más fácil que el gozo altruista. Por ejemplo, cuando uno de ellos está llorando, otro le da un abrazo, o trata de hacer que se sienta mejor. En cambio, cuando a uno de ellos le dan un caramelo, no hay ninguno que comience a decir: «¡Qué bueno! Te dieron un caramelo *a ti*. ¡Qué feliz estoy!». Lo más probable es que el niño que no recibió ningún caramelo empiece a llorar, movido por la envidia o por los celos.

Después de haber dicho todo lo anterior, te quiero dar una buena noticia. Hay un subconjunto de formas de gozo altruista que son fáciles e inspiradoras, y es regocijarnos en la bondad interior y la conducta altruista de los demás. Es fácil e inspirador, porque hemos sido programados para asombrarnos y sentirnos inspirados. Trae a la mente a alguien que conozcas, y que sea muy bondadoso y generoso, y te vas a sentir maravillado, inspirado y edificado. ¡Regocíjate! Cuando lees algo acerca de una mujer que se pasa todos los días trabajando de voluntaria en el hospital para llevarles gozo a los pacientes de cáncer, te sientes maravillado, inspirado y edificado. ¡Regocíjate! Cuando oyes hablar de un hombre que entró corriendo a un edificio en llamas para salvar a una persona que le era desconocida, te sientes maravillado, inspirado y edificado. ¡Regocíjate!

Un grandioso rasgo de este aspecto del gozo altruista es que nos lo podemos aplicar incluso a nosotros mismos. Te puedes regocijar ante tus propios actos de altruismo. Tal vez haya quienes piensen que una acción que beneficia a la propia persona de alguna forma (además de beneficiar a otros) no se puede considerar altruista. En otras palabras, que se debe excluir forzosamente al yo de los beneficios para que el acto sea considerado altruista. Estoy en total desacuerdo con esto porque, como meditador, para mí es evidente que nuestra propia mente es siempre la primera beneficiaria de cualquier intención de tipo altruista; por tanto, es imposible realizar ningún acto con una intención realmente altruista sin beneficiarse primero uno mismo.

Tomemos por ejemplo la compasión. El Dalai Lama enseña: «Muchas personas... suponen que el hecho de sentir compasión por otras personas solo es bueno para ellas, y no para uno mismo. Esto es... incorrecto. El que nuestra bondad beneficie a otros, o no los beneficie, dependerá de una gran cantidad de factores, algunos de los cuales van a estar fuera de nuestro control. Pero tanto si triunfamos en cuanto a beneficiar a otros, como si no, los primeros beneficiarios de la compasión siempre somos nosotros mismos».[3] Hasta llega a decir, medio en broma, que la compasión consiste en ser un «egoísta sabio». Yo creo que es importante que estemos conscientes de que todas las intenciones en cuanto a la compasión y al altruismo benefician necesariamente al yo, o al menos, a la mente. Más importante aun es aplicarlas con habilidad a la práctica, y una manera de aplicarlas con habilidad es regocijarnos ante nuestros propios actos de altruismo.

Si te has tomado el tiempo y el esfuerzo necesarios para cultivar dentro de ti mismo ese amor bondadoso, o si has dado un generoso donativo con fines de beneficencia, o has sido bondadoso con alguien, o incluso has salvado la vida de alguien, ¡regocíjate! En la tradición de mi propio entrenamiento meditativo (el budismo temprano), se considera como un gozo sano el que reflexionemos en las cosas buenas que hemos hecho y nos deleitemos en ellas. Esto es especialmente cierto en el caso de la generosidad. De hecho, en una conferencia que el Buda les dio a unos laicos, llegó tan lejos que les hizo una lista de los beneficios mundanos de la generosidad, que incluía ser estimado por las personas, ser admirado por las personas buenas y adquirir una buena reputación.[4] Lo que eso me dice es que incluso los burdos beneficios mundanos de las obras de altruismo que me correspondan vale la pena que reflexione acerca de ellas y me regocije en ellas, siempre que haya hecho esas obras con una sincera intención de beneficiar a otras personas.

Se considera que regocijarse en las obras de altruismo que haya hecho uno es un gozo sano, puesto que es un gozo que no ha sido contaminado por la codicia, la mala voluntad ni las semillas de un sufrimiento futuro. Además, nos proporciona tres beneficios importantes. En primer lugar, le da a la mente una señal de recompensa y, por tanto, la inclina hacia la bondad, lo cual hace que sea más probable que haga obras altruistas en el futuro. En segundo lugar, estimula la mente. En tercer lugar, contrarresta los sentimientos de ineptitud y de desprecio consigo mismo.

Me sorprende lo extendidos que parecen estar esos problemas de considerarse inepto y despreciarse a sí mismo. En realidad, si te he de decir la verdad, yo mismo he sufrido toda la vida de una sensación persistente de ineptitud; he sentido constantemente que no soy lo suficientemente bueno. En mi vida he tenido muchos triunfos mundanos. Sin embargo, el que haya logrado un éxito nunca ha hecho desaparecer mi sensación de ineptitud, sino que solo ha servido para hacerla mayor. ¿Por qué? Porque en lo más alto de cada uno de mis logros, miro a mi alrededor y digo: «En realidad, todo lo que sucedió fue que tuve la suerte de estar en el lugar correcto y en el momento debido. No me merezco esto». Tengo una gran cantidad de problemas en aceptar esos éxitos como solo míos, porque sé que es un hecho que solo una pequeña parte de todo eso se debe a mi propia inteligencia, mi trabajo fuerte y mi buen corazón, mientras que la mayor parte se debe a unas condiciones externas que no se hallan bajo mi control, y que no desempeñé papel alguno en su creación. Como yo no soy el dueño de la mayor parte de las condiciones necesarias para que triunfe, no puedo proclamar como míos la mayoría de mis éxitos. No obstante, sí hay algo que puedo declarar y declaro totalmente mío, que es la **intención** que ha habido detrás de mis acciones. Cuando dono dinero con la intención de ser generoso, esa intención es mía; fui yo quien la tuve. Cuando me siento a meditar con la intención de convertirme en un ser humano más sereno, feliz y bondadoso, esa intención también es mía; fui yo quien la tuve. De ahí que una de las pocas cosas que hay en mi vida que pueden disminuir mi sensación constante de ineptitud es reflexionar en mis intenciones sinceras y altruistas y, por extensión, en las buenas obras que son consecuencia de esas intenciones y los ocasionales resultados buenos de esas obras (en esas ocasiones en las cuales mis buenas obras quedan sin castigo).

Hubo un período de mi vida en el cual me estaba enfrentando a unas dificultades tan grandes que se me agudizó mi sensación de ineptitud. Las cosas se pusieron tan mal que durante mi meditación diaria me interrumpía continuamente una voz interior que me decía: «Eres un tipo totalmente inútil; no sirves para nada». Lo peor de todo es que me lo creía. Tenía la mente dominada por la angustia, y no la podía asentar. Entonces, un sabio maestro me enseñó: «¿Sabes cuál es tu problema? Que les haces muchas cosas buenas a los demás, pero sigues pasando por alto esa realidad. Al principio de tu próxima meditación, quiero que reflexiones en las cosas buenas que has hecho por otras personas». Yo seguí sus indicaciones. Aquella noche, cuando me senté a meditar, reflexioné acerca de unas cuantas personas que me habían dicho que algo que yo había hecho por ellas les había producido un gran gozo y les había transformado la vida. Reflexioné sobre la intención que yo tenía al hacer esas cosas, y todas eran intenciones llenas de generosidad. La reflexión sobre esas intenciones y esas obras me dio gozo, y me fortaleció la mente. Una vez que mi mente quedó fortalecida, recuperé mi sentido del humor, y le contesté a la voz que me decía que yo era un perfecto inútil: «¡No! Yo *no* soy un perfecto inútil; solo soy inútil al noventa y cinco por ciento». Aquello fue divertido, y me reí para mí mismo, en mi interior. Una vez establecido ese gozo fortalecedor, mi mente se asentó.

Aunque mi mente seguía dominada por la angustia, también era capaz de asentarse y, gracias a eso, era capaz de sentir esa angustia con ecuanimidad

¿Quién te dijo que no sirves para nada? A nosotros nos usan como fertilizantes, para hacer papel, como fuente de calor...

y con una firme base de gozo que nunca desaparecía por completo. Al hacer eso, surgió en mí compasión hacia mí mismo. Como consecuencia, ese gozo altruista había creado el firme punto de apoyo necesario para que se afianzaran la ecuanimidad y la compasión.

Más tarde descubrí que algunos maestros enseñan esto como una hábil forma de comenzar cualquier meditación. Al principio de todas las sesiones de meditación, fortalece tu mente con un gozo altruista. Hay dos maneras de hacerlo. La primera consiste en reflexionar sobre tus obras altruistas y las intenciones puras que motivaron esas obras, tal como lo describí. La segunda consiste en reflexionar en la bondad de las obras altruistas de alguien a quien admiras grandemente, y en quien querrías convertirte cuando crezcas. Para mí, esa persona es el Buda. Con la mente fortalecida por el gozo altruista, van a comenzar a surgir los tres gozos de la meditación: el *pamojja* (el regocijo), el *piti* (el gozo lleno de energía), y el *sukha* (el gozo amable). Como aprendimos en el capítulo 4, la causa próxima de la concentración en la meditación se encuentra en los gozos meditativos; por tanto, tener un gozo altruista al principio de la meditación que hacemos sentados es una forma hábil de entrar con rapidez en un estado meditativo asentado.

Vamos a probarlo. Solo vamos a hacer un simple asentamiento de la mente, pero fortalece tu mente al principio con el gozo altruista. Observa si esto mejora en algún sentido tu experiencia.

PRÁCTICA FORMAL: ENRIQUECER Y ASENTAR LA MENTE CON EL GOZO ALTRUISTA

Arreglo

Siéntate en cualquier postura que te permita estar alerta y relajado al mismo tiempo, cualquiera que sea el significado que eso tenga para ti. Puedes mantener los ojos abiertos o cerrados.

(Continúa)

Fortalece tu mente (2–5 minutos)

Dedica unos pocos minutos a:

Traer a tu mente una o más personas a quienes les hayas proporcionado gozo o beneficios, únicamente con una intención altruista. Reflexiona en la obra u obras. Reflexiona en las buenas intenciones que había tras esas obras. Deléitate en tus buenas intenciones y tus buenas obras

O

Trae a tu mente alguien a quien admiras grandemente, y en quien aspiras a convertirte. Reflexiona sobre la bondad interior o las obras altruistas de esa persona. Deléitate en la bondad de esa persona y en sus obras.

Asienta tu mente (5–10 minutos)

Asienta tu mente, ya sea por medio del anclaje, el descanso o el ser. Puedes anclar tu atención a cualquier objeto sensorial, como la respiración, o puedes descansar la mente sobre tu respiración, como una mariposa que reposa delicadamente sobre una flor, o sencillamente, te puedes sentar sin agenda alguna. En cualquiera de los casos, permite que tu mente se asiente sola.

Final (1–2 minutos)

Termina notando si hay algún gozo presente en tu mente y, si lo hay, préstale atención durante uno o dos minutos.

Además de la práctica formal, también recomiendo la práctica informal de tomarte un momento para regocijarte en la bondad interior y las obras de altruismo, dondequiera que las encuentres.

PRÁCTICA INFORMAL: REGOCÍJATE EN TU BONDAD INTERIOR Y EN TUS OBRAS ALTRUISTAS

Cada vez que dones tiempo o trabajo, o hagas algo movido por una intención altruista, tómate un momento para pensar: «Esto lo estoy haciendo movido por una intención altruista. El hecho de tener esa intención me hace muy feliz».

Cada vez que te encuentres con una persona admirable e inspiradora, o la traigas a la mente, dedica un momento a pensar: «Existe una persona maravillosa como esta en el mundo. Esto me hace muy feliz».

Cada vez que veas a alguien realizando un acto altruista o heroico, dedica un instante a pensar: «Se está haciendo más bien en este mundo. Me siento muy feliz».

Tanta bondad y tan poco tiempo

Las tres cualidades de las que hemos hablado en este capítulo, el amor bondadoso, la compasión y el gozo altruista, solo son tres dentro de una colección de cuatro hermosas cualidades que recibe el nombre de *brahmavihara*.

El cuarto miembro del club es la ecuanimidad, que es cuando la mente se mantiene serena y libre ante la presencia de ocho condiciones mundanas: la ganancia y la pérdida, la honra y la deshonra, el elogio y la acusación, y el placer y el sufrimiento. La ecuanimidad, cuando se la aplica a los otros tres estados del *brahmavihara,* también contiene el sabor de la imparcialidad, lo cual significa que se aplican a todos los seres por igual el amor bondadoso, la compasión y el gozo altruista. Casi nunca he visto una traducción literal de la palabra *brahmavihara*. Literalmente, significa «morada suprema», pero la traducción más frecuente que he visto es la de «los cuatro estados sublimes». La traducción más frecuente al chino significa literalmente «los cuatro inconmensurables», casi seguramente porque los traductores chinos antiguos decidieron usar el sinónimo de *brahmavihara*, la palabra pali *appamanna,* cuyo significado literal es «ilimitados» o «inconmensurables».

Espero que no estés inconmensurablemente confundido. La traducción más divertida de *brahmavihara* que me he encontrado es «el mejor hogar». («¿Dónde encuentras tu *brahmavihara*? En Best Home Depot».) De todas formas, desde ahora hasta el final del libro, voy a utilizar la traducción comúnmente usada: «los cuatro estados sublimes».

La primera pregunta que es posible que tengas en cuanto a la práctica es qué hacer en primer lugar. ¡Son tantos los estados sublimes, tanta la bondad y tan poco el tiempo! Entre los tres primeros, decididamente se debe comenzar por el amor bondadoso, porque es el más sencillo y el más fácil de usar. De hecho, la naturaleza amistosa del amor bondadoso se refleja en su nombre. La palabra pali original que se traduce como amor bondadoso es *metta,* que etimológicamente es cercana a otra palabra pali que significa «amigo»: *mitta.* Por eso algunas veces la palabra *metta* se traduce como una amistad amorosa.

El amor bondadoso tiene muchos beneficios poderosos. El primero que produce el amor bondadoso es que acerca sumamente al gozo. Tal vez ya lo hayas experimentado tú mismo con unos pocos segundos o minutos de hacer las prácticas de amor bondadoso que aparecen en este capítulo.

Los efectos del amor bondadoso sobre las emociones también han sido investigados de manera científica. Por ejemplo, un estudio del año 2008, dirigido por la preeminente psicóloga Barbara Fredrickson, señalaba que «los participantes que invirtieron alrededor de una hora por semana practicando [la meditación sobre el amor bondadoso] vieron fortalecerse una amplia gama de emociones positivas en una gran variedad de situaciones, sobre todo cuando interactuaban con otras personas».[5] Este estudio informa también que «los hallazgos son muy claros: la práctica [de la meditación en el amor bondadoso] produjo cambios en las experiencias diarias de las personas en cuanto a una amplia gama de emociones positivas como el amor, el gozo, la gratitud, el contentamiento, la esperanza, el orgullo, el interés, la diversión y el asombro». Otro beneficio, que es totalmente sorprendente, es que si eres fuerte en cuanto al amor bondadoso, tendrás la tendencia a caerle bien a la gente. Los textos antiguos afirman que esa tendencia se extiende incluso a los animales, que se comportan contigo de una manera favorable si eres fuerte en tu amor bondadoso.

Más importante aun es que, en el entrenamiento de la mente, el amor bondadoso nos ayuda fuertemente a conducirnos a la concentración meditativa. La persona que es fuerte en su amor bondadoso se puede asentar y concentrar su mente con mayor facilidad. En efecto, conozco maestros de meditación que usan el amor bondadoso como su principal vehículo para llegar a estados de una concentración meditativa perfecta.

Tal vez lo más importante de todo sea que el amor bondadoso les abre el camino a los otros tres estados sublimes, de manera que alguien que sea fuerte en su amor bondadoso se va a encontrar con que los otros tres estados sublimes exigen muy poco esfuerzo en su cultivo. («¡Compra ahora el amor bondadoso y conseguirás los otros tres estados sublimes por solo $19.95! Es posible que se le apliquen gastos de manejo y envío»).

Los cuatro estados sublimes son muy beneficiosos. Si tuvieras que escoger uno, decididamente te recomiendo que escojas el amor bondadoso. Dados su comodidad, su facilidad y su gran poder, no te puedes equivocar si lo escoges. Y si haces una sola cosa además del amor bondadoso, te recomiendo que te regocijes en tu bondad interior y tus obras altruistas, y en las de los demás, mayormente porque es algo fácil de hacer y porque produce unos beneficios irresistiblemente grandes en proporción con el poco esfuerzo que requiere. Todo lo que hace falta es tener unos minutos de reflexión en la bondad y el altruismo, tanto tuyos como de los demás, y deleitarte en ellos en una meditación formal —y unos momentos en que lo hagas dentro de tu vida diaria—, y esta clase de gozo altruista puede tener por consecuencia un notable fortalecimiento de tu mente.

Si después de eso haces una cosa más, decididamente debes optar por la compasión. De los tres primeros estados sublimes, la compasión es el más poderoso. Es el que se enfrenta cara a cara con el sufrimiento; es el que nos motiva a una acción social altruista y a una conducta heroica, y es el que produce la forma de amor más generosa. Esta potencia que posee es la razón por la cual la compasión es elevada de categoría como la mayor de las virtudes en muchas escuelas del budismo. Es algo que no admite concesiones. Te recomiendo con todas mis fuerzas que practiques la compasión, y que lo hagas *después* de haber establecido con firmeza un fundamento basado en el amor bondadoso.

En cuanto al último estado sublime —la ecuanimidad—, bueno, ya lo has estado cultivando. Las semillas quedaron sembradas cuando hiciste tu primera respiración consciente. Las raíces crecen cada vez que asientas tu mente y la pones en un estado de tranquilidad y de gozo interno. Y riegas las raíces cada vez que inclinas tu mente hacia un gozo sano. En el capítulo 7 hablaremos sobre la manera de hacer florecer en nosotros la ecuanimidad.

Enemigos cercanos y lejanos

Cuando andamos buscando setas en los bosques, lo más peligroso es que recojamos una venenosa que se parece mucho a la seta comestible que queríamos recoger. Por ejemplo, si andas buscando la deliciosa seta llamada «colmenilla», el peligro no está en que recojas por accidente una de las llamadas «cicuta verde», porque tienen un aspecto muy distinto al de las colmenillas y sabrás evitarlas. El verdadero peligro es que recojas una de las llamadas «falsas colmenillas», que tienen un aspecto parecido a la colmenilla, con la diferencia de que son venenosas. De ahí que, al salir en busca de setas, lo más importante de todo es reconocer las venenosas que se parecen a las comestibles.

De la misma manera, todos los estados sublimes tienen una o más cosas que se les parecen y que, en la manera de hablar de los textos tradicionales, se conocen como «los enemigos cercanos». Además, cada uno de los estados sublimes tiene también uno o más enemigos lejanos, que son los estados directamente opuestos. Nosotros ya sabemos evitar a esos enemigos lejanos; son los enemigos cercanos, debido a su estrecho parecido con los estados sublimes, los que causan la mayoría de los problemas. Es importante reconocer a esos enemigos cercanos.

El enemigo lejano del amor bondadoso es la mala voluntad; en especial, una fuerte mala voluntad, como es el caso del odio. El amor bondadoso tiene dos enemigos cercanos, ambos dominantes con frecuencia en las relaciones románticas, y esa es la razón por la cual esas relaciones tienden a enfriarse con el tiempo. El primero es el tipo de afecto que mantiene a la persona compulsivamente sedienta de más, casi como una adicción. En el amor bondadoso, la ausencia de la otra persona no lleva al sufrimiento, la agitación o la sed, ya que si lo hace, no es amor bondadoso, sino un simple aferrarse al otro. El amor bondadoso siempre es sano. El segundo enemigo cercano es el amor condicional, o afecto que depende de que la otra persona exista de una forma determinada, haga ciertas cosas, o nos proporcione cierto conjunto de placeres sensoriales o del ego. Por ejemplo, si tus tiernos sentimientos de amor por él se desvanecen porque ha dejado de ser un hombre exitoso y seguro, o si tus tiernos sentimientos amorosos por ella se apagan porque ya no es hermosa, entonces no, eso no es amor bondadoso. El amor bondadoso siempre es incondicional y desprendido. Una vez dicho esto, debemos señalar que sentir un amor bondadoso que sea incondicional no significa que no fijemos límites para protegernos de daños. Por ejemplo, si tu esposo te maltrata, tu amor bondadoso no te debe detener en cuanto a conseguir una orden de alejamiento. Le puedes desear que sea feliz, pero no tienes que desear que esté en tu hogar.

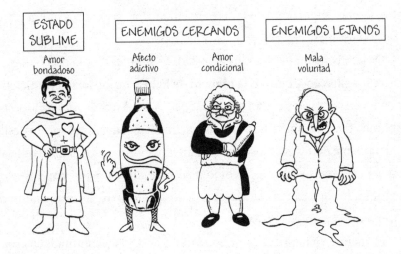

El enemigo lejano de la compasión es la crueldad. La compasión tiene dos enemigos cercanos. El primero es la angustia que nace del desespero. Como afirma Matthieu Ricard, la verdadera compasión se basa en el tipo de tristeza saludable que inspira tanto una reacción amorosa como una acción valiente. En cambio, el tipo de angustia que causa indefensión, desespero e impotencia no es saludable. Es necesario transformarla en una tristeza saludable para que la compasión funcione de la manera debida. El segundo enemigo cercano de la compasión es la lástima. Por necesidad, y muchas veces de manera inconsciente, tenerle lástima a alguien significa colocarse por encima de esa persona, y eso lo que hace es reforzar un ego que no es saludable, con frecuencia de forma inconsciente e insidiosa. En cambio, la compasión no se pone ni encima ni debajo de la otra persona. La compasión siempre es generosa y causa el colapso del ego. Además, siempre es sana.

Los enemigos lejanos del gozo altruista son los celos y la envidia. Al mismo tiempo, el gozo altruista tiene dos enemigos cercanos. El primero es el tipo de gozo por los demás que se halla matizado con la identificación del «yo», «mí» o «mío». Por ejemplo, cuando una persona joven que trabaja para mí consigue un ascenso, me digo a mí mismo que me siento feliz por él, lo cual es cierto, pero también me siento feliz porque su aprobación para el ascenso habla bien de mí, que soy su jefe. Así que ese gozo que tengo por el ascenso de ese joven se halla matizado por el hecho de que habla bien *de mí*, porque es uno de «mis» muchachos; por tanto, no se trata de un gozo altruista. El segundo enemigo cercano del gozo altruista es el regocijo ante el gozo enfermizo de otros y, por supuesto, también el nuestro.[6] Por ejemplo, si alguien siente gozo por estar abusando de un narcótico, o alguna otra persona está celebrando el gozo de haberse hecho inmensamente rico por medio de los fraudes que ha cometido con unas ancianitas a las que les ha quitado los ahorros de toda su vida o causado un colapso financiero global, entonces no; ese regocijo suyo es enfermizo. La razón es que las fuentes de su gozo se hallan contaminadas por la codicia, la mala voluntad o las semillas de futuros sufrimientos para ellos mismos y para otros, lo cual hace que esas fuentes no sean saludables. Regocijarse en un gozo que brota de unas fuentes insalubres es algo insalubre en sí mismo; meta insalubre incluso. Por tanto, no es un gozo altruista. Al igual que el amor bondadoso y la compasión, el gozo altruista siempre es desprendido y sano.

Los enemigos lejanos de la ecuanimidad son los factores mentales que causan agitación en la mente, como la inquietud, la ansiedad, los antojos y el odio. La ecuanimidad tiene dos enemigos cercanos. El primero es la desvinculación; sencillamente ignoramos lo que no queremos ver. El segundo enemigo cercano de la ecuanimidad es la apatía. En la desvinculación, la persona ignora y no quiere ver; en la apatía, la persona ve, pero no le importa. En realidad, la ecuanimidad ve y también le importa lo que ve. Recuerda que practicamos la ecuanimidad junto con los otros tres estados sublimes, para que vea la felicidad y el sufrimiento, se interese por la felicidad y el sufrimiento, tanto los nuestros como los de otros y, al mismo tiempo, abarque la serenidad y la claridad. La ecuanimidad no se deja perturbar por todos los placeres y los sufrimientos que nos pasan por la mente. Considerar que la ecuanimidad es equivalente a la desvinculación o a la apatía es lo mismo que igualar la valentía con el hecho de mantener una distancia segura. Si nos sentimos valientes solo cuando nos hallamos a una distancia segura del peligro, eso no es valentía. De igual forma, si solo nos sentimos serenos cuando las cosas nos dejan de importar, eso no es ecuanimidad.

Una vez que aprendas a reconocer a los enemigos cercanos del amor bondadoso, la compasión, el gozo altruista y la ecuanimidad, identificándolos tal como son en realidad, evitarás el terminar en una de esas situaciones de una película de horror de mala calidad, en la cual el protagonista se casa sin saberlo con la malvada y asesina gemela de su verdadero amor, y ni siquiera sabe que ella tiene una gemela sino hasta el final de la película, cuando ya está atrapado en un cuarto cerrado bajo llave, sin nada con qué defenderse, excepto un arma mortal que alguien ha dejado convenientemente en el suelo. Tú puedes evitar esa clase de destino.

Así que por eso dicen que son las cualidades del corazón

Resulta que los estados sublimes tienen mucha relación con el corazón físico. En el aspecto fisiológico, solemos experimentarlos en la región situada alrededor del corazón, y esa es la razón de que se les llame «cualidades del corazón». De hecho, el cerebro y el corazón tienen unas estrechas conexiones funcionales entre sí, fenómeno al que se le da el elegante nombre de acoplamiento neurocardíaco. En la experiencia de los estados sublimes, esta conexión entre el cerebro y el corazón se manifiesta especialmente fuerte. Su conducto principal es el nervio vago, que también ayuda a regular los latidos del corazón, la presión de la sangre, los niveles de glucosa, las reacciones inmunes y muchas cosas más. Por ejemplo, en un estado de bondad o de compasión, tu nervio vago es activado. Una de las cosas que hace es que relaja los músculos situados alrededor del corazón, de manera que experimentas la sensación física de «abrir el corazón». Es decir, que la experiencia a la que nos referimos diciendo que «la bondad me abrió el corazón» tiene una explicación neurológica, a pesar de que es posible que tú y unos cuantos más hayan pensado que solo se trataba de una tontería más de los *hippies*.

La activación frecuente del nervio vago es muy buena para la salud física. Si a menudo tienes pensamientos de bondad, compasión y gozo altruista, estarás activando mucho el nervio vago y, después de un tiempo, el tono mejora.[7] Un tono fuerte en el nervio vago tiene correlación con un corazón saludable, mientras que un tono débil del nervio vago predice un fallo del corazón y la muerte tras los ataques a este. El tono fuerte del nervio vago aumenta la resistencia ante el estrés y la posibilidad de que tengas experiencias emocionales positivas, como el gozo, el interés, la serenidad y la esperanza.[8] También se manifiesta al nivel social. Las personas con un tono fuerte del nervio vago desarrollan unas relaciones más ricas y, algo fascinante: tienen más probabilidades de que las demás personas confíen en ellas de manera instintiva.[9] De alguna forma, sabemos confiar en las personas que tienen un tono fuerte en el nervio vago. Y como si todo eso fuera poco, las personas que gozan de un tono fuerte en el nervio vago también muestran una flexibilidad cognoscitiva superior, lo cual incluye en que su memoria funciona mejor y su atención va mejor dirigida. También muestran menos reacciones negativas a los estresantes ambientales y muestran una mayor capacidad para regularse ellos mismos.[10]

Hace muchos años, cuando el Dalai Lama comenzó a interesarse en ayudar a los científicos para que estudiaran la meditación budista científicamente, invitó a un grupo de monjes budistas tibetanos de un monasterio en la India para que se convirtieran en sujetos de los experimentos. Por supuesto, los monjes budistas tibetanos no le dicen que no a... pues... a una invitación del Dalai Lama.

Un equipo de científicos occidentales, entre ellos Francisco Varela —distinguido neurocientífico chileno—, visitó a los monjes con sus equipos y, por medio de un intérprete, trató de explicarles a los monjes lo que tenían intención de hacer. Les dijeron que querían medir la compasión y, para demostrárselo, Francisco se puso un casco de electroencefalografía (EEG) que medía la actividad eléctrica en la superficie del cerebro.

Entonces todos los monjes se echaron a reír. Los científicos supusieron que se reían porque Francisco se veía como un tonto con aquel casco de EEG puesto. Sin embargo, no era esa la razón por la que se estaban riendo. Los científicos descubrieron muy pronto que todos los monjes se estaban riendo porque si lo que ellos querían medir era la compasión, entonces debían estar midiendo el corazón, no la cabeza. ¡Vaya!

Los científicos se quedaron boquiabiertos y atribuyeron aquello a «diferencias culturales», con lo cual estaban insinuando que aquellos monjes no sabían de lo que estaban hablando. Ahora, muchos años más tarde, con el beneficio de la nueva comprensión científica de los efectos neurocardíacos de la compasión, sabemos que los monjes tenían razón. Nunca subestimes toda una sala llena de monjes budistas riendo a mandíbula batiente.

El amor desprendido, un corto poema

Me agradaría terminar este capítulo con un poema que capta bellamente el espíritu de los estados sublimes. Me lo dijo el hermano David Steindl-Rast, venerado monje benedictino católico, conocido sobre todo por sus enseñanzas acerca de la gratitud. Yo veo al hermano David como un verdadero hermano, de manera que lo más conveniente acerca de él es que tiene un nombre que habla por sí mismo; al menos, para mí.

El hermano David me habló de este poema que describe la relación entre el yo y el otro a medida que el amor desprendido va adquiriendo fuerza. Para el hermano David, el «otro» es Dios, pero también se podría referir a cualquier otra cosa: el universo, el Nirvana u otras personas.

En el principio, solo hay el yo; no hay otro.
Y entonces, hay el yo, y hay el otro.
Más tarde, él y el otro son uno; no hay separación.
Y al final, no hay yo; solo hay el otro.

CAPÍTULO SEIS

La felicidad está llena de tonterías

El trabajo con el sufrimiento emocional

Los grandes maestros espirituales tienden a ser gente divertida y, a veces, hasta hablan de inmundicias. Yo conozco por lo menos dos analogías sobre la mente en meditación que hablan de excremento. En una de ellas, se compara la mente con un pedazo de oro puro escondido dentro de una gran bola de estiércol de ganado. El oro representa a la mente en su naturaleza subyacente, perfecta y feliz, mientras que el estiércol representa las condiciones mentales que le sirven de obstáculo a la naturaleza feliz y perfecta de la mente. El oro ya está presente; no hay que crearlo. Todo lo que tenemos que hacer para conseguirlo es echarle agua para que se vaya todo el estiércol. En cierta forma similar, la felicidad ya está presente, así que nosotros no tenemos que crear las condiciones mentales para que exista; todo lo que tenemos que hacer es eliminar las condiciones mentales que obstaculizan la felicidad.

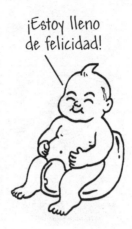

La otra analogía es la historia de un hombre que pisa sin querer un excremento de perro cuando se dirige a su casa. Las suelas se le llenan de suciedad, por lo que o entra a la casa con los zapatos así y mancha su alfombra o se puede lavar los zapatos en el traspatio de la casa, con lo que estaría usando la suciedad para fertilizar el suelo. El excremento representa el sufrimiento (toda la mierda) de nuestra vida. Cuando nos pasan cosas malas, podemos decidir entre dejar que nuestro sufrimiento permanezca maloliente para todo el resto de la vida, como el hombre que entró a su casa con los zapatos sucios, o dejar que promueva nuestro crecimiento espiritual, como el hombre que convirtió aquella suciedad en fertilizante para su césped.

En la vida, las emociones dolorosas son inevitables. Envejecemos, nos enfermamos, sentimos dolores físicos y nos enfrentamos a la muerte, tanto la propia como la de nuestros seres amados. Además, con mucha frecuencia, la vida nos obliga a estar en medio de cosas que nos desagradan grandemente, o nos impide que consigamos algo que queremos con desesperación, o perdamos aquello que tenemos y que nos es entrañable. En todos los casos, es inevitable que se produzca algún sufrimiento emocional. Hasta Matthieu Ricard, «el hombre más feliz del mundo», con sesenta mil horas de entrenamiento de la mente, y aún en entrenamiento, me dice que es imposible ser feliz todo el tiempo, porque los sufrimientos y las dificultades son inevitables en la vida, y hay mucho sufrimiento por todas partes. Por consiguiente, mientras nos entrenamos en el arte del gozo, es igualmente importante que también aprendamos a sufrir. El meditador que aprende el gozo sin aprender el sufrimiento es como el luchador que aprende a atacar sin aprender a defenderse: su entrenamiento se halla gravemente incompleto.

En este capítulo usaremos la paz interior, el gozo interior y el amor bondadoso para trabajar con el sufrimiento. Te sugiero que existen tres pasos para hacerlo: un **paso de atención**, un **paso afectivo** y un **paso cognoscitivo**.

Estos pasos son útiles en todas las situaciones en las que hay sufrimiento emocional, tanto si te sientes triste como si estás enojado, o te han humillado, o traicionado, o sientes odio, o cualquier otra de esas cosas malas. Hablaremos de estos pasos con algo de detalle. Sin embargo, algunas veces nuestras dificultades son tan intensas, y el sufrimiento emocional es tan grave, que hasta estos tres pasos fallan. En esa clase de momentos, practicamos el arte de sufrir.

Primer paso en el trabajo con el sufrimiento emocional: El paso de atención

El primer paso en el trabajo con el sufrimiento emocional se puede resumir en tres palabras: **serena tu mente.**

Cada vez que me aflige una emoción dolorosa, lo primero que hago es serenar mi mente. Lo hago utilizando mi atención. Pongo a funcionar mi concientización al máximo de su poder y después le presto atención a mi respiración, alejado de los pensamientos que alimentan mi sufrimiento. Unas veces me toma un segundo y otras me toma minutos; pero de cualquier manera, solo con prestarle una atención delicada, pero intensa, a la respiración, sereno mi mente.

Ya en el capítulo 2 hablamos acerca de la forma en que esto funciona. Prestarle atención a la respiración es algo que serena la mente de dos maneras: una fisiológica y otra psicológica. Fisiológicamente, prestarle atención a la respiración la hace más lenta y más profunda, y de esa manera estimula el nervio vago, el cual inicia entonces la respuesta de relajamiento. Psicológicamente, la atención intensa a la respiración trae la mente al presente, lejos del pasado y del futuro. De esa forma libera de manera temporal a la mente de lo que lamenta con respecto al pasado y lo que le preocupa con respecto al futuro.

Bajo condiciones normales, es fácil serenar la mente prestándole atención a la respiración, aunque es más difícil hacerlo bajo condiciones estresantes, que es precisamente cuando se necesita más hacerlo. Por fortuna, si lo practicas mucho bajo condiciones normales, entonces, cuando te vengan los momentos de necesidad, en medio del sufrimiento emocional, lo vas a poder activar de forma instintiva. Es como ir mucho al gimnasio para aumentar tu fortaleza y después hallarte colgado del borde de un precipicio. Tienes a tu disposición la fuerza física que te permitirá salir del apuro. De manera similar, el entrenamiento de los «músculos» de tu atención va a hacer que tus poderes de atención estén a tu disposición cuando te encuentres en situaciones muy dolorosas.

¿Hasta qué punto es útil serenar la mente en medio del sufrimiento? Permíteme ilustrarlo con una historia antigua.

Había una mujer en la India llamada Patacara. Era la hija amada de un rico mercader. Cuando tenía dieciséis años, se enamoró de uno de los sirvientes de su padre y se fugaron juntos.

La joven pareja llevó una vida dura en una aldea muy lejana. Cuando Patacara quedó embarazada, le suplicó a su esposo que la llevara a la casa de sus padres, en el poblado de Savatthi, para dar a luz allí. Él se negó.

Así que un día, mientras su esposo estaba ausente, ella se marchó sin contar con él. El esposo se las arregló para alcanzarla y le suplicó que volviera a su casa, pero ella se negó. Ahora bien, antes que llegaran a Savatthi, ella dio a luz a un hijo varón.

Puesto que ya no tenían ninguna razón para ir a Savatthi, se volvieron a su casa en la aldea. Cuando Patacara volvió a quedar embarazada, le hizo la misma petición a su esposo y él se volvió a negar. Así que de nuevo, estando él ausente, ella hizo el viaje a Savatthi sin él, y llevándose consigo a su hijo. Una vez más, el esposo la alcanzó, trató de persuadirla para que regresara, y ella se volvió a negar.

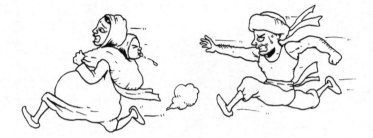

Aquel día hubo una fuerte tormenta eléctrica fuera de temporada. El esposo salió a cortar algo de leña para hacerle un refugio a Patacara. Mientras lo hacía, una serpiente venenosa lo mató. Entre tanto, Patacara dio a luz a un segundo hijo varón. Por la mañana, encontró a su esposo muerto. Desconsolada, se culpó por la muerte de él. Siguió su viaje hacia Savatthi y se quedó ante el río que había crecido a causa de la fuerte lluvia. Como no podía cruzar con los dos niños al mismo tiempo, dejó al mayor en la orilla y se llevó al recién nacido hasta el otro lado, pensando regresar para buscar al mayor. Mientras iba de regreso a mitad de camino, un águila se llevó al pequeño para comérselo. Patacara le gritó al águila.

Cuando el niño mayor oyó sus gritos, pensó que su madre lo estaba llamando, así que entró al río y la fuerte corriente lo arrastró. Totalmente desconsolada, Patacara continuó su viaje hasta Savatthi, donde encontró que sus padres y su único hermano habían muerto porque su casa se había desplomado en medio de la tormenta del día anterior. En un solo día, Patacara perdió a todos sus seres queridos. En medio de su inmensa pena, se volvió completamente loca, se rasgó la ropa y comenzó a deambular por las calles de Savatthi semidesnuda.

Finalmente, Patacara acertó a entrar en el bosquecillo donde se estaba quedando el Buda. Cuando el Buda la vio, lo primero que le dijo fue: «Amiga, serena tu mente». Patacara reaccionó. Serenó su mente, recuperó los sentidos, y se dio cuenta de repente que estaba semidesnuda. Alguien le ofreció ropa y ella se la puso con rapidez. Había comenzado su curación. Patacara terminó alcanzando la iluminación y se convirtió en una de las mujeres más notables dentro del movimiento monástico budista.

Aprendí esta historia hace mucho tiempo, cuando era novato en la meditación. Nunca la he olvidado y la lección se me quedó grabada en la mente para siempre. Esa es la razón por la cual, por fuerte que sea el sufrimiento, por horrible que sea la situación, lo primero que hago antes que todo es serenar mi mente.

Segundo paso en el trabajo con el sufrimiento emocional: El paso afectivo

Este paso se encarga del sentimiento que produce vivir el sufrimiento emocional. El anterior paso de atención es necesario, pero muchas veces es insuficiente. Es necesario, porque sin serenar la mente primero, no se le puede comenzar a hacer frente a esa emoción difícil, y es insuficiente también porque con mucha frecuencia, la emoción regresa tan pronto como dejes de serenar de manera activa tu mente. Cuando eso sucede, es necesario este paso afectivo.

Este paso consta de dos partes. La primera consiste en estar dispuesto a experimentar el gozo en medio del sufrimiento emocional. La segunda consiste en estar dispuesto a experimentar en sí mismo el sufrimiento emocional.

Estar dispuesto a experimentar el gozo

¿Te sorprende oír decir que es posible tener acceso a momentos de un gozo puro, no adulterado, en medio de un sufrimiento emocional? A mí me sorprendió. En los capítulos anteriores hablamos de entrar con facilidad en el gozo, prestarle atención y fortalecer la mente con él; en otras palabras, hablamos de la capacidad para acceder al gozo al instante bajo las circunstancias normales, en las que no hay sufrimiento, tanto en la meditación como en la vida diaria. El hecho de que sea posible tener acceso al gozo al instante en esas circunstancias ya fue lo suficientemente sorprendente para mí. Así que quedé atónito al descubrir que algunas veces es posible, al menos en cierto grado, incluso bajo circunstancias muy dolorosas.

A medida que iba desarrollando más la habilidad de acceder al gozo en la meditación, me daba cuenta de que lo podía hacer, incluso cuando había tenido un día fatal y me sentía triste, enojado o descorazonado. Algunas veces, todo lo que tengo que hacer es serenar la mente y, mira por dónde, la mente se relaja en el gozo, a veces por minutos y a veces durante el resto del día. En otros momentos, medito sobre el amor bondadoso, lo que me fortalece la mente hasta llevarla al gozo, de nuevo, en ocasiones que duran unos pocos minutos, o en otras que duran mucho más tiempo.

Con esta experiencia aprendí dos cosas. En primer lugar aprendí, tal como han enseñado los maestros a lo largo de miles de años, que **la paz y el gozo son los estados predeterminados de la mente.** No es necesario crearlos; solo hace falta tener acceso a ellos. La mente, en su estado de paz y gozo, es como la luna: las emociones que impiden la paz y el gozo, como la tristeza y el odio, son como nubarrones negros en el cielo, que no permiten ver la luna. Esos nubarrones solo impiden ver la luna, pero no la destruyen, y basta que desaparezcan para que podamos verla. De manera similar, las emociones dolorosas solo obscurecen esa paz y ese gozo predeterminados de la mente, pero no los destruyen, de manera que la simple ausencia, o su separación, revelan la paz y el gozo de la mente. Para acceder a la paz y el gozo, no tenemos que hacer nada más que alejar de nosotros las emociones dolorosas que los oscurece.

En segundo lugar, aprendí que aunque la paz y el gozo son los estados predeterminados de la mente, no siempre es fácil lograr el acceso a ellos, y algunas veces, ni siquiera es posible. E incluso si logro tener acceso a ellos, no siempre puedo mantener abierto ese acceso en medio de esas emociones dolorosas.

Algunas veces, el acceso no dura más de un minuto ni incluso unos segundos. En los días difíciles, es como tratar de pararnos sobre las manos: solo hacerlo ya es difícil, pero mantenerlo durante más de un minuto es más difícil aun. En los días imposibles, es como si estuviéramos tratando de ver la luna a través de las nubes de una tormenta eléctrica. Sencillamente, no tenemos otra posibilidad más que resguardarnos y esperar a que el tiempo cambie.

El acceso de la mente al gozo en medio de grandes dificultades emocionales queda ilustrado con una hermosa parábola zen en la que participan un tigre y una fresa.

El tigre y la fresa

Había una vez un hombre al que un tigre hambriento estaba persiguiendo.

Mientras corría, se cayó por un barranco, pero mientras caía, se las arregló para asirse a una rama que crecía en el borde del barranco. Eso detuvo su caída. Estaba vivo por el momento, pero también estaba en una situación precaria. No podía soltar la rama porque, si lo hacía, caería centenares de metros y moriría. Tampoco podía volver a subir, porque el tigre lo estaba esperando a orillas del barranco, a solo unos metros de él.

Mientras pendía de manera tan precaria, aparecieron dos ratones que comenzaron a roer la rama a la que él se estaba aferrando para salvar la vida.

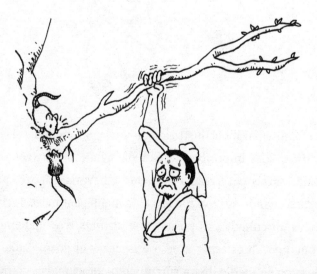

En ese mismo momento, el hombre notó que había una fresa cerca.

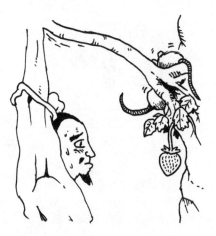

La alcanzó, la arrancó y se la comió. Estaba deliciosa.

Esta famosa parábola ilustra lo que son la paz mental y el gozo en medio de las dificultades imposibles de la vida. Cuando desarrollamos las habilidades necesarias para relajar la mente y llevarla al gozo, prestarle atención al gozo cuando surge y fortalecer la mente, entonces, incluso en medio de grandes dificultades, es posible que *algunas veces* hallemos momentos en los que podremos tener acceso a la paz y al gozo. Cada momento de paz y de gozo en medio de un sufrimiento emocional es como uno de esos ocasionales oasis que se presentan en un vasto desierto. Los oasis son los que nos permiten cruzar ese desierto. De igual manera, el hecho de tener acceso a momentos de paz y de gozo es lo que nos permite irnos abriendo camino entre las dificultades emocionales, por grandes que sean.

Eso era una parábola. ¿Qué aspecto tiene en la vida real? Yo aprendí esto de una ganadora del Premio Nobel de la Paz, llamada Rigoberta Menchú Tum.

Solo porque sientes dolor, eso no significa que no puedas tener gozo

Rigoberta recibió el Premio Nobel de la Paz en el año 1992 por haber dedicado su vida a la promoción de los derechos humanos. Cuando la conocí, descubrí que era exactamente lo que uno espera de una típica ganadora del Premio Nobel de la Paz: era sabia, bondadosa y llena de gozo. Es amistosa con todos y trata a cada quien con bondad. Tiene siempre una gran sonrisa para la gente y unos calurosos abrazos. Está llena de gozo. No obstante, bajo la superficie tiene un inmenso embalse de dolor. Su padre fue quemado vivo. Su madre fue violada y torturada antes de morir. Su hermano fue asesinado. Perdió al menor de sus hijos. Vio cómo muchos miles de personas eran oprimidas, torturadas y asesinadas.

Cuando me di cuenta de la cantidad de sufrimiento que ella llevaba dentro, sentí ganas de llorar. Una de las señales de la verdadera grandeza es la capacidad para soportar una gran cantidad de sufrimiento, no solo con valentía y ecuanimidad, sino también con bondad, compasión y gozo. Rigoberta me mostró lo que es la grandeza. Me conmovió.

Cuando estaba en la plataforma con Rigoberta, le pregunté de dónde procedía esa grandeza. ¿Era algo con lo que ella había nacido o hacia lo cual había crecido? Ella me dijo que procedía de unas profundas prácticas espirituales y, en su caso, unas prácticas procedentes de su propia tradición maya. Rigoberta es de Guatemala. Fuera de escena, mientras caminábamos, ella me señaló y me dijo: «¿Sabes? Mi espiritualidad maya no es tan diferente de tu espiritualidad budista». Ambos nos echamos a reír.

El encuentro con Rigoberta me llevó a una importante comprensión con respecto a la relación entre el gozo y el sufrimiento abrumador. Me di cuenta de que el gozo y el sufrimiento pueden existir con solidez uno junto al otro. Cuando el gozo es mucho más fuerte que el sufrimiento, el gozo puede desplazar al sufrimiento, pero cuando el sufrimiento es tan fuerte que no es posible desplazarlo, entonces el gozo puede existir junto a él, sin desplazarlo ni disolverlo. He tenido períodos oscuros en los cuales he sufrido un dolor emocional inmenso y, al mismo tiempo, gracias a mi entrenamiento mental, he podido acceder a un gozo genuino de manera intermitente en medio del sufrimiento. Algunas veces, esas dos cosas, el sufrimiento que era tan insoportable que me quería morir, y el gozo que llenaba toda mi mente, aparecían a solo minutos de diferencia entre sí. Hasta que conocí a Rigoberta, aquello para mí carecía de sentido por completo. ¿Por qué el gozo no lograba disolver por completo al sufrimiento? Y al contrario, si el sufrimiento era tan terrible, ¿por qué no disolvía por completo el gozo? Yo pensaba que me estaba volviendo loco; quiero decir, más de lo normal. El ejemplo de Rigoberta respondió mi pregunta. Ella me mostró que cuando el sufrimiento es abrumador, el gozo no lo hace desaparecer. En lugar de hacerlo, se convierte en un hábil depósito para el sufrimiento, limitando sus daños y permitiendo que funcione el proceso de curación. Es algo parecido a enyesarte una pierna cuando tienes una fractura seria. Eso impide que haya más daño y le permite a la pierna que sane con el tiempo. Rigoberta me demostró con su propio ejemplo de qué manera se puede llevar dentro un inmenso sufrimiento de una forma delicada y con gozo.

La insolubilidad mutua entre el gozo y el sufrimiento tiene otra consecuencia importante, que mi muy estimada amiga Dawn Engle, nominada quince veces para el Premio Nobel de la Paz, expresa de una manera excelente: «Solo porque estés sufriendo, eso no significa que no puedas tener gozo».

La lección clave, amigo mío: nunca tengas temor a experimentar el gozo en medio de un gran sufrimiento.

La disposición a experimentar el sufrimiento emocional

Como complemento de la disposición a experimentar gozo en medio del sufrimiento emocional, tenemos la disposición a experimentar ese mismo sufrimiento emocional.

El sufrimiento emocional tiene dos componentes: los sentimientos que experimentamos en el cuerpo y los pensamientos que desencadenan y después alimentan la continuación de esos sentimientos. Como experimentamos las emociones en el cuerpo, es necesario que trabajemos con ellas también en el cuerpo. Las emociones difíciles siempre comprenden sensaciones desagradables en el cuerpo. Por ejemplo, cuando me siento angustiado, el rostro se me pone tenso, es posible que sienta deseos de llorar, y tenga una sensación sumamente desagradable en el pecho y el estómago. El corazón me palpita en exceso, el cuerpo se me pone tenso, me siento mal del estómago, y en el pecho siento una opresión muy incómoda. En gran parte, el hecho de estar dispuesto a experimentar el sufrimiento emocional consiste en estar dispuesto a experimentar una gran incomodidad en el cuerpo.

Hay cuatro pasos para trabajar con las emociones dolorosas del cuerpo. El primero consiste en percibir con claridad que estas **emociones solo son sensaciones desagradables en el cuerpo.** Esa angustia que estoy sintiendo solo es una sensación terriblemente desagradable en mi rostro, mi garganta, mis hombros, mi pecho y mi estómago. Se halla en el mismo nivel que un dolor de muelas: ambos son solo sensaciones corporales terriblemente desagradables; eso es todo.

El segundo paso consiste en reconocer el papel central que desempeña la aversión. Cuando experimentamos una sensación corporal desagradable, esta nos lleva a la percepción, la percepción nos lleva a la aversión y la aversión al sufrimiento. No nos agrada sentirnos de esa manera. Pensamos que *no podemos soportar* el sentirnos así. Aquí, lo más importante que debemos saber es que **la aversión es la causa inmediata del sufrimiento.** Por tanto, para reducir o eliminar el sufrimiento, el punto de ataque está en la aversión: mientras más podamos reducir esa aversión, menos sufrimiento experimentaremos, a pesar de la sensación y la percepción del sufrimiento emocional. En otras palabras, el sentimiento (sensación y percepción) es el mismo, pero lo que sentimos acerca de ese sentimiento es diferente.

El tercer paso consiste en aplicar a la situación **el primer antídoto de la aversión: el amor bondadoso.** Cuando vemos con claridad la emoción que nos hace sufrir, tal como es (sensaciones corporales), y después aplicamos el amor bondadoso a la emoción y a nuestro yo, estamos comenzando a aliviar el sufrimiento.

Hay una vieja parábola de la India que ilustra este punto bajo la forma de una historia divertida. Había una vez un monstruo llamado Monstruo Airado, que se alimentaba de ira. En el ámbito de los seres humanos encontraba comida en abundancia, por lo que vivía bien.

Un día, en sus vacaciones, viajó hasta el ámbito celestial y, totalmente por accidente, descubrió que hasta los dioses se enojaban, y que su ira tenía un sabor celestial.

Entonces, decidió que quería darse un banquete con la ira de los dioses, ¿pero cómo hace uno para enojar a tantos dioses al mismo tiempo? El Monstruo Airado descubrió que Sakra, el rey de los dioses, estaba ausente, tal vez a causa de algún viaje de negocios, así que decidió sentarse en el trono de Sakra. Cuando los dioses lo supieron, se enojaron con él. Todos llegaron al trono de Sakra, le gritaron al Monstruo Airado y le exigieron que se marchara. El Monstruo Airado se alimentó con toda aquella ira y, mejor aún, gracias a todas las vitaminas y los minerales celestiales que había en la ira de los dioses, cada vez que se alimentaba con la ira de un dios, crecía más. Pronto, era tan grande, que ninguno de los dioses le pudo hacer nada. Algún tiempo más tarde, Sakra regresó de su viaje, y se encontró un descomunal monstruo sentado en su trono.

¡Oh no! ¿Qué podía hacer? Por fortuna, el rey celestial era sabio. Primero, vio con claridad lo que era el Monstruo Airado en realidad, y después lo trató con amor bondadoso. Le habló con cordialidad y amor y con cada palabra que decía, el monstruo se iba haciendo un poco más pequeño. Al final, el Monstruo Airado se encogió hasta tener el tamaño de un guisante, y el sabio rey lo quitó delicadamente del trono.

Si te es demasiado difícil hacer brotar amor bondadoso hacia ti mismo o hacia tu situación, prueba a hacerlo a favor de alguien hacia quien te es fácil sentir un amor incondicional, porque ese sentimiento solo basta para hacer progresos en cuanto a aliviar el sufrimiento emocional.

El cuarto y último paso en el trabajo con las emociones dolorosas del cuerpo es aplicarles **el segundo antídoto de la aversión: la ecuanimidad.** Una vez que he aplicado el amor bondadoso a la situación, trato de aplicarle ecuanimidad manteniendo mi atención en el nivel de las sensaciones tanto como me sea posible, solo observando las sensaciones de mi cuerpo. De vez en cuando me recuerdo que esas emociones que siento son solo sensaciones de mi cuerpo: **esas emociones no equivalen a mi persona.** Además, esos pensamientos que acompañan a las sensaciones corporales solo son eso, pensamientos: **esos pensamientos tampoco equivalen a mi persona.** La mente es como el cielo y los pensamientos son como las nubes que hay en el cielo: las nubes no son el cielo. De manera similar, esos pensamientos no son la mente; no son mi persona. Al lidiar de esta forma, viendo a las emociones solo como sensaciones corporales, y a los pensamientos solo como una corriente de fenómenos mentales, permito que todos esos sentimientos y todos esos pensamientos me ocupen el cuerpo y la mente. Les permito que se queden todo el tiempo que quieran y que causen tanto sufrimiento como quieran. Todo lo que yo hago es observarlos con ecuanimidad. Algunos meditadores le dan a esto el nombre de «sentarse en el fuego».

Jonathan Berent, un director de Google al cual conocimos en la introducción, programando su reloj para que le recordara que debía respirar, describe la forma en que la ecuanimidad cambió su experiencia de sufrimiento en unos tiempos especialmente difíciles:

> En mi marcha al gozo al instante no han faltado algunas cosas realmente serias con las que he tenido que enfrentarme. Hace un año, mi esposa y yo supimos que ella necesitaba someterse a tres cirugías distintas y sin relación entre sí. Una de las tres requería que estuviera seis semanas sin trabajar para recuperarse y una dieta totalmente líquida durante ese tiempo. Otra, que debía remover un quiste benigno de debajo de su brazo, significaba que no podría conducir un auto por lo menos en un mes. En aquellos tiempos, yo había estado practicando la meditación de concientización solo unos seis meses, pero incluso con esa cantidad de práctica tan limitada, pude presenciar cómo surgían en mi mente el estrés, la frustración y el temor. Cuando permití que mi mente se identificara con esas emociones, pronto me di cuenta de que yo no estaba presente para acompañar a mi esposa. Sin embargo, cuando me limité a considerarlas como nubes en el cielo de mi mente, encontré detrás de ellas una realidad más profunda. La compasión. Cuando me deshice de mi temor, y de mis pensamientos al estilo «Señor, ¿por qué todo esto? ¿Por qué todo a la vez?», descubrí que podía amar a mi esposa con un nivel de profundidad y de empatía que ella no había experimentado nunca antes.

Ya han quedado atrás las tres operaciones y también los períodos de
recuperación. Mi esposa dijo hace poco: «Creo que este año ha sido el
mejor de nuestro matrimonio». ¡Caray! Y estoy de acuerdo con ella en
un ciento por ciento.[1]

En resumen, el paso afectivo comienza cuando estamos dispuestos a
experimentar gozo en medio del sufrimiento emocional, permitiendo que
brote el gozo a la superficie cuandoquiera y dondequiera. Después de eso,
cultiva la disposición a experimentar el propio sufrimiento emocional.
Haz esto al percibir la experiencia afectiva del sufrimiento emocional en
sus componentes (sensaciones corporales, pensamientos y aversión) con
claridad, tal y como son. Después, aplícate a ti mismo el amor bondadoso
tanto como te sea posible; después siéntate con cuantas sensaciones corporales y cuantos pensamientos experimentes, haciéndolo en medio de la
quietud y la ecuanimidad, permitiendo que todas esas sensaciones corporales y todos esos pensamientos vengan y se vayan, sabiendo que no son
ellos tu persona.

Tercer paso en el trabajo con el sufrimiento emocional: El paso cognoscitivo

El paso cognoscitivo al trabajar con el sufrimiento emocional tiene que
ver con pensar de nuevo la situación que trajo consigo ese sufrimiento.
Lo que trata de hacer es tomar la perspectiva más habilidosa, viendo el
cuadro general sin que nuestra objetividad quede nublada por las emociones que nos afligen. Con mucha frecuencia comprende un enmarcar
de nuevo o reinterpretar el significado de la situación en base a dos cosas:
la objetividad y la compasión. Muchas veces se requiere este paso porque,
si solo damos los pasos de la atención y el afectivo, es muy probable que
las causas subyacentes al sufrimiento emocional queden sin resolver, y
los problemas irresueltos suelen volver a golpearnos. El paso cognoscitivo

consiste en enfrentarnos con los problemas subyacentes de una forma más objetiva y compasiva que, hasta donde sea posible, beneficie a todo el mundo.

Es frecuente que se necesite una nueva evaluación cognoscitiva por una sencilla razón: muchas veces, nuestra percepción de la realidad es defectuosa. En primer lugar, necesariamente la información que reunimos es incompleta, porque existe un grave límite en cuanto a la cantidad de cosas que podemos percibir y a las que les podemos prestar atención en un momento determinado. ¿Cuán grave es? En uno de los experimentos más famosos de la psicología, unos investigadores de la Universidad de Harvard les pidieron a los sujetos que vieran un breve video en el cual seis personas se pasan entre sí unas pelotas de baloncesto; les indicaron que contaran el número de pases que hacían las tres personas que llevaban puesta una camiseta blanca. En un momento del video, alguien con un disfraz de gorila caminó hasta el mismo medio de la acción, se enfrentó a la cámara y después se marchó. Toda una mitad de las personas que vieron el video y contaron los pases, no vieron al gorila.[2]

Doctor, no sé qué hacer... ¡Ella ya no me hace ningún caso!

Para empeorar las cosas, es frecuente que, de manera inconsciente, llenemos con nuestra imaginación la parte de la información que no poseemos, y después nuestro cerebro no se toma el trabajo de diferenciar entre lo imaginario y lo real. Dicho en otras palabras, nuestro cerebro muchas veces inventa cosas y después finge que sus invenciones son reales. Peor aun, el cerebro tiene una fuerte inclinación negativa. Percibe las cosas que nos afectan de manera negativa con mucha más fuerza que las cosas que nos afectan de forma positiva. Por ejemplo, imagínate que eres escritor y que tu primer libro lo han revisado cien personas en Amazon.com. De esas revisiones, setenta y cinco te dieron cinco estrellas, solo hay dos que te dieron una sola estrella. Adivina cuáles son las revisiones a las que les vas a prestar más atención. No, yo no sé de dónde saqué este ejemplo... Seguramente me lo inventé.

Una de las mayores consecuencias de nuestra percepción tan seriamente defectuosa de la realidad es que nos crea una gran cantidad de sufrimientos innecesarios, lo que hace al menos en tres sentidos. En primer lugar, daña nuestras relaciones. Es frecuente que juzguemos a los demás al llegar a conclusiones precipitadas acerca de sus intenciones, basándonos en los efectos que tienen sus acciones en nosotros, los cuales muchas veces son más negativos que sus intenciones reales. Por ejemplo, una persona hiere nuestros sentimientos y nosotros damos por seguro que esa persona tenía la intención de herirnos. Eso hiere nuestros sentimientos más aun, sin mencionar que nos deja pensando: «Ese individuo no es más que un patán». Está claro que esto daña nuestra relación con esa persona, que en realidad se sentiría horrorizada si supiera que nuestros sentimientos fueron heridos.

En segundo lugar, el modo en que nos juzgamos a nosotros mismos tiende a ser mucho más negativo que lo que podrían justificar los hechos. Me he dado cuenta de una forma más bien cómica de que yo también sufro de eso. Cada vez que hago algo importante, siento dentro de mí el convencimiento de que voy a echar a perder las cosas. En una ocasión, estaba a punto de pronunciar un importante discurso, y le dije a Rich, mi mejor amigo: «Estoy a punto de hacer un lío con todo esto» (lo cual significa que iba a echar a perder las cosas de una forma terrible, en caso de que me lo tengas que preguntar). Rick, puesto que es mi mejor amigo, se cansó de oírme decir una y otra vez que iba a hacer un lío con algo, así que decidió apelar al ingeniero que hay en mí, y me preguntó: «Muéstrame los datos: ¿cuándo fue la última vez que estuviste en una situación parecida y la convertiste en un lío?». No pude responderle. Él tenía razón: los datos no justificaban el grado de negatividad con el que me veía a mí mismo.

En tercer lugar, nuestra percepción seriamente dañada de la realidad nos lleva a estar mucho menos felices que lo que justifican las circunstancias de nuestra vida, porque tendemos a restarles importancia a las cosas positivas y a exagerar las negativas. Es como aquello tan famoso que le dijo Louis C. K. a Conan O'Brien: «En estos momentos, todo es maravilloso, y no hay nadie que se sienta feliz».[3]

Tengo también un ejemplo cómico. Hace ya muchos años, una joven de Singapur recibió su primera tarjeta de crédito, lo cual era algo muy grande para ella, porque el control del crédito personal solía ser muy fuerte en Singapur. De manera que por lo general, los jóvenes de su edad no ganaban lo suficiente como para que calificaran para una tarjeta de crédito. Cuando abrió el sobre, estaba muy emocionada, pero solo pasaron unos segundos antes que su sonrisa diera paso a un ceño fruncido. ¿Por qué? Porque aquella bonita tarjeta de crédito nueva presentaba unos ligeros raspones. Su cerebro le había quitado importancia con toda rapidez al gozo de su victoria financiera, ganada con tanto esfuerzo, para exagerar la negatividad de unos raspones ligeros. Ella me preguntó qué debía hacer, así que yo le dije: «¿Sabes lo grande que es el universo? La estrella más cercana a la nuestra está a cuatro años luz de distancia. Si viajamos a la velocidad de la luz, nos va a tomar cuatro años llegar a esa otra estrella. Nuestra galaxia tiene un diámetro de cien mil años luz, y contiene millones y millones de estrellas. La galaxia espiral más cercana a la nuestra, la Andrómeda, se halla a 2,5 millones de años luz de distancia. Si viajamos a la velocidad de la luz desde el borde de nuestra galaxia, hasta esa galaxia, podremos viajar durante 2,5 millones de años, o sea, veinticinco veces más que todo el tiempo que ha existido el *Homo sapiens,* y todo lo que vamos a encontrar es espacio. Y se trata solamente de la distancia entre dos galaxias que están muy cercanas. Es probable que haya miles de galaxias como estas en el universo. El universo es tan inmenso, que es imposible imaginármelo. Y aquí, en la tierra, hay una mujer preocupada por unos cuantos raspones que tiene su tarjeta de crédito». Ella se rio y se le acabó todo el enojo.

Teniendo en cuenta todo eso, es inteligente evaluar de nuevo en forma cognoscitiva todas las situaciones que nos hacen sufrir, porque es muy probable que al menos un alto porcentaje de nuestros sufrimientos se originen en alguna cantidad de imperfección en nuestra percepción. Te sugiero que hagas esta reevaluación de seis maneras:

1. Con bondad y compasión hacia los demás. Si tu sufrimiento emocional es causado por las acciones de otra persona, lo mejor es tener un amor bondadoso hacia esa misma persona, recordándote a ti mismo que esa persona es como tú en tres sentidos: es humana como tú; quiere ser feliz como tú, y quiere estar libre de sufrimiento como tú. Recuerda eso y dale el beneficio de la duda.

2. Con bondad y compasión hacia ti mismo. Te debes ver con los ojos con que te ve ese mejor amigo tuyo que te tiene afecto. Es muy probable que tu mejor amigo te diga cosas que no sean ni con mucho tan malas como crees y, objetivamente, es muy posible que sea más certero que tú. Considera eso y date a ti mismo el beneficio de la duda.

3. No creas todo lo que pienses. Recuerda que el cerebro, por lo general, no diferencia entre la imaginación y la realidad. Recuerda eso y está siempre dispuesto a admitir que estás equivocado.

4. Ve las cosas a largo plazo y dentro del cuadro general. A largo plazo, cada error es una oportunidad para aprender y crecer. También es bueno que estés siempre consciente de que un día vamos a morir; esto ayuda a poner las cosas en su perspectiva adecuada.

5. Ve todo como el milagro que es. Thich Nhat Hanh, maestro zen, lo dice poéticamente: «El verdadero milagro no es caminar sobre el agua o por el aire, sino caminar sobre la tierra. Cada día participamos en un milagro que ni siquiera reconocemos: un cielo azul, unas nubes blancas, unas hojas verdes, los ojos negros y curiosos de un niño: nuestros propios dos ojos. Todo es un milagro».[4]

O, como decía Louis C. K., con menos poesía, pero con más buen humor, cuando hablaba acerca de la gente que se queja de los aviones: «¿Participaste en el milagro del vuelo del ser humano, tú que eres un cero y no contribuiste en nada? ¡Pero volaste! ¡Es maravilloso! Todos los que van en todos los aviones deberían estar diciendo continuamente: "¡Dios mío! ¡Mira! ¡Estás volando! ¡Estás en el cielo, sentado en una silla!"».[5]

6. Con gozo y buen humor. Porque... bueno, ¿por qué no?

Ser muy bueno en el trabajo con el sufrimiento emocional

La mejor manera en que funcionan los tres pasos para trabajar con el sufrimiento emocional (el paso de la atención, el paso afectivo y el paso cognoscitivo) es que los vayamos ejecutando en ese orden. Sin el paso de atención para serenar la mente, los otros dos pasos son imposibles pero, por lo general, ese paso de atención solo es el principio. Con mucha frecuencia, se hace necesario el paso afectivo, pero no siempre resuelve las causas subyacentes al problema. El paso cognoscitivo suele ser necesario para resolver esas cuestiones subyacentes al problema; de lo contrario, el problema seguirá regresando, pero no podemos dar este paso cuando nuestro juicio aún está nublado por el sufrimiento emocional y, por tanto, es un paso que necesita apoyarse en los otros dos.

¿Cómo son las cosas cuando somos muy buenos haciendo esto? Recuerdo al menos dos personas que sobresalen en cuanto a trabajar con el sufrimiento emocional. Los dos son maestros de zen; a uno lo conozco en persona, y el otro es uno de los mayores maestros de zen de la historia. El que yo conozco es Soryu Forall, un estimado amigo al que admiro; un maestro de meditación con una profunda influencia del zen. Una de las cosas que más admiro de él es la forma en que ayuda a la gente que sufre. En su labor como maestro de meditación, la gente acude a él todo el tiempo con sus sufrimientos.

Cuando alguien le dice que está sufriendo, Soryu se expone totalmente eso; abre su propio cuerpo y su mente a todo el sufrimiento de esa persona y, por un instante, sufre exactamente igual que ella. Desde ese punto tan bajo, permite que su práctica resuelva el sufrimiento en él mismo, y cuando lo hace, describe lo que está sucediendo de una forma tal, que la otra persona comprende de qué manera puede hacerlo. Admiro su metodología. Para mí, es la manera más difícil, y también la más efectiva de ayudar a otras personas en sus sufrimientos. También es algo que va contra mi propio entrenamiento. Hace muchos años, cuando recibí algo de entrenamiento en consejería, se me dijo que nunca tomara para mí los sufrimientos de otra persona, ya que si lo hacía, todo lo que haría sería transferir parte de los sufrimientos de la otra persona a mi propia persona, para que ella se sintiera mejor, pero yo me sentiría peor, y no habría provecho alguno en el mundo. En cambio, Soryu se hace tan vulnerable como puede, y no pone resistencia alguna al sufrimiento. Se sensibiliza por completo a él. No se resiste ni cuando surge, ni cuando pasa.

¿Por qué Soryu hace eso? Él me dijo que lo hacía a causa de una conversación que había tenido con un maestro zen a mediados de su entrenamiento zen y que eso cambió su vida. Todo comenzó cuando él le hizo al maestro una pregunta ingenua: «¿Se siente triste un buda?». Por supuesto, esa pregunta es absurda para un budista. Todo budista sabe que la respuesta es que no. Un buda es alguien que ha perfeccionado su mente en todos los sentidos y, por tanto, es totalmente inmune a todos los sufrimientos; o sea que, obviamente, un buda nunca se siente triste. El maestro le dio una respuesta sorprendente a Soryu. Le dijo: «Cuando un buda se encuentra con una persona triste, el buda se entristece por un momento. ¿Por qué? Porque si no lo hiciera, la persona triste no tendría manera de conocer al buda». A partir de aquel día, Soryu decidió que no se iba a proteger del sufrimiento de las demás personas.

Recibiría su sufrimiento y buscaría la salida de ese sufrimiento junto con las personas, porque si él no está dispuesto a sufrir con ellas, no las puede ayudar. Así que se pregunta a sí mismo: «Si no estoy dispuesto a escapar de este sufrimiento, ni soy capaz de hacerlo, ¿de qué manera les puedo decir a ellos cómo hacerlo?».

Soryu manifiesta la valentía de la compasión, pero más importante aun, demuestra su seguridad en la práctica. Está dispuesto a descender a las profundidades del sufrimiento, porque tiene la seguridad de que es capaz de volar de regreso, gracias a la fortaleza de su práctica. Lo que él practica es similar a lo que tú has aprendido en este libro. La única diferencia es que él le ha dedicado una cantidad mucho mayor de horas. En el momento en que escribo esto, Soryu ya lleva veinticinco mil horas de meditación en toda su vida. Soryu me dice que, para él, «es como si la experiencia del sufrimiento fuera la experiencia del amor y del gozo que surge cuando experimentamos en forma directa la purificación que brota del amor y que regresa a él.[6] A medida que vayas adquiriendo más práctica, vas a comenzar a descubrir que las mismas prácticas que te ayudan a tener acceso al gozo al instante te pueden ayudar a atravesar los sufrimientos de la vida; por lo que, muy pronto, vas a comenzar a desarrollar la misma seguridad en ti mismo.

Otro ejemplo de lo que significa ser muy bueno en cuanto a trabajar con el sufrimiento emocional procede de una historia que leí en *Zen Flesh, Zen Bones*, libro clásico publicado en 1957. Lo leí cuando tenía diecinueve o veinte años, y me impresionó tanto que me llevó a comenzar la práctica, la que finalmente inicié a los veintiún años.

La historia es sobre un incidente crucial que se produjo en la vida de Hakuin Ekaku (1686–1768), el gran maestro japonés del zen y uno de los maestros zen más importantes en la historia de Japón. Antes de ese incidente, Hakuin ya era un maestro zen famoso y altamente respetado pero, después del incidente, su fama se extendió por todas partes. La historia es presentada de una manera hermosa en *Zen Flesh, Zen Bones* con el título «¿Así son las cosas?».

¿Así son las cosas?

Una hermosa joven japonesa, cuyos padres eran dueños de una tienda de víveres, vivía cerca de él. De repente, sin advertencia alguna, sus padres descubrieron que ella estaba encinta.

Eso hizo que sus padres se enfurecieran. Ella no quería confesar quién era el hombre, pero después de mucho acoso terminó dando el nombre de Hakuin.

Los padres, muy enojados, fueron donde estaba el maestro. «¿Así son las cosas?», fue todo lo que él les respondió.

Después que nació el niño, se lo llevaron a Hakuin. Ya para entonces, él había perdido su reputación, lo cual no le preocupaba, pero cuidaba muy bien del niño. Conseguía leche con sus vecinos y todas las demás cosas que el pequeño necesitaba.

Un año más tarde, la joven madre no pudo soportar más. Les dijo a sus padres la verdad: el verdadero padre del niño era un joven que trabajaba en la pescadería.

La madre y el padre de la joven enseguida fueron donde Hakuin para pedirle perdón, para darle largas disculpas y para recoger al niño.

Hakuin estuvo dispuesto a dárselo. Al entregarles al niño, todo lo que dijo fue: «¿Así son las cosas?».[7]

El fracaso no es optativo; viene instalado de fábrica

La fórmula de los tres pasos que aparece en este capítulo para trabajar con el sufrimiento emocional da resultados la mayoría de las veces, pero es posible que a ti no te funcione siempre. La razón es que la profundidad actual de tu práctica tal vez no sea suficiente para la magnitud del sufrimiento al que te enfrentas. Las magnitudes mayores de sufrimiento suelen requerir un nivel más profundo de práctica para que podamos triunfar. Por ejemplo, digamos que has desarrollado las habilidades necesarias para serenar tu mente cuando estás tratando con unos clientes poco razonables. Antes, apretabas los dientes y fingías una sonrisa pero ahora, gracias al entrenamiento que has hallado en este libro, puedes tratar con ello en medio de una serenidad y un gozo perfectos (¡no me tienes que dar las gracias!). Todos tus compañeros de trabajo se sentirán admirados con tu serenidad, pero eso no significa que nada te vaya a descontrolar nunca más. Un suceso que cause una magnitud mucho mayor de sufrimiento, como un diagnóstico de cáncer, te podría volver a lanzar a la depresión. E incluso después de tener el entrenamiento suficiente para mantenerte sereno y lleno de gozo ante ese diagnóstico de cáncer, podría haber otros sucesos que causaran más sufrimiento del que puedes tratar, como descubrir que tu esposa te ha estado engañando.

El malabarismo es una buena analogía para ese fenómeno. Si te has entrenado para hacer malabares con tres bolas, eso no significa que automáticamente puedas hacerlos con cuatro. Vas a necesitar algo de práctica para pasar de tres bolas a cuatro, y después de cuatro a cinco, y así sucesivamente, porque cada bola que añadas te va a exigir una habilidad mayor. No es acertado esperar que un meditador que tenga la capacidad de serenar su mente en una situación parecida a la de las tres bolas no vaya a tener problema alguno cuando tenga entre manos un problema tipo siete bolas.

Para empeorar las cosas, siempre hay un tiempo de espera entre el desarrollo de la conciencia de la aflicción y el desarrollo de la capacidad necesaria para resolverla. Por ejemplo, digamos que tienes tendencia a comportarte de ciertas maneras que te meten en problemas. Al principio, no estás consciente de esa situación. Después de algunas horas de una meditación concientizadora, comienzas a ver cómo son tus inclinaciones mentales —carentes de habilidad— las que te llevan al tipo de conducta que

te mete en problemas. Sin embargo, para tu horror, te sientes incapaz de detener esa manera de conducirte, a pesar de que puedes ver con claridad el daño que está causando. Es como verte conduciendo un auto directamente hacia una pared y ser incapaz de frenar con firmeza. Solo después de mucha práctica, algunas veces mucha más, aprenderás a corregir esas inclinaciones mentales carentes de habilidad y cambiar tu manera de conducirte. El tiempo que transcurre entre el que seas capaz de ver la falta de habilidad de tu mente y las formas de conducta que resultan de ella, y el llegar a desarrollar las habilidades mentales necesarias para hacer las cosas de una manera diferente, es un lapso que se siente horrible.

Durante ese período, lo más probable es que te culpes a ti mismo y sientas que eres un fracasado. He aquí una parábola, inspirada por el hermoso poema titulado «*Autobiografía en cinco cortos capítulos*», escrito por Portia Nelson, cantante, compositora, actriz y escritora. El poema capta este fenómeno:

Primer día: Voy caminado por la calle. Hay un profundo hoyo en la acera. No veo el hoyo. Camino directamente hacia él y me caigo.

Segundo día: Voy caminando por la misma calle. Veo el profundo hoyo que hay en la acera. Camino directamente hacia él y me caigo.

Tercer día: Voy caminando por la misma calle. Veo el profundo hoyo que hay en la acera. Lo rodeo.

El día más duro es el segundo. En el segundo día, ves con claridad el hoyo que hay en la acera, y te ves a ti mismo caminando derecho hacia él. Sin embargo, no eres capaz de detenerte. Pero el segundo día es un requisito previo para el tercero. Solo cuando puedas ver con claridad dónde está tu fallo, podrás superar las causas del mismo. Así que, cuando estés en el segundo día, debes saber que se trata de una progresión natural hacia el tercer día y, si sigues practicando, pronto vas a desarrollar la capacidad necesaria para rodear el hoyo.

Volvamos a la analogía de los malabares. En cada uno de los pasos de tu crecimiento, espera que haya fracasos. Muchos fracasos. Cuando estés aprendiendo a hacer malabares con tres bolas, espera que se te caigan todo el tiempo, hasta que puedas mantener las tres en el aire. Una vez que puedas hacer malabares con tres bolas, y quieras aprender a hacerlos con cuatro, ¿qué sucede? Fracasos, fracasos y más fracasos. Se te van a seguir cayendo mientras practicas, hasta que domines esa nueva capacidad. Al final, no vas a tener problema en cuanto a hacer malabares con cuatro bolas. Si decides pasar a cinco, ¿qué sucede entonces? Sí: fracaso, fracaso y más fracaso, hasta que domines la nueva habilidad.

Cuando estás creciendo, a menudo te sientes como que estás fallando todo el tiempo, pero te animo a reflexionar en el camino recorrido, de vez en cuando, para que entonces veas lo lejos que has llegado. Por ejemplo, mientras se te están cayendo las bolas por todo el sitio en tu práctica para hacer malabarismos con cinco, piensa cuando pasabas de dos a tres y de tres a cuatro. En cada uno de los pasos, te decías a ti mismo lo fantástico que sería hacer malabares con una bola más, y en cada uno de los pasos, terminaste triunfando. Comprende que los fracasos forman parte integral del proceso de crecimiento. No te limites a ver solo el fracaso; observa también el crecimiento. Cuando lo hagas, vas a experimentar el gozo que hay en crecer.

El arte de sufrir es amor

¿Y si tu sufrimiento es tan intenso que supera por completo tu capacidad para trabajar con él? En ese caso, necesitas aprender el arte de sufrir.

Hace algunos años, mientras maduraba mi práctica de la meditación, llegué a un punto en el cual mi acceso a la paz interior y al gozo interior se había vuelto tan fuerte que me iba bastante bien cuando se trataba de superar el sufrimiento. Cada vez que experimentaba sufrimiento, serenaba mi mente, activaba el gozo y, como ese fundamento era tan firme, podía dar los pasos de atención, afectivo y cognoscitivo para enfrentar con bastante facilidad los sufrimientos emocionales. Y eso se convirtió en un problema. ¿Cómo? Porque creó en mi entrenamiento un gran punto ciego. El gran maestro zen Thich Nhat Hanh enseña algo llamado el arte del sufrimiento y, en realidad, nunca lo había aprendido. Era como el luchador de kung fu que era tan bueno a la hora de bloquear los golpes, que nunca desarrolló la habilidad de evitarlos. Así que en las ocasiones en que un golpe que venía hacia él era tan poderoso que no lo podía bloquear, lo dejaba fuera de combate. Y eso fue lo que me sucedió a mí. Hubo un tiempo en mi vida en el que mi sufrimiento era tan abrumador que mi habilidad para acceder a la serenidad y al gozo no era lo suficientemente fuerte para superarlo, así que ni siquiera podía dar los tres pasos. Estaba indefenso.

Durante ese período tuve la gran suerte de pasarme tres días con el mismo maestro Thich Nhat Hanh. Él me enseñó a sufrir de una manera habilidosa. Aprendí el arte de sufrir. Y después me di cuenta de lo que faltaba en mi práctica.

Según la comprensión, probablemente imperfecta, que obtuve de las enseñanzas de Thich Nhat Hanh, hay tres pasos habilidosos en el arte de sufrir:

1. No pienses; solo siente. Tanto como te sea posible, experimenta las sensaciones de tu cuerpo en el momento presente. En palabras de Thich Nhat Hanh, «vuelve a casa, a ti mismo; vuelve a casa, al momento presente».

2. Acuna con ternura. Acuna de manera figurada tu yo que sufre, como una madre acuna a su bebé que llora. La madre no sabe por qué el bebé está llorando, pero lo acuna de todas maneras, y solo con que ella haga eso, el bebé se siente mejor. De forma parecida, trata a tu yo que sufre como si fuera un bebé, y acúnalo tiernamente con amor.

3. Cultiva compasión a partir de ese sufrimiento. La compasión surge de la comprensión del sufrimiento. El sufrimiento es como el lodo y la compasión es como la flor de loto; hace falta lodo para que crezca el loto. Así que, comprende el sufrimiento y permite que esa comprensión se vuelva compasión. Cuando la compasión cubre la mente, el sufrimiento se debilita de manera natural y, en ocasiones, desaparece.

Lo que Thich Nhat Hanh me enseñó es que el arte de sufrir añade un instrumento sumamente poderoso a mi caja de herramientas para enfrentarme al sufrimiento: el amor. Si hay una palabra que resuma los tres pasos anteriores, creo que es *amor*. Ámate a ti mismo lo suficiente con el fin de permitirte el espacio necesario para sufrir, sin que sientas vergüenza o te juzgues. En el sufrimiento no hay nada de qué avergonzarse; no hay razón alguna para esconderse. Es simplemente una experiencia natural en la condición humana, eso es todo.

Mientras poseamos un cuerpo humano y vivamos una vida humana, tendremos sufrimientos. Ámate a ti mismo lo suficiente para acunarte en medio de tu sufrimiento, con ternura y bondad. Y ama a todos los seres dotados de sentidos lo suficiente para querer cultivar en ti la compasión.

El arte de sufrir es amor.

Matthieu Ricard y Tania Singer, su compañera de investigaciones, mientras investigaban el altruismo en el cerebro, hicieron un descubrimiento fascinante. Cuando Matthieu recordaba un perturbador video en el que unos niños discapacitados morían por abandono y por hambre, se activaban las partes de su cerebro asociadas al sufrimiento. En cambio, cuando lo hacía mientras estaba meditando sobre el amor altruista y la compasión, las redes cerebrales conectadas con las emociones negativas y la angustia permanecían inactivas, mientras que ciertas zonas del cerebro asociadas a las emociones estaban activas; por ejemplo, las partes del cerebro conectadas con los sentimientos de filiación y de amor materno.[8] Matthieu y Tania demostraron científicamente que el amor altruista y la compasión son antídotos para el sufrimiento.

Eso me recuerda una historia que oí relatar al maestro yoga Sadhguru Jaggi Vasudev. No he encontrado ninguna fuente escrita de ella, pero es hermosa y con ella quisiera terminar este capítulo. Está escrita de la forma en que recuerdo haberla escuchado de Sadhguru.

Había una vez un yogui que había estado practicando vigorosamente durante treinta años. Ese yogui se encontró con el gran maestro yoga Ramakrishna y le preguntó: «Aun después de todos mis años de dura práctica, en mí falta algo que siento que está en ti. ¿Qué necesito hacer para que eso que está en ti también esté en mí?».

Ramakrishna le preguntó: «Como yogui, ¿alguna vez has amado a alguien o a algo?». Al principio, el yogui se ofendió. «No, claro que no», dijo. Sin embargo, después de mucha insistencia por parte de Ramakrishna admitió que una vez, hacía muchos años, había amado a una vaca. El yogui vivía en el bosque, muy alejado de la gente para poder concentrarse en su práctica, pero había guardado una vaca en su choza para tener leche. Después de un tiempo, nuestro yogui comenzó a amar realmente a la vaca, por lo que se apegó mucho a ella.

Un día, un yogui errante pasó junto a la choza y le pidió que le dejara quedarse en ella unos días. Nuestro yogui lo recibió con los brazos abiertos y lo invitó a quedarse todo el tiempo que quisiera. Pero después de un solo día, el yogui errante se marchó de la choza en medio de la noche sin decírselo a su anfitrión, lo cual en la cultura india sucede solamente cuando el huésped se siente profundamente ofendido por el anfitrión. Cuando este se dio cuenta de que su huésped ya no estaba allí, lo persiguió y le preguntó por qué se había marchado de esa manera. El yogui errante le dijo con repugnancia: «Es evidente que amas a esa vaca. Tú no eres un verdadero yogui». Nuestro yogui se dio cuenta de que su visitante tenía razón, así que regaló la vaca.

Cuando Ramakrishna escuchó la historia, le dijo al yogui: «Esto es lo que quiero que hagas. Quiero que te consigas una vaca y cuides de ella un año». El yogui hizo lo que le indicaba. Aprendió a amar a la vaca, esta vez sabiendo que no la podía conservar consigo. Y un año más tarde, se encontró de nuevo con el maestro Ramakrishna y le dijo: «Eso que está en ti, ahora sé que también lo tengo en mí».

Así que mi consejo es: ¡Consigue una vaca, hombre!

CAPÍTULO SIETE

Una mente poderosa es mejor que el placer sexual

Una exploración más allá de los placeres mundanos

Había una vez un estudiante llamado Peter que cursaba física teórica en la Universidad de Cambridge. Un día fatídico, Peter fue a un retiro de meditación, durante el cual logró llegar muy hondo en su meditación y experimentó el intenso gozo de la meditación profunda.

Se dio cuenta de que el gozo que estaba experimentando era mucho más satisfactorio que el placer de las relaciones sexuales, y lo sabía porque acababa de tenerlas con su novia alrededor de una semana antes del retiro. Eso lo dejó pasmado. Lo primero que pensó fue: «¿Por qué nadie me había hablado de esto antes?». Entonces fue cuando decidió convertirse en monje budista.[1] Peter creció hasta convertirse en Ajahn Brahm, uno de los monjes budistas más prominentes y respetados hoy en el mundo occidental.

La meditación ofrece mucho más que un simple alivio del estrés, una concentración de la mente, creatividad o éxitos mundanos. A medida que se va haciendo más profunda la práctica de la meditación, va abriendo un mundo vasto y fascinante, el cual me encantaría explorar un poco contigo.

Al escribir los capítulos anteriores, desempeñé el papel de un guía nativo, mostrándote los senderos con los cuales estoy familiarizado, no porque yo sea mejor que tú en ningún sentido, sino porque he caminado por esas sendas y por sus atajos lo suficiente como para conocerlos bien. En este capítulo, tengo la esperanza de dejar a un lado el papel del guía nativo para hablarte como compañero de aventuras y explorar contigo los fascinantes espacios que he descubierto últimamente, o por los que muy pocas veces he andado yo mismo, o acerca de los cuales solo he escuchado asombrosos relatos procedentes de maestros guías que han viajado mucho más lejos que yo.

Demos una breve excursión por el ámbito de las prácticas profundas de la meditación y del gozo que se halla más allá de los placeres mundanos.

El gozo no es el único camino

Antes de explorar cualquier tema avanzado sobre la meditación, hay algo que necesitamos aclarar: que el camino del gozo no es la única senda para desarrollar una sólida meditación práctica y un buen estado mental. En realidad, hay una gran cantidad de sendas. Por ejemplo, en el budismo se supone que haya ochenta y cuatro mil sendas, que los budistas llaman «puertas al Dharma», o puertas a las enseñanzas, y detrás de cada una de esas puertas se halla exactamente el mismo premio (lo cual puede ser la razón de que nunca se haya convertido en un programa popular de juegos en la televisión).

Una vez más, la analogía del buen estado físico es instructiva. Para llegar a estar en buen estado físico, puedes aplicar la fácil y divertida metodología de la cual hablamos, que es encontrar una forma sencilla de comenzar y después hacer divertidos los ejercicios regulares. Pero es obvio que esta no es la única manera. Por ejemplo, te puedes forzar a hacer ejercicios continuamente, en base a una firme disciplina. Puedes crear las condiciones para que otras personas te obliguen a llegar a estar en buen estado físico; por ejemplo, enrolándote en el Cuerpo de Marines de Estados Unidos. Puedes aspirar a la grandeza, uniéndote a un equipo de entrenamiento olímpico. O es posible que las circunstancias de la vida te obliguen a tener un buen estado físico. Por ejemplo, si los médicos te dan un diagnóstico que indica que si no te pones pronto en forma, te vas a morir, eso sería una excelente motivación para hacer ejercicios.

De igual forma, en el entrenamiento de la mente, la metodología del gozo es una buena forma de progresar, pero no es la única. Hay personas que se dedican a aplicar simplemente la disciplina. Hay quienes se ponen deliberadamente en situaciones en las cuales no pueden hacer otra cosa más que meditar. Por ejemplo, cuando el maestro de meditación Shinzen Young era joven, antes que tuviera ningún entrenamiento formal en la meditación, se compró un billete de ida solamente hasta Japón, y se internó en un monasterio budista muy apartado, para asegurarse de que no se iba a acobardar e irse. Esa fue su primera introducción a la práctica seria de la meditación. También puedes tomar la resolución de convertirte en maestro de meditación, y usar eso como motivación para tus propias prácticas.

Veo eso con frecuencia, porque mi organización, el Instituto de Liderazgo Busca en tu interior («Search Inside Yourself Leadership Institute», SIYLI, que se pronuncia «silly», o sea, «tonto» en inglés, por supuesto), entrena maestros de Busca en tu interior, y yo insisto en que todos ellos tengan dos mil horas de práctica de meditación, de manera que muchos de esos maestros se sienten motivados a practicar con el fin de poder enseñar el sistema Busca en tu interior.

Sin embargo, es muy frecuente que haya personas que tomen el sendero del sufrimiento. Por ejemplo, muchos se inscribieron para recibir la clase de «Reducción del estrés basada en la concientización» (MBSR), que da Jon Kabat-Zinn, porque estaban pasando por serios sufrimientos físicos con respecto a los cuales sus médicos no podían hacer nada, de manera que toda su práctica inicial de la concientización giraba alrededor del sufrimiento. Yo mismo me acerqué a la meditación a causa de mis sufrimientos emocionales crónicos y persistentes. De hecho, entre la gente de mi generación o de más edad, casi el cien por ciento de todos los meditadores que conozco vinieron a la meditación porque se sentían destruidos. Eso tiene sentido, porque cuando yo era pequeño, la meditación estaba muy lejos de ser algo corriente, de manera que la población que escogía el camino de la meditación necesitaba tener una motivación muy fuerte para aventurarse tan lejos de lo considerado normal y, en casi todos los casos, esa motivación era un sufrimiento insoportable. Solo conozco una excepción. Hay una persona que conozco, el cofundador de una compañía muy exitosa y famosa en Internet, que acudió a la meditación (y al budismo) totalmente «porque el budismo tiene un sentido común perfecto». Una persona. La motivación inicial de todas las demás era el sufrimiento.

Otro detalle que quiero que notes es que esas sendas no son mutuamente excluyentes. Por ejemplo, puedes usar la comodidad y la diversión como una forma de comenzar a ejercitarte con regularidad y, unos pocos años después de eso, decidir que quieres estar en excelente estado físico. De manera que tomas la senda del rigor y la disciplina al unirte al equipo olímpico de entrenamiento, o al Cuerpo de Marines de Estados Unidos. En forma parecida, tu práctica de la meditación podría comenzar en una senda de comodidad y de gozo, y después, cuando comiences a ser bastante bueno en ese estilo, podrías decidir que en realidad quieres cambiarte a un enfoque más riguroso y disciplinado. La cuestión con respecto a los distintos senderos es que cada uno de ellos tiene sus ventajas y sus desventajas, de modo que unos funcionan mucho mejor para algunas personas que para otras, según sus metas, inclinaciones, aptitudes y situaciones en la vida. Por ejemplo, la senda de la comodidad y el gozo es buena para ayudar a grandes números de individuos comunes y corrientes con el fin de que establezcan una práctica sólida, pero si tú eres alguien cuyo deseo es establecer una práctica profunda en un número corto de meses, no puedes hacer nada mejor que comprarte un billete de ida a Tailandia y entrar en un monasterio budista situado en medio de una espesa selva, con un maestro iluminado muy sensato. Algunas veces, tu situación limita las clases de prácticas que puedes escoger. Por ejemplo, mi práctica principal es el gozo, pero en los días en los que tengo unos sufrimientos emocionales que anulan mi capacidad para producir gozo, no tengo más posibilidad que practicar la bondad y la ecuanimidad en medio del sufrimiento. Eso, junto con el hecho de que mi esposa nunca me permitiría que comprara un billete de ida solamente a Tailandia para entrar en un monasterio en medio de una selva, hace que esa opción esté fuera también de mis propias posibilidades.

Acabo de terminar los mapas de la Calle de los Sueños y ahora estoy pasando al Sendero del Sufrimiento...

Puesto que hay un gran número de senderos (¿84.000?), ¿por qué decidí yo escribir un libro sobre la meditación con gozo? ¿Por qué no escogí uno de los otros 83.999 senderos?

En primer lugar, porque el sendero del gozo es mi propia práctica principal. Me gusta que las cosas sean fáciles y llenas de gozo. Soy demasiado perezoso para tomar los senderos difíciles, a menos que sea absolutamente necesario. Los que toman los senderos difíciles son como héroes legendarios montados sobre feroces tigres. En cambio, ¿yo? Yo prefiero cabalgar sobre delicados unicornios sonrientes a los que les salen arco iris de las ancas.

Meng solo estaba haciendo payasadas cuando se le ocurrió esta imagen.

En segundo lugar, y es lo más importante, tengo la esperanza de beneficiar al mayor número posible de personas. Son demasiados los que me dicen que quieren meditar, pero que la meditación es algo muy difícil. Hay a quienes se les hace demasiado duro, incluso comenzar; a la mayoría les parece demasiado duro mantenerla. Yo sé que no tiene que ser algo forzosamente difícil. A partir de mi propia experiencia en la práctica y la enseñanza, sé que es posible iniciar y desarrollar una práctica sólida principalmente con la comodidad y el gozo. Espero que este enfoque beneficie a una inmensa cantidad de personas.

Cuando la meditación ya no exige esfuerzo

Al igual que muchos otros meditadores experimentados con los que he conversado, yo también he experimentado el largo caminar de mi práctica de la meditación en tres etapas:

1. El relajamiento

2. La estabilidad en la atención

3. La práctica sin esfuerzo

En la primera etapa aprendí a relajarme; a no luchar, y a sentirme cómodo con mi respiración. En la segunda etapa, aprendí a aplicar una inmensa cantidad de habiloso esfuerzo para establecer una estabilidad basada en la atención sobre ese fundamento del relajamiento. (Hablo de mi experiencia en el cultivo del relajamiento y de la estabilidad en la atención en el capítulo 3). Después de eso, llegué a la tercera etapa de una manera inesperada.

Había puesto tanto esfuerzo en el desarrollo de mi estabilidad en la atención que había adquirido la capacidad necesaria para permanecer relajado y mantener mi atención en la respiración, sin perder un solo respiro durante dos horas seguidas. Pensaba que el impulso que llevaba mi progreso era imposible de detener. Y entonces, he aquí que mi práctica chocó contra un muro. Por razones que en aquellos momentos no comprendí, por mucho que lo intentara, no podía seguir haciendo progresos. Mi serenidad no alcanzaba profundidad y era incapaz de extender mi concentración en la meditación más de dos horas. ¿Qué podría hacer? ¿Qué podría hacer?

Por coincidencia, tuve un encuentro con Subul Sunim, maestro de zen coreano. Hacia el final de nuestra reunión, le hablé de que ya no estaba haciendo progresos en mi práctica, y le pregunté qué debía hacer. Él me dio un consejo muy sencillo: «Ahora, abandona los esfuerzos». Entonces me lo explicó con una enseñanza que lleva un toque de poesía zen: «Adquirir sabiduría es muy difícil, pero abandonarla es más difícil aun. Es evidente que has acumulado una gran cantidad de sabiduría, la que te ha traído hasta este punto, lo cual es muy bueno. Pero para seguir avanzando, necesitas abandonar esa sabiduría».

Cuando oí aquello, supe que era precisamente la enseñanza que necesitaba para salir de mi estancamiento. Esas enseñanzas zen no me eran desconocidas. Había leído acerca de ellas durante muchos años pero ahora, de repente, las podía usar. Esto es un buen ejemplo de lo que es una enseñanza correcta en el momento debido. Las enseñanzas zen acerca del abandono de la sabiduría y del esfuerzo me habrían sido totalmente inútiles en la etapa en la que estaba tratando de establecer una estabilidad en la atención; en cambio, son precisamente las que necesitaba una vez que era capaz de hacerlo. En el budismo primitivo, la tradición de mi propio entrenamiento en la meditación, el Buda enseñaba que hay cuatro clases de enseñanzas: las enseñanzas que son verdaderas y útiles, las enseñanzas que no son verdaderas, pero son útiles; las enseñanzas que son verdaderas, pero no son útiles, y las enseñanzas que no son ni verdaderas ni útiles. El Buda les enseñaba a sus estudiantes que solo presentaran las enseñanzas que son verdaderas y útiles. Me di cuenta de que muchas, tal vez todas, las enseñanzas que se encuentran en la categoría de «verdaderas, pero inútiles» pertenecen a ella por el momento en que son presentadas. Por ejemplo, la enseñanza sobre abandonar la sabiduría y el esfuerzo siempre ha sido verdadera pero, para mí, era totalmente inútil en una etapa de mi práctica, aunque después se convirtió en la enseñanza *más importante* en otra etapa de mi práctica. El cambio se debía por completo al momento en que apareció dentro de mi progreso en la práctica. Si estás aprendiendo para enseñar meditación, te ruego que tomes nota de esto, porque este punto es muy importante.

Después que habló el maestro Subul, uno de sus asistentes entró con un papeleo urgente que él tenía que ver. Aproveché la oportunidad para meditar mientras esperaba. Entré en un estado de meditación y después abandoné todo esfuerzo mental. En cuestión de segundos, tenía una profunda sensación de serenidad, estabilidad y fortaleza. Y sin esfuerzo alguno por mi parte. Pocos minutos más tarde, cuando el maestro había terminado con sus papeles, abrí los ojos y le informé lo que acababa de sucederme, y él me dijo: «Sí, eso mismo es».

De repente, vi que la mayor barrera que impedía mi progreso era mi propio esfuerzo. El mismo esfuerzo que había acelerado mi progreso ahora me estaba impidiendo pasar a la siguiente etapa de mi crecimiento. Con la estabilidad en la atención ya firmemente establecida, lo siguiente que hacía falta que sucediera era que toda mi actividad mental se aquietara. El esfuerzo mismo era una actividad totalmente mental; por eso se había convertido en un obstáculo. Es como los cohetes que impulsan a un transbordador espacial: sin ellos, el transbordador no puede despegar, pero una vez que se ha gastado el combustible de los cohetes, esos mismos cohetes se convierten en peso muerto y es necesario desecharlos para que el transbordador pueda subir más alto. Y yo había llegado a esa etapa.

Más allá de la estabilidad en la atención se encuentra la ausencia de esfuerzo. Al establecer firmemente la estabilidad, el meditador pone la mente en el camino correcto, en un estado meditativo en el cual se encuentra alerta, relajada, estable, y entonces elimina todo esfuerzo mental, permitiendo que la meditación se produzca por sí sola. Es como un carrito de compras en el mercado, al cual se le ha dado un fuerte empujón: sigue rodando, y nosotros no necesitamos seguir empujándolo. Todo lo que hace el meditador es aplicar de nuevo el esfuerzo cuando la estabilidad de la atención declina, y eliminarlo de nuevo poco más tarde. Una vez retirado el esfuerzo, la mente se desliza hacia un estado profundamente sereno y tranquilo. En el fondo, hay atención a la respiración, pero en el frente, la atención no tiene objetivo alguno. Solo hay un reconocimiento de que así son las cosas en ese momento. Así son, y así serán. Más importante aun es que el gozo adquiere mayor prominencia. El gozo sutil, pero altamente sostenible, que surge de la comodidad que estaba siempre presente en el fondo, ahora pasa al frente. Con la mente estable sin esfuerzo alguno, experimentamos el gozo de una manera más vívida.

Cuando era novato, oí decir a muchos maestros de la meditación que «la meditación debe carecer tanto de esfuerzo que se haga ella misma». Nunca había comprendido lo que eso significaba, pero ahora sí. Me tomó una gran cantidad de esfuerzo llegar a esa carencia de esfuerzo. Eso me recuerda un simpático refrán: «Hace falta un tiempo muy largo para convertirse en un éxito de la noche a la mañana».

Más adelante, mi estimado amigo, el maestro de meditación Soryu Forall me relató una hermosa parábola tomada del Avatamsaka Sutra (Escritos de Adornos Florales) que me dio las palabras necesarias para encontrarle sentido a ese desarrollo. Es la parábola de una persona que empuja un barco de velas hacia el océano. Antes de llegar al océano, tiene que poner mucho esfuerzo para empujar el velero, pero una vez que llega al océano, es inútil que lo siga empujando. En el agua, el viento se encarga de empujar el barco sin esfuerzo alguno. La distancia que recorre en el océano en un solo día es mucho mayor que la que recorrería en tierra si se lo estuviera empujando un centenar de años.[2]

Esta analogía del velero contiene dos lecciones importantes. La primera es que la ausencia de esfuerzo suele requerir que la preceda un esfuerzo deliberado. Si nunca empujamos el velero hacia el océano, sino que nos quedamos sentados tontamente dentro de él mientras sigue en tierra,

¿Dándole «alegría» al
Jolly Roger, capitán?

esperando que «el viento lo empuje sin esfuerzo alguno», no llegaremos a ninguna parte. En la meditación, la ausencia de esfuerzo se debe establecer sobre el fundamento de la estabilidad en la atención; de lo contrario, en la realidad tu mente solo va a divagar y a desperdiciar tu tiempo. La segunda lección es que, aunque la etapa de la ausencia de esfuerzo sea importante, su principal papel es capacitarnos para esa ausencia de esfuerzo. El meditador que no comprende esto es como el marinero que sigue empujando el velero cuando ya está en el agua o, peor aún, como el que empuja su velero todo el tiempo por tierra hasta llegar a su destino, en lugar de empujarlo hacia el agua con la intención de navegar hasta su punto de destino. Está desperdiciando un tiempo y un esfuerzo valiosos.

Yo prefiero navegar.

¿Cómo se siente uno cuando es muy experimentado en la meditación?

Podemos pensar en la meditación como algo que tiene tres pilares: permanecer sereno, alcanzar conocimiento y llegar a los estados sublimes. Una silla estable debe tener por lo menos tres patas fuertes. De igual manera un meditador completo debe ser fuerte en estos tres pilares de la práctica.

Las prácticas para permanecer en la serenidad son prácticas de meditación que llevan la mente a un estado sereno, de manera que se vuelva tranquila y relajada y, al mismo tiempo, la atención sea concentrada y vívida. En el idioma pali, el término que se traduce como «permanecer en la serenidad» es *sámatha* (sá-ma-ta).

Las prácticas de adquisición de conocimiento son prácticas de meditación que enfocan la mente para que pueda percibir los fenómenos a una resolución muy elevada; de forma específica, tres procesos: el proceso de la emoción, el proceso del conocimiento y el proceso del yo. Las prácticas que comprenden observar el surgimiento, la presencia y el cese de los pensamientos y las experiencias sensoriales son prácticas de adquisición de conocimiento. El término del idioma pali que traducimos como «percepción» es *vipássana* (vi-pá-sa-na).

Los estados sublimes, o *brahmavihara* (bra-ma-vi-ja-ra), son el amor bondadoso, la compasión, el gozo altruista y la ecuanimidad, los cuatro estados que analizamos en el capítulo 5.

Las prácticas que aparecen en este libro cubren los tres pilares. Por ejemplo, asentar la mente (capítulo 3) entrena en el sámatha (permanecer en la serenidad), nota el gozo (capítulo 4) y nota que ha desaparecido (capítulo 4) entrenan en el vipássana (alcanzar conocimiento), y todas las prácticas del capítulo 5 entrenan en el brahmavihara (los estados sublimes).

Esto nos lleva a hacernos dos preguntas: ¿En qué consiste tener una práctica madura en cada uno de los pilares? ¿Y cuándo se llega a tener verdadero control?

La madurez en la práctica del sámatha (permanecer sereno)

Cuando tu práctica del sámatha llegue a su madurez, en una meditación formal, en una habitación silenciosa, cuando nada particularmente malo esté sucediendo en tu vida; por ejemplo, no te acaban de despedir de tu trabajo, no acabas de perder los ahorros de toda tu vida en inversiones a futuro, ni te hallas en medio de un desagradable divorcio, podrás llevar tu mente a un profundo estado de serenidad entre el noventa y cinco y el cien por ciento de las veces. En ese estado mental, hay cuatro cualidades que se fortalecen grandemente: el relajamiento, el gozo, la estabilidad en la atención y la intensidad en las percepciones.

La mente se halla gozosamente relajada, sin aferrarse a nada; sin embargo, la atención al objeto que has escogido, como tu respiración, es estable, y la percepción es intensa porque la mente no está soñolienta. Es una calidad de concentración que es relajada, fácil, abierta y casi carente de esfuerzo. Puedes mantener este estado al menos durante una hora seguida, sin dificultad.

Con una práctica madura del sámatha en las situaciones difíciles que se presentan en la vida real, cuando todo parece estar desmoronándose, la gente te grita o te acaban de despedir de tu trabajo, puedes serenar tu mente la mayoría del tiempo, y la mente puede mantener un grado significativo de serenidad, relajamiento y estabilidad; incluso, algo de gozo, en medio de una desastrosa tormenta. Tal vez no lo logres todo el tiempo, pero sí al menos más de la mitad del tiempo.

El dominio del sámatha (permanecer sereno)

Yo mismo no he llegado al dominio del sámatha, pero según los textos antiguos, y también según muchos maestros de la meditación que conozco personalmente, el que llega a dominar el sámatha puede alcanzar esos profundos estados de concentración en la meditación, que reciben el nombre de *jhanas,* en los cuales la mente alcanza la perfección en cuanto a dirigir y estabilizar la atención, en hacer surgir el gozo —concretamente el gozo lleno de energía y el gozo delicado, o sea, el piti y el sukha)—, y en la concentración en un solo punto, la unificación de la mente con el objeto. Un maestro me describió los jhanas como estados en los cuales la mente, totalmente envuelta en el gozo, puede permanecer perfectamente inmóvil, concentrándose con perfección en el objeto escogido sin que flaquee la atención o sin que surja ningún pensamiento que la distraiga, al menos durante cuatro horas seguidas, y salir de esas cuatro horas de intensa concentración descansada y lista para «el trabajo real».

Solo conozco un estudio neurológico en el cual se analizó el cerebro de un meditador muy experimentado mientras este se hallaba en diversos estados de jhana, y es fascinante.[3] Para mí, la parte más interesante es el intento del equipo de investigación por estudiar el componente del gozo profundo en los jhana. Lo hicieron midiendo la activación del sistema de recompensa por dopamina en el cerebro y sí, la redacción final de la investigación la describe como «mejor que el orgasmo sexual». Una pregunta clave sería esta: si el jhana es verdaderamente más agradable que el orgasmo sexual, ¿entonces pone el sistema de recompensa por dopamina en su máxima velocidad? Y si lo hace, ¿acaso no es esto como el abuso de drogas (o usando una manera más técnica de expresarse, «hiperestimulación de los senderos de la dopamina inducida por medio de drogas»)? El estudio reveló algo sorprendente. Según los datos obtenidos en el cerebro, en realidad la activación del sistema de recompensa era relativamente pequeña en el jhana. No obstante, la actividad cortical del cerebro se reducía; por tanto, se podía detectar una señal de recompensa mucho menor y percibirla como más intensa. En otras palabras, en el jhana solo hay una pequeña activación del sistema de recompensa del cerebro, pero este está tan quieto que experimenta esa pequeña activación como una intensa cantidad de gozo. A mí eso me parece fascinante porque, durante generaciones, los maestros de la meditación han enseñado que la mente que permanece serena es una mente llena de gozo, y este estudio puede haber revelado cuál es el mecanismo neurológico que hay detrás de esa enseñanza. ¡Vaya!

La madurez de la práctica del vipássana (percepción)

Cuando la práctica del vipássana alcanza su madurez, en la meditación formal la persona tiene una percepción de los datos sensoriales en alta resolución. De manera específica, tiene la capacidad de percibir el surgimiento y la desaparición de diminutos fenómenos sensoriales más de una vez por segundo. Un indicador medible de la madurez en la práctica del vipássana es una fuerte interocepción de los latidos del corazón, lo cual significa que tiene la capacidad de sentir los latidos de su propio corazón en el cuerpo en la forma que quiera y en el lugar que quiera. Esta capacidad se halla en una alta correlación con una fuerte actividad en la parte del cerebro conocida como la ínsula o corteza insular, que también mantiene una alta correlación con la conciencia de sí mismo y con la empatía.[4]

Cuando tienes una práctica madura del vipássana en la vida diaria, nunca pierdes por completo tu concientización; ni siquiera en las situaciones difíciles. Por ejemplo, incluso en aquellas situaciones en que te hallas tan alterado que pierdes el control de tus emociones, nunca pierdes por completo la concientización que te lleva a observar las cosas con claridad, tal como se van produciendo, casi como si fueras una tercera persona. Nunca pierdes por completo el contacto con la comprensión: «Mis pensamientos no son mi yo; solo son pensamientos. Y mis emociones no son mi yo; solo son emociones».

Una de las indicaciones más importantes de la madurez en la práctica del vipássana en combinación con la madurez en la práctica del sámatha es la ecuanimidad ante el sufrimiento; en especial, el sufrimiento mental y emocional. Todos los sucesos sensoriales siguen el mismo patrón: comienzan con el contacto entre el órgano sensorial y el objeto, seguido por el surgimiento de la sensación, después la percepción, generalmente seguida por el apego o la aversión. El apego se produce cuando la mente se aferra con desesperación a una experiencia agradable, deseando que nunca termine. La aversión se produce cuando la mente rechaza con desesperación una experiencia desagradable, deseando que termine de inmediato. Todos los pensamientos siguen también un patrón similar: primero se concibe el pensamiento, seguido de una respuesta emocional, la cual suele ir seguida de apego o de aversión. Como vimos en el capítulo 6, la causa directa del sufrimiento está en el apego o la aversión; no en la sensación, ni en el pensamiento. Por tanto, mientras más pueda la mente experimentar un suceso sensorial, o un pensamiento sin aferrarse a él ni sentir aversión por él, menos sufrimiento va a experimentar. Con una práctica madura del vipássana, podrás percibir toda la cadena, desde el contacto o la concepción, hasta el aferramiento o la aversión; podrás ver ese aferramiento o esa aversión como la causa directa del sufrimiento y, si también tienes un sámatha maduro (estado de serenidad), podrás mantener la ecuanimidad, un estado en el que no tendrás ni aferramientos ni aversiones, creando así la posibilidad de experimentar el dolor sin sufrir, o al menos con un grado menor de sufrimiento. De esta manera, la madurez, tanto en tu serenidad como en tu comprensión, va a crear las condiciones para que prospere en ti la ecuanimidad. Mientras más fuerte es uno en el sámatha y el vipássana, más puede permanecer sereno, equilibrado y libre frente a ocho condiciones mundanas: la ganancia y la pérdida, la honra y la deshonra, el elogio y la acusación, y por último, el placer y el dolor.

Mi amigo y maestro budista tibetano, el Cuarto Trungram Gyaltrul Rinpoche, que es considerado también como el primer lama tibetano reencarnado en conseguir un doctorado de la Universidad de Harvard, me ofreció algo que considero como la mejor descripción técnica de una práctica madura del vipássana, desde una perspectiva tradicional. Él basa su descripción en el concepto budista del *nama-rupa* (literalmente, «nombre y forma»), el cual se refiere a dos procesos de la experiencia. *El nama* (literalmente, «nombre») se refiere al aspecto mental de la experiencia, mientras que el *rupa* (literalmente, «forma») se refiere al aspecto físico de la experiencia. Gyaltrul me dice que en el budismo tibetano se ve el nama-rupa en dos dimensiones: el nama en el eje vertical o «y», y el rupa en el eje horizontal o «x». El rupa es la dimensión espacial: todo el rupa está contenido en el espacio. El nama es la dimensión temporal: todo el rupa se encuentra en el pasado, el presente y el futuro. La práctica relacionada con el nama consiste en tratar una y otra vez de separar de la experiencia el pasado y el futuro, simbolizados respectivamente por la parte superior del eje de las «y» y por su parte inferior, hasta que el nama se vuelva sumamente delgado. La práctica en cuanto al rupa consiste en seguirlo expandiendo hasta que cubra todo el espacio que se pueda percibir por medio de los sentidos. Es decir, hasta enfocar tu experiencia en el presente, en lugar de hacerlo en el pasado o en el futuro, y ampliar esa experiencia del presente hasta que incluya todo lo que esté sucediendo.

He encontrado que este marco es muy útil en mi propia práctica. Cuando lo probé, tuve un cambio repentino en mi percepción. Inicialmente, percibía la respiración como eso, respiración; y las sensaciones corporales las percibía como percepciones en el cuerpo. En cambio, cuando mi experiencia del nama se volvió lo suficientemente delgada, se produjo un cambio de fase. De pronto, mi mente experimentó las sensaciones como una cacofonía de microsucesos. Un cosquilleo repentino por aquí, otro cosquilleo repentino por allá, un sonido aquí, una vibración allá, una expansión aquí, una contracción allá. Era mucho lo que entraba y demasiado ruidoso. Entonces me di cuenta de que hasta la respiración es en sí misma un concepto, un concepto compuesto por muchos momentos sucesivos de sensación que la mente integra, formando la experiencia de la respiración. También vi que el número de fenómenos que nota la mente aumenta de manera sustancial, desde alrededor de uno por segundo hasta cerca de diez por segundo.

Y entonces me di cuenta de que una de las señales distintivas de la práctica madura del vipássana es la capacidad para ir pasando sin esfuerzo de un nivel de percepción al otro: el nivel conceptual en el cual operamos de forma normal (las cosas, la gente, las acciones) y el nivel preconceptual antes que la mente integre entre sí a los datos sensoriales y las corrientes del pensamiento hasta convertirlos en conceptos operacionales. En otras palabras, la capacidad para ver las cosas de más de una forma. Este es un territorio nuevo que yo mismo estoy explorando en la actualidad.

¿Se debe esto a que meditaste después de ver la película *Origen*?

El dominio del vipássana (percepción)

Yo mismo no he alcanzado el dominio del vipássana, de manera que este es un territorio que solo conozco por lo que me han enseñado los maestros. Hasta donde sé, no hay consenso en cuanto a lo que constituye el dominio del vipássana, pero creo estar bastante seguro en cuanto a conocer cuál es la cualificación básica mínima; lo que me describió el maestro de meditación

Shinzen Young como «la comprensión de que nunca ha existido cierta cosa llamada *"un yo"* dentro de mí». Shinzen también me explicó muy útilmente que los seres humanos perciben esta comprensión de una manera diferente, y eso depende en su mayor parte de la tradición espiritual de la cual son herederos.

Por ejemplo, los budistas tienden a experimentarlo como una ausencia del yo. Los taoístas tienden a mencionarlo como la unidad con todas las cosas, mientras que los contemplativos de las religiones abrahámicas, el judaísmo, el cristianismo y el islam, tienden a formularlo como la unión del alma con Dios. En todos esos casos, el punto en común es la desaparición del sentido de ese «yo» pequeño, inmutable y limitado. He oído a otros maestros describir este mismo estado como «una comprensión que lleva a romper por completo la identificación con nuestra mente y nuestro cuerpo», y también como «la comprensión de que no existen límites ni separaciones de ninguna clase entre el "yo" y los demás». En realidad, es muy fácil describir este estado, porque no es una experiencia diaria común y corriente, así que por favor, trata cada una de estas descripciones como una pobre aproximación. Las enseñanzas antiguas comparan la descripción verbal de las comprensiones meditativas profundas con la descripción del sabor que tiene la miel para que lo entienda alguien que nunca ha probado nada dulce en su vida, de manera que por necesidad, todas estas descripciones son insatisfactorias.

En pali, el punto anterior sobre la comprensión recibe el nombre de *sotápatti* (literalmente, «entrar a la corriente»), y en japonés se le llama *kenshó* (literalmente, «ver la [verdadera] naturaleza») o *satori* (literalmente, «comprender», por lo general traducida como «despertar»). Shinzen lo compara con los cambios de paradigma que se producen de forma periódica en la historia de la ciencia. Por ejemplo, pensemos en la comprensión de que los eclipses de luna se producen cuando la sombra de la tierra cae sobre la luna. Una vez que se adquiere esa comprensión, nunca se vuelve a creer (como sucede con las costumbres chinas ancestrales) que los eclipses de luna se producen cuando el «Perro Celestial» se trata de comer a la luna una vez más. Por esa razón, se deja de tener deseos de hacer fuertes ruidos para espantar al Perro Celestial (como solían hacer mis abuelos). Los cambios de paradigma en la ciencia cambian de forma permanente nuestra manera de ver ciertos aspectos de la realidad y, por tanto, cambian nuestro estado mental y nuestra conducta.

De igual modo, la comprensión de que nunca ha existido un objeto inmutable llamado «el yo» cambia de forma permanente nuestra manera de percibir nuestra propia persona. A partir de ese momento, solo nos vemos como un proceso, no como un objeto. Ampliando la metáfora con respecto al eclipse de luna, este eclipse se sigue produciendo, y sigue dando el aspecto de ser como si un monstruo se estuviera comiendo la luna, pero nosotros ya no lo interpretamos de esa manera. Después de entrar en la corriente, las imágenes mentales, la conversación interna y las sensaciones emocionales del cuerpo siguen surgiendo de la misma manera que antes, pero ya no se las interpreta como algo llamado «el yo».

Esto tiene unas consecuencias obvias para el sufrimiento. Un alto porcentaje de nuestros sufrimientos proceden del sentido del yo, mí, me, conmigo, que se origina en su totalidad del sentido de que existe un yo sólido y sustancial, de manera que una vez que se comprende el sentido del «yo» como un proceso que es generado en su totalidad por la mente, entonces hay una gran cantidad de sufrimientos que, o bien desaparecen, o bien se reducen grandemente. Le pregunté a Soryu Forall hasta qué punto reduce el sotápatti los sufrimientos. Soryu me contestó que no podía establecer una cifra, pero sí me dijo que según un antiguo texto, antes del sotápatti, el volumen de sufrimiento es como un océano, y después del sotápatti, se reduce a una gota de agua. Excelente noticia.

En mi condición de compañero tuyo de aventuras, puedo compartir contigo una descripción de la escasa cantidad de territorio que he explorado personalmente en este tema del no-yo. No se acerca ni con mucho a lo que han descrito los maestros, pero como mi exploración está mucho más cercana a nuestra experiencia mundana diaria, tal vez tenga utilidad para ti. En mi exploración, he aprendido que hay por lo menos dos niveles del no-yo, uno más débil y el otro más fuerte. El nivel débil es la experiencia de que **solo está el observador y el observador carece de identidad.** En realidad, este nivel es muy fácil de describir, y la llegada a él es bastante directa para alguien con una fuerte práctica del sámatha y del vipássana.

Cuando dormimos, a veces soñamos. En nuestros sueños, a veces somos una persona totalmente distinta a la que somos en la vida real. En otras palabras, en esos sueños tenemos una identidad totalmente distinta a la que tiene la persona despierta. Durante el proceso de dormirnos y entrar en ese sueño, la mente abandona una identidad y adquiere otra. Mi experiencia en cuanto al primer nivel del no-yo tomó esa senda. En una ocasión, mientras estaba en medio de una profunda meditación, mi mente se volvió lo suficientemente sutil como para entrar en ese estado semejante al sueño, al mismo tiempo que permanecía plenamente despierta, y llegó al estado que sigue al momento en que la mente abandona una identidad, pero antes que tome la otra. En ese estado, solo estaba el observador, y ese observador no tenía identidad de ninguna clase. No había «Meng»; ese «Meng» había desaparecido por completo.

Solo estaba el observador. Pude permanecer en ese estado cerca de treinta minutos y esa experiencia me transformó la vida. En ella, un alto porcentaje de mis sufrimientos surgen de cuestiones que tienen que ver con mi identidad («¿Cómo se atreven a tratarme así *a mí*?». «¿Quién se creen que soy *yo*?». «¿Por qué *yo* no soy una persona encantadora?». «¿Por qué *me* tratan a *mí* como si *yo* fuera un incompetente?».) Cuando el observador no tiene identidad, ese observador adquiere por experiencia la comprensión de que la identidad es **totalmente un producto de la mente.** La identidad no tiene sustancia de ningún tipo; no es más que una simple creación de la mente.

Una vez experimentada esa comprensión, cuando uno regresa a la vida real, los problemas relacionados con su propia identidad, como ser tratado como si fuera un inútil o una persona carente de importancia, nos siguen incomodando, pero nuestra mente también sabe que de todas formas esa identidad carece por completo de sustancia; de modo que el sufrimiento queda significativamente reducido.

El nivel más fuerte del no-yo que he experimentado es el de que **no hay observador, sino que solo existe la observación.** Para mí, esto constituye en la actualidad un terreno en vías de exploración (lo cual significa que sí, que tal vez dentro de unos años aparezca otro libro escrito por mí. Gracias por preguntar). Solo lo he experimentado por mí mismo unas pocas veces y aún no he desarrollado la capacidad necesaria para estabilizarlo. La primera vez que experimenté este nivel del no-yo fue en un momento en que estaba atendiendo intensamente al sonido. Según se me dijo, esta es precisamente la razón por la cual algunos maestros zen consideran al sonido como el rey de los objetos de la meditación. A diferencia de la respiración o del cuerpo, la ventaja que tiene el que se medite en el sonido es que la mente no percibe el sonido como una experiencia de la persona. En vez de ello, lo percibe como una experiencia que se halla «fuera». Debido a este hecho de no hallarse dentro de la persona, es mucho más fácil experimentar el sonido sin que el observador surja como reacción a la experiencia. En este nivel de la experiencia del no-yo, la mente observa el sonido, pero no experimenta la presencia de un observador, y entonces, un momento más tarde, la mente construye al observador para reconocer la ausencia de observador en el momento anterior. Ya sé; tal vez no le encuentres mucho sentido a esto. En este punto, todo lo que sé es que mis maestros de meditación me dicen que esta capacidad para experimentar la ausencia del observador —cuando la cultive y la logre estabilizar, y aprenda a activarla o desactivarla a discreción—, me terminará llevando al sotápatti. Te volveré a informar cuando sepa más sobre eso (solo que la versión en que «yo» sea quien te presente el informe va a ser por medio de un observador con una identidad; lo siento).

La madurez de la práctica de los brahmavihara (estados sublimes)

Cuando tu práctica del brahmavihara alcance la madurez, podrás —en la meditación formal— hacer surgir a discreción el amor bondadoso, la compasión o el gozo altruista, y serás capaz de sostenerlos en el lapso de tiempo de una sentada bastante larga. En la vida diaria, en un marco normal en el cual nadie te esté gritando, ni tratando mal, podrás sentir amor bondadoso hasta el noventa y cinco, o incluso el cien por ciento de todos los seres humanos que veas. Incluso en una situación difícil en la que alguien te esté hiriendo gravemente, podrás ver a esa persona con algo de bondad y de compasión. Podrás ver su sufrimiento, y verás cómo es su sufrimiento el que causa en él esa forma de conducta tan poco habilidosa. Por el hecho de que seas capaz de hacer eso, en un porcentaje significativamente grande del tiempo, podrás usar el amor bondadoso y la compasión para resolver situaciones difíciles.

Ya no les tengo lástima a los tontos; ahora tengo compasión por ellos.

Es importante que comprendas que incluso en el caso en que seas capaz de enfrentarte a todas las situaciones difíciles usando el amor bondadoso y la compasión, eso no garantiza que tengas éxito en la resolución de esas situaciones difíciles en el cien por ciento de las ocasiones. Lo que hacen el amor bondadoso y la compasión es aumentar las probabilidades de éxito en la resolución y, muchas veces, ese aumento es lo suficientemente significativo como para transformar la vida. Una buena analogía sería en béisbol el promedio de bateo. En el béisbol se define el promedio de bateo como el resultado de dividir el número de *hits* del jugador por el número de veces que ha salido a batear, lo cual significa básicamente que ese número representa el porcentaje de veces que el bateador golpea la bola cuando se supone que lo haga. En una temporada de las grandes ligas, el promedio de bateo se encuentra en algún punto alrededor de .260 (en 2007 era de .268, y en 2014 fue de .251), lo cual significa que un jugador de béisbol de las grandes ligas golpea la bola alrededor del veintiséis por ciento de las veces. Lo típico es que un promedio de bateo en la temporada que sea superior a .300 —lo cual equivale acerca del cuatro por ciento por encima del promedio—, sea considerado como excelente. El promedio de bateo que alcanzó durante su carrera Babe Ruth, tal vez el mejor jugador de béisbol de todos los tiempos, es de .342. Así que la diferencia entre Babe Ruth y el jugador promedio de las grandes ligas solo es del ocho por ciento. Lo primero que aprendemos aquí es que ni siquiera Babe Ruth bateaba todo el tiempo; en realidad, solo lo hacía una minoría de veces. En segundo lugar, la diferencia entre el promedio y lo que se considera excelente es de un simple cuatro por ciento.

Lo mismo sucede con la práctica del amor bondadoso y de la compasión, aplicados a la vida real. Eso no significa que todas las situaciones de conflicto con tu cónyuge, tus suegros, tu jefe o tus clientes se vayan a poder resolver con amor bondadoso y con compasión. Por ejemplo, aunque trates con bondad a tu jefe, eso no quiere decir que siempre te vaya a contestar también con compasión, ni que todo vaya a ser sencillo y fácil. Sin embargo, el amor bondadoso y la compasión aumentan las posibilidades de mejorar una situación y, en ocasiones, incluso un pequeño aumento en las probabilidades podría tener consecuencias capaces de transformar la vida.

Por ejemplo, la ocasión en que sí marca una diferencia podría ser esa en la cual tus futuros suegros se sienten tan movidos por tu bondad, que deciden que eres digno de su hija, y eso podría afectar al resto de tu vida. Es importante que sepas estas cosas para que no te desanimes al ver que el amor bondadoso y la compasión no funcionan en todas las situaciones. A la larga, la práctica del amor bondadoso y de la compasión va a lograr en tu vida una mejora definitiva.

El dominio de los brahmavihara (estados sublimes)

Puedo decirte con toda certeza que me hallo muy lejos de alcanzar el dominio de cualquiera de los cuatro estados sublimes. Por fortuna, conozco gente estupenda que los han alcanzado, de modo que puedo relatarte sus historias.

En la meditación formal, un indicador en cuanto al dominio de los estados sublimes es la capacidad para usarlos como vehículos para alcanzar el jhana (ese estado de una atención, una concentración y un gozo perfectamente estabilizados). Por ejemplo, Ajahn Brahm me dijo que es posible hacer surgir el amor bondadoso en la mente con una intensidad tal, que la mente se dedique totalmente a él lo suficiente como para entrar al jhana. Otro indicador de dominio es la capacidad para crear en el cerebro unos cambios totalmente fuera de serie, mientras se medita en un estado sublime, como lo puede hacer Matthieu Ricard cuando medita sobre la compasión.

Donde brilla realmente el dominio del brahmavihara es en la vida real. Te puedo relatar dos inspiradoras historias que a mí me dejaron con la boca abierta. La primera la relató el Dalai Lama. Él habla de un monje tibetano, un lama elevado, al cual la policía secreta mantuvo en la cárcel durante décadas, torturándolo con frecuencia. Al fin, lo dejaron ir, y encontró su camino hacia la India para encontrarse con el Dalai Lama. Este le preguntó cómo se sentía cuando lo estaban torturando y él le dijo que se había visto con frecuencia en gran peligro. «¿Qué clase de peligro?», le dijo el Dalai Lama. El monje le respondió: «Estuve en peligro de perder la compasión por mis verdugos». Me quedé pasmado cuando escuché esa historia. Es decir, que aquel hombre, mientras lo torturaban, estaba preocupado porque no quería perder la compasión por la gente que lo torturaba. ¡Increíble!

La segunda historia tiene que ver con un hombre santo de corta estatura, llamado A. T. Ariyaratne, y a quien todos sus amigos conocen afectuosamente como el doctor Ari. El doctor Ari es un profesor de inglés de secundaria, conocido sobre todo por haber sido el fundador del Movimiento Sarvodaya Shramadana en Sri Lanka. El movimiento comenzó cuando él se fue con cuarenta estudiantes de secundaria y doce profesores de su escuela a una aldea de parias para ayudar a los aldeanos a arreglarla, y creció hasta convertirse en la mayor organización no gubernamental de Sri Lanka, que beneficia a once millones de personas y a quince mil aldeas. El brahmavihara es uno de los principios más importantes que guían a la organización Sarvodaya.

En la década de los años sesenta, cuando el doctor Ari aún era maestro de escuela, un día antes del fijado para lanzar un *satyagraha* (una campaña de resistencia no violenta) con centenares de estudiantes, recibió la noticia de que el notorio jefe del bajo mundo llamado Choppe estaba haciendo planes para asesinarlo con una bomba al día siguiente. El doctor Ari fue al hogar de Choppe con otro maestro. Primero, habló con Choppe y le preguntó qué planeaba hacer al día siguiente. Entonces le reveló su identidad y le pidió que lo matara allí mismo y, en ese mismo momento, le dijo: «Nuestra institución es una escuela budista. No profanes esa sede sagrada budista. Si me quieres matar, hazlo aquí y ahora». Choppe lloró y le dijo: «Si yo hubiera tenido maestros como tú, nunca me habría convertido en un jefe del bajo mundo». Entonces le ordenó a su pandilla que cancelara la bomba preparada para el día siguiente. Choppe y el doctor Ari se convirtieron en grandes amigos.

Bien, en caso de que no estés cansado de leer historias inspiradoras, tengo una más. Mi amigo Vishnu Vasu, creador de documentales, y amigo del doctor Ari durante muchos años, me habló de la valentía y de la compasión que es frecuente en la familia del doctor Ari. Me relató esta asombrosa historia, que se desarrolló durante la guerra civil que hubo en Sri Lanka, cuando el grupo étnico cingalés y el tamil entraron en guerra entre sí. En 1983 hubo brutales revueltas contra los tamiles, que son minoría.

El doctor Ari, que es cingalés, escondió en su casa a un grupo de tamiles para protegerlos de una violenta multitud de cingaleses. La multitud se enteró y fue a tocar a la puerta de la casa del doctor Ari. Este y su esposa no estaban allí; en realidad, estaban en el recinto principal del Sarvodaya, donde también tenían escondidos a un gran número de tamiles. Sadeeva, la hija del doctor Ari, quien entonces solo era una joven, les abrió la puerta. La multitud le exigió a Sadeeva que le entregara a los tamiles. Sadeeva les contestó: «Mi padre no está aquí, pero yo sé que si ustedes se lo exigieran a él, les respondería: "Primero me tendrán que matar a mí". Mi madre tampoco está aquí, pero también sé que si ustedes se lo fueran a exigir a ella, les respondería: "Primero me tendrán que matar a mí". De manera que, soy yo ahora la que les digo que primero me tienen que matar a mí». La multitud se marchó de allí.

Luchar firme para poder soltar

Al esforzarnos para lograr el dominio del sámatha, el vipássana y el brahmavihara, la permanencia en la serenidad, la comprensión y los estados sublimes, ¿qué estamos tratando de lograr? Bueno, pues no estamos tratando de lograr nada en absoluto. Es muy importante comprender que en última instancia, la meditación no tiene que ver con conseguir algo: **la meditación tiene que ver totalmente con saber soltar.** De hecho, puedo resumir mis veintitantos años de práctica de la meditación con solo dos palabras: poder soltar. Mi práctica consiste *en su totalidad* en soltar. Por ejemplo, al principio aprendí a soltar mi adicción a la estimulación sensorial y mental constante. Algo después, aprendí a soltar la inquietud y la distracción durante el tiempo en que estaba sentado meditando.

Mucho más tarde, aprendí a soltar cierta cantidad de codicia, odio, ansiedad y ego destructivo. Y en la etapa presente de mi práctica, estoy aprendiendo a soltar mis aferramientos, mis aversiones, mi mala voluntad, mi dependencia de los placeres sensoriales en general, y mi necesidad de «esponjar» mi identidad y mi yo. Todo este proceso no es más que un soltar.

En todas las etapas de este soltar, era recompensado con una nueva fuente de gozo sano. Por ejemplo, cuando solté la necesidad de ser estimulado constantemente por algún tipo de placer sensorial, experimenté el gozo del relajamiento. Desarrollé la capacidad de tener gozo, solo con sentarme y relajarme. Cuando soltaba una cantidad considerable de ira y de resentimiento, experimentaba el gozo de la buena voluntad hacia los demás. Cuando soltaba mi compulsión por no pasar por los desagradables sentimientos relacionados con mis fracasos, experimentaba el gozo de la seguridad. En todos y cada uno de los casos, lo que estaba experimentando era **el gozo de la libertad;** por ejemplo, el gozo de la libertad con respecto al aburrimiento, la libertad con respecto a los deseos, la libertad con respecto a la ansiedad, la libertad con respecto a mi propio ego y la libertad con respecto al resentimiento. Soy, y siempre he sido, esclavo de dos maestros tiránicos: mi aferramiento a los placeres sensoriales y al ego, y mi aversión a todas las cosas desagradables para mis sentidos y para mi ego. Soy esclavo del monstruo del aferramiento y del monstruo de la aversión. Con cada pequeña cosa que suelto, adquiero un poco más de libertad con respecto a esta esclavitud. En la libertad hay gran gozo.

Pero espera. Si todo se trata únicamente de soltar, ¿acaso no es algo fácil? Una cosa que les oigo decir con frecuencia a algunos maestros de meditación que conozco, y que me solía incomodar de una manera infinita, es su enseñanza según la cual soltar debería ser algo fácil. Cuando una persona sufre de codicia, odio, ansiedad, temor, lujuria u otro estado mental aflictivo, es como si estuviera sosteniendo un carbón encendido en la mano. ¿Cuál es la solución? Basta con abrir la mano y soltar el carbón encendido. De igual manera, basta con soltar la codicia, el odio, la ansiedad, el temor, la lujuria o cualquier otra cosa. Fácil, ¿no es cierto?

¡No, de fácil no tiene nada, caray! Bueno, al menos en lo que a mí respecta. La razón por la cual no es fácil es porque **hay unas capacidades que son requisitos previos para poder soltar.** Por ejemplo, en el caso de la persona que tiene en la mano el carbón encendido, necesita tener la habilidad de poder abrir la mano. Esa es la capacidad que se convierte en requisito previo para la situación. Digamos que tiene la mano engarrotada, por ejemplo, o que está sufriendo de una seria dolencia neurológica, o que la mordida de una serpiente venenosa le ha paralizado la mano. En esos casos, no podrá abrir la mano, por lo que no va a ser capaz de soltar el carbón encendido. De ahí que soltar es fácil *solo* si se hallan presentes las capacidades que son los requisitos previos correctos.

Por eso mi caminar hacia poder soltar exige mucho esfuerzo y mucha práctica: todo el esfuerzo y toda la práctica van dirigidos al desarrollo de las capacidades que son el requisito previo para poder soltar. Por ejemplo, todo ese entrenamiento en la concientización es para fortalecer la corteza prefrontal de mi cerebro, de manera que pueda desarrollar la capacidad necesaria para soltar las distracciones. Todo ese entrenamiento en el sámatha (permanencia en la serenidad) y el vipássana (la comprensión) es para poder desarrollar la capacidad de soltar la adicción a los deseos sensoriales. Todo ese entrenamiento en los brahmavihara (estados sublimes) es para poder desarrollar la capacidad para soltar la mala voluntad. En todos esos casos hay dos partes: el inmenso esfuerzo para desarrollar las capacidades necesarias como requisitos previos para soltar y el soltar en sí mismo. Tiene que haber *tanto* el esfuerzo como el soltar en sí. En su maravilloso libro *Mindfulness, Bliss, and Beyond* [La concientización, la dicha y el más allá], Ajahn Brahm tiene una divertida analogía cuyo protagonista es un asno. Aquí la tienes, resumida:

[En los tiempos antiguos, cuando la gente usaba asnos para tirar de las carretas] le amarraban una larga vara a la carreta, de manera que se extendiera hasta casi un metro por delante de la cabeza del asno. Le ataban una cuerda al extremo delantero de la vara y en la punta de la cuerda amarraban una gran zanahoria bien jugosa. Motivado por... la zanahoria... el asno se movía hacia delante, y de esa manera, también tiraba de la carreta... Sin embargo, ¡los asnos budistas saben de qué manera atrapar la zanahoria! Corren a toda velocidad detrás de la zanahoria, poniendo el máximo de su esfuerzo (viriya) y de su concentración (samadhi) en hacer que la carreta se mueva tan rápido como les sea posible. Por supuesto, la zanahoria se mueve a la misma velocidad, y siempre se queda a casi un metro de distancia de la boca del asno. En ese momento, el asno budista... súbitamente ¡[se detiene]! Debido al impulso, la zanahoria se mece más lejos aún del asno, formando un arco más alejado que nunca antes. Pero ese asno tiene fe (saddha) y sabiduría (panna), así que espera pacientemente con concientización (sati), puesto que el esfuerzo y la concentración han hecho ya su trabajo.

Mientras observa pacientemente, el asno ve que la zanahoria oscila lejos de él hasta el extremo, y después ve que comienza a oscilar de vuelta nuevamente... Practicando la paciencia, el asno no hace nada. Es la zanahoria la que hace todo el trabajo, a medida que se acerca cada vez más a él. En el momento justo, el asno se limita a abrir la boca, y en ella entra la gran zanahoria jugosa por sí misma. ¡A morder! ¡Mmm![5]

¡Libertad!

Uno de los textos de meditación más fascinantes que me he encontrado es un conjunto de instrucciones escritas para un cocinero. Fue escrito en el año 1237 por el maestro zen Dogen Zenji (1200–1253), fundador del Zen Soto en Japón, y uno de los mayores maestros de zen en la historia japonesa.

El título de este texto es *Tenzo Kyokun,* que significa literalmente «instrucciones para el monje a cargo de cocinar las comidas» (y que se suele traducir al inglés como *Instrucciones para el cocinero*). Fiel a la enseñanza zen según la cual la práctica de la meditación se produce tanto sobre el cojín de meditar, como en todas las actividades de la vida diaria, el *Tenzo Kyokun* mezcla instrucciones rutinarias, como la de «Cuando acabes de hacer las gachas del día, lava las cazuelas, pon el arroz al vapor y prepara la sopa», con profundas instrucciones acerca de la meditación. Para mí, la instrucción más importante que contiene el texto es la que da Dogen con respecto a practicar las tres mentes: La mente gozosa, la mente solícita y la mente grandiosa.

Conocí la existencia de las tres mentes de Dogen cuando tenía casi la cuarta parte de este libro escrita y, para mi agradable sorpresa, me di cuenta de que corresponden de forma directa con aquello con lo cual había hecho planes para escribir, y en el mismo orden exacto en el que las enseña Dogen. Primero, establecemos la mente gozosa, tanto en la meditación como en la vida diaria. Además del gozo, establecemos la mente solícita. Me pareció muy interesante que las palabras de Dogen que han sido traducidas al inglés como «mente solícita», literalmente significan «mente antigua» en el original japonés. Dogen explica que la mente antigua es «el espíritu de los padres y las madres», es la mente de un padre o una madre que cuidan solícitos de su amado hijo único. En otras palabras, es la mente del amor bondadoso, la compasión y el gozo altruista. Por último, encima de la mente gozosa y la mente solícita, establecemos la mente grandiosa.

¿Qué es la mente grandiosa? La mente grandiosa es la mente de la libertad. La mente grandiosa que describe Dogen en el *Tenzo Kyokun* se halla más allá de los límites de este libro (concretamente, Dogen habla acerca de la mente de la no-dualidad, y yo bromeo diciendo que consigo esa no-dualidad solo la mitad del tiempo), pero hay un aspecto sumamente importante de esa libertad que sí se encuentra dentro del alcance de este libro, y ese aspecto es **la libertad con respecto a las causas del sufrimiento.**

En última instancia, la razón para practicar y dominar la meditación es liberarnos a nosotros mismos y liberar a otros de todos los sufrimientos y sus causas. No tiene que ver con aliviar el estrés, ni con llegar a la creatividad, ni sentir seguridad; ni siquiera tiene que ver con un mejor disfrute de los alimentos. Tiene que ver con reducir, e incluso tal vez hasta eliminar, el sufrimiento en el mundo, comenzando por reducir o eliminar el sufrimiento dentro de nosotros mismos, y empezar a cultivar la paz interior, el gozo interior y la compasión. La paz es el comienzo del fin de todo sufrimiento.

Amigo mío, tengo la esperanza de que te fortalezcas en los tres pilares que forman tu práctica: el sámatha, el vipássana y los brahmavihara, y domines al menos uno de ellos, de manera que, al hacerlo seas una personificación de la paz interior, el gozo interior y la compasión, y de esta forma, reduzcas o elimines el sufrimiento en este mundo. Esa es mi esperanza.

Ni te detengas ni te estreses

Cuando comencé a escribir mi primer libro, *Busca en tu interior,* en realidad no tenía intención alguna de escribirlo. Solo estaba escribiendo mis notas. En el año 2007, cuando aún era ingeniero en Google, dirigí allí la creación del plan de estudios sobre inteligencia emocional basada en la concientización al que llamé así: Busca en tu interior. Muy pronto, se convirtió en el curso más solicitado de todo Google, y así permanece hasta este día, el día en el que estoy escribiendo esta frase, que es un viernes, en caso de que me lo preguntes. En 2010, decidí que necesitábamos entrenar más maestros para el curso, de manera que comencé a escribir en detalle lo que enseñaba en las clases, con el fin de que les sirviera como notas de enseñanza a los futuros maestros. Así me di cuenta enseguida de que en realidad, estaba escribiendo un libro, de manera que decidí convertir las notas en ese proyecto. A Karen May, mi gerente de Google, le pedí trece semanas de ausencia sin pago para escribir el libro. Karen me miró con su bondad y preocupación de costumbre, de las cuales parece tener unas cantidades ilimitadas, y me preguntó: «En realidad, ¿crees que puedes escribir un libro entero en trece semanas?». Yo le contesté: «No tengo ni idea, pero conozco una manera de averiguarlo». Ella aprobó mi solicitud de ausencia.

Karen tenía razón: no pude escribir el libro en trece semanas. Me tomó catorce. Sin embargo, le pude dar a ella una buena explicación. Durante el tiempo que yo estaba escribiendo, el Dalai Lama visitó la ciudad por casi una semana y me pasé la mayor parte del tiempo con él. El Dalai Lama se ha convertido en mi excusa para las tardanzas.

Escribir mi segundo libro, el que estás leyendo ahora, ha sido una experiencia totalmente distinta. Stephanie, mi agente literaria, me advirtió que escribir un segundo libro suele ser mucho más difícil que escribir el primero. La razón de eso es que, en el momento en que por fin te dedicas a escribir tu primer libro, es probable que su contenido haya estado ya en tu mente durante un tiempo muy largo, mientras que, cuando escribes el segundo, no sueles tener ese mismo lujo. Ella tenía razón. Mi experiencia en cuanto a escribir este libro parece más típica de un autor: prolongada y muy estresante. Su redacción se extendió a más de nueve meses, lo cual significó centenares de horas de intensa redacción, investigación, revisión y corrección de estilo, y lo hice mientras seguía con un trabajo de día y resolvía una multitud de cuestiones más en mi vida. Cuando por fin lo terminé, me prometí a mí mismo *nunca* más volver a escribir otro libro al mismo tiempo que trabajaba de día. Jamás. Hay autores amigos míos que me dicen que escribir un libro es como estar embarazado: cuando ya estás cerca del final del proceso, juras nunca volverlo a hacer, y después cambias de idea al cabo de unos pocos meses o años.

A través del proceso tan estresante que significó escribirlo, tuve una gran cantidad de oportunidades para practicar lo que predico aquí, y esto incluye el relajamiento para entrar en el gozo, la inclinación de la mente hacia el gozo y la edificación de la mente por medio del gozo en medio de las dificultades, y todas esas cosas funcionaron. Además, a lo largo de todo el proceso me di cuenta de que estaba practicando un principio que se aplica, no solo a la redacción de este libro, sino también a todas las empresas largas y difíciles, entre ellas una gran parte de la vida misma. Hasta es posible que se dé el caso de que este sea un principio que se encuentre subyacente a todo sobre lo cual he escrito en este libro; ese principio es el siguiente: ni te detengas ni te estreses.

Como de costumbre, aprendí esta importante lección en un antiguo texto budista. En ese texto, alguien le pregunta poéticamente al Buda cómo alcanzó él la liberación: «¿Cómo, señor, cruzaste la corriente?».[1] El Buda le responde: «No deteniéndome, amigo, y no estresándome, fue como crucé la corriente». El Buda le explica después que si se hubiera estresado, la corriente lo habría arrastrado, y si se hubiera detenido, se habría hundido. Por tanto, ni se detuvo ni se estresó. Esta es una lección muy importante para mí. En cualquier clase de situación difícil, en especial una de esas que parecen prolongarse demasiado, tengo la necesidad de aspirar a estar decidido a no darme por vencido, y también a cultivar la paz interior, el gozo interior y la compasión, para estar tan relajado como me sea posible.

Tengo la esperanza de que esta lección también te sea útil a ti. Cualquiera que sea el punto de tu vida en el que te encuentres, o cualesquiera que sean las cosas que estén sucediendo alrededor de ti; tanto si te despiertas feliz, como si te despiertas triste, si te enojas con rapidez o si tienes temor a hablar, si tratas de lograr algo y no logras verle el fin, este principio, y las prácticas que he compartido contigo en este libro, te ofrecen una manera más gozosa de seguir adelante.

Amigo mío, deseo que en tu senda hacia la grandeza interior, nunca te detengas y nunca te estreses.

Reconocimientos

Cuando recuerdo los acontecimientos de mi vida, siento que he sido salvado por una gracia asombrosa. Yo solía ser un hombre tan triste, que la trayectoria de mi vida habría podido tomar una entre muchas direcciones muy malas. Habría podido seguir siendo un hombre angustiado el resto de mi vida y, gracias a mi lamentablemente alto nivel de inteligencia, ser muy eficaz en la labor de esparcir el sufrimiento a mi alrededor. O me habría podido pasar toda la vida sintiéndome amargado y revolcándome en la autocompasión. O bien, lo más probable de todo, habría podido terminar temprano mi vida (intencionalmente o de alguna otra forma). Pero felizmente, nada de eso sucedió. Casi por accidente, aprendí que la felicidad es una habilidad mental altamente entrenable. Me entrené y me volví feliz. Mejor aún, me convertí en una buena persona (o aunque sea, un poco menos cretino de lo que solía ser). Como efecto secundario no intencional de ese entrenamiento, también obtuve el éxito en un sentido mundano más allá de mis sueños más extravagantes. ¡Vaya!

La sabiduría y los métodos de entrenamiento que me permitieron tener este drástico cambio en la trayectoria de mi vida proceden del Buda. De hecho, todo lo que hay de bueno en mí procede de él y de sus enseñanzas. Estaba perdido, pero ahora estoy en el hogar. Cada momento de meditación en el que tengo la mente en paz, me siento en el hogar. Me ha dado por leer la muy voluminosa colección del texto original del budismo primitivo conocido como los *Nikayas* (literalmente, volúmenes), y con cada discurso que leo, me siento en el hogar. Todo se ha vuelto muy familiar para mí. Le doy las gracias a ese amado hombre antiguo. Yo estaba perdido y él me trajo al hogar. Le estoy agradecido a él, y estoy agradecido por él todos los días de mi vida. Tengo la esperanza de que, antes que termine esta vida, sea digno de estar en su sombra.

Les estoy agradecido a los numerosos maestros y estimados amigos que a lo largo de los años me han enseñado diversos aspectos de la habilidad necesaria para llegar a la felicidad.

Entre ellos se encuentran Su Santidad el Dalai Lama; Su Santidad el Karmapa; el Reverendísimo Arzobispo Desmond Tutu; el ya fallecido Godwin Samararatne; los Venerables Sangye Khadro, Ayya Tathaaloka Bhikkhuni, Bhikkhu Bodhi, Ajahn Brahm, Tenzin Priyadarshi, Trungram Gyaltrul Rinpoche, Sakyong Mipham Rinpoche, Matthieu Ricard y Yongey Mingyur Rinpoche; los maestros de zen Thich Nhat Hanh, Norman Fischer, Shinzen Young, Soryu Forall y Joan Halifax; los maestros laicos Jon Kabat-Zinn, Jack Kornfield, Trudy Goodman, Shaila Catherine, S. N. Goenka, A. T. Ariyaratne, Thupten Jinpa, Alan Wallace y Sharon Salzberg; el maestro yoga Sadhguru Jaggi Vasudev y los maestros cristianos el Padre Laurence Freeman y el Hermano David Steindl-Rast.

Es posible que haya quienes se sorprendan al encontrar en esta lista unos maestros que no son budistas. No se sorprendan. He encontrado que mientras más profunda es la práctica de la meditación por parte de una persona, más encuentra que todas las tradiciones contemplativas señalan hacia el mismo núcleo común de bondad interior. Por ejemplo, el Dalai Lama dijo que el Sermón del Monte se halla muy cercano al pensamiento budista sobre la no violencia, y sobre la causa y el efecto. Cuando estoy comentando las complejidades del sámatha y las prácticas de compasión con el hermano David, no me siento diferente a si estuviera teniendo esa misma conversación con un maestro budista. El hermano David me dijo que su monasterio benedictino alojó en una ocasión a un monje zen durante varios meses y, al final de su permanencia allí, todos los monjes benedictinos decían que sentían al monje zen como «uno de nosotros; un verdadero hermano», y el monje zen sentía de igual manera con respecto a los monjes benedictinos. Uno llega al mismo lugar hermoso, cualquiera que sea su tradición espiritual.

Les agradezco a mis queridos amigos y maestros el que me hayan enseñado a ser feliz.

También les querría dar las gracias a la gran cantidad de personas que han trabajado conmigo en este libro. Tal vez pienses que convertirse en un autor de éxito es un logro solitario. *Noooooooo...* Como sucede con todo lo demás, el éxito de un autor es resultado del fuerte trabajo de una gran cantidad de personas: el ilustrador, el agente, los correctores de estilo, los que trabajan en las ventas y el mercadeo, los que diseñan la cubierta y la distribución del texto, la dama que opera la máquina de imprimir, el que conduce el camión de reparto, etc., etc. Nadie triunfa solo. Todo el que triunfa lo hace apoyado en el esfuerzo de otras personas. Muchas gracias a todos ustedes, amigos míos.

Me agradaría mencionar algunas personas de una forma especial. En primer lugar, a Colin Goh, mi sumamente talentoso ilustrador, amigo y consejero, que una vez más hizo un trabajo maravilloso en la creación de las caricaturas para mí. Le estoy muy agradecido a mi agente, Stephanie Tade. Stephanie fue la que me emp... *bueno...* me convenció para que escribiera este libro. Ella tenía mucha más fe en mí que yo mismo. Fue mi guía y mi animadora en todos y cada uno de los pasos del proceso, y me protegió como una amorosa hermana mayor. Siempre estuvo cuidándome y lo sigue haciendo. Todo eso y, además, ha hecho el voto de bodhisattva. ¡Vaya! Sinceramente, no habría podido escoger una mejor agente en el mundo entero para mi libro. De veras. (Su Santidad, si usted está leyendo esto, y está necesitando un agente para sus libros <guiño> <guiño> <codazo> <codazo>).

También me siento muy agradecido a Gideon Weil, mi editor. Gideon es brillante, profundo, receptivo y solícito. Es sincero, pero habilidoso, respetuoso y de mente amplia al expresar sus opiniones. Tratar con los autores no debe ser fácil, pero él lo hace con una compasiva delicadeza. De hecho, cuando Stephanie y yo estábamos planificando este libro, decidí que el único editor con el que quería trabajar era Gideon. Hasta ese punto llega mi interés por trabajar con él. También le querría dar las gracias a Stephanie

Higgs, mi editora de desarrollo, a Maaheem Akhtar, mi ayudante en las investigaciones, a Karen Ellis, mi asistente ejecutiva, y a todas esas personas maravillosas de HarperCollins: Melinda Mullin, Mark Tauber, Laina Adler, Hilary Lawson, Kim Dayman, Terri Leonard, Sarah Woodruff, Lisa Zúñiga, Ralph Fowler y Ali Shaw.

Mi gratitud a los amigos que se tomaron el tiempo necesario para leer por completo mis primeros borradores, y además de animarme, me hicieron muchas sugerencias útiles, entre ellos Jungeun You, Richard Davidson, Matthieu Ricard, Ayya Tathaaloka Bhikkhuni, Yunha Kim, Shinzen Young, Greg Simpson, Jonathan Berent, Paul Singerman, David Yeung, Marc Lesser, Dawn Engle, Dekila Chungyalpa, Treena Huang, Vishnu Vasu, HueAnh Nguyen, Rich Hua, Catarina Ahlvik, Eric Harr, Peter Weng y Soryu Forall. También le estoy agradecido a esa maravillosa dama, la entrenadora de salud y bienestar físico (busca joyellhayes.com), por tener la bondad de venderme el dominio joyondemand.com.

Tengo la bendición de contar con muchos amigos famosos. Yo sé que son personas sumamente ocupadas, así que cuando les pedí que respaldaran este libro, esperaba que la mitad de ellos me dijera que no. Sin embargo, casi todos me dijeron que sí enseguida. ¡Vaya! En lugar de mencionarlos a todos aquí mismo, puedes encontrar sus nombres en la sección de respaldos que tiene el libro. Mi gratitud a todos ustedes, mis amados y maravillosos amigos.

Hay una persona en particular a la que quiero destacar, porque su bondad y su generosidad me conmovieron tanto que sollocé. Es el expresidente Jimmy Carter. Después que le envié mi petición de respaldo al expresidente Carter, su personal me informó que le era imposible comunicarse directamente conmigo, porque acababa de perder un nieto de veintiocho años, que había fallecido de repente a causa de un ataque al corazón. Me sentí realmente triste, por lo que decidí no volver a tocar el asunto de mi petición. Me imaginaba que el expresidente Carter ya tenía suficientes cosas a las cuales enfrentarse en su vida. Resultó que él no olvidó mi petición. Unas semanas más tarde de haberle hecho yo la petición, el expresidente Carter me sorprendió enviándome un elogio muy bondadoso para este libro. Me sentí profundamente conmovido. Tanto que no sabía ni qué decir. Solo podía hablar con lágrimas. Con todo el sufrimiento al que se tuvo que enfrentar, aún se tomó el tiempo para hacer algo amable a mi favor y, que en realidad, no tenía necesidad alguna de hacer. ¡Vaya! La única forma que se me ocurre de devolverle su bondad es trabajar más fuerte al servicio del mundo. Muchas gracias, expresidente Carter. Usted es mi héroe. (Y sí, en caso de que te lo preguntes, el expresidente Carter es tan bondadoso, afectuoso y maravilloso en persona como lo es en público. Me inspira a ser una buena persona).

Les estoy profundamente agradecido a mis padres. Siempre he estado consciente de los sacrificios que ellos hicieron a mi favor, al punto de sufrir hambre física, pero el hecho de escribir este libro me ha dado la oportunidad de reflexionar aun más en su bondad, y me siento agradecido con ellos. En último y primer lugar a la vez, les estoy profundamente agradecido a Cindy, mi amante esposa, por cuidar de mí, y por seguir cuidando de mí; y a mi hermosa hija Ángel, por ser el amor más grande de mi vida.

A todos ustedes con quienes tengo una deuda de gratitud, les quiero pagar al menos en parte con este poema, mayormente porque no me cuesta nada, y también porque hice esto mismo en mi primer libro y nadie se quejó.

Venga, vámonos.
Más allá de la mente limitada.
Vámonos todos.
¡Bienvenidos al despertar!

En su original sánscrito:

Gate, gate.
Paragate.
Parasamgate.
¡Bodhi svaha!

Notas

Introducción: Cómo aprendí a ser alegre por diversión y por provecho

1. Steve Lohr, «Hey, Who's He? With Gwyneth? The Google Guy», *New York Times*, 1 septiembre 2007, http://joyondemand.com/r/meng_nyt.

2. Chade-Meng Tan, «Everyday Compassion at Google», Charlas TED, noviembre 2010, http://joyondemand.com/r/meng_ted.

3. Anderson Cooper en una entrevista con Chade-Meng Tan, «Mindfulness», *60 Minutes*, CBS News, 14 diciembre 2014.

4. David G. Allan, «Google's Algorithm for Happiness», CNN, 2015, http://joyondemand.com/r/google_happiness.

5. Philip Brickman, Dan Coates, y Ronnie Janoff-Bulman, «Lottery Winners and Accident Victims: Is Happiness Relative?» *Journal of Personality and Social Psychology 36*, no. 8 (1978): pp. 917–27.

6. David Lykken y Auke Tellegen, «Happiness Is a Stochastic Phenomenon», *Psychological Science 7*, no. 3 (1996): pp. 186–89.

7. J. A. Brefczynski-Lewis, et al., «Neural Correlates of Attentional Expertise in Long-Term Meditation Practitioners», *Proceedings of the National Academy of Sciences of the United States of America* 104, no. 27 (2007): 11483–88.

8. Jon Kabat-Zinn, *Cómo asumir su propia identidad* (Barcelona: Plaza & Janés, 1995).

9. Lo que me enseñó, algo de lo que me enteré más tarde, era una forma de meditación llamada *vip*ássana o meditación de *percepción*, una versión menos rigurosa de lo que se conoce popularmente en Occidente como meditación de atención continua.

10. Anthony Barnes, «The Happiest Man in the World?» *The Independent*, 20 enero, 2007, http://joyondemand.com/r/happiest_man.

11. Yongey Mingyur Rinpoche, *La alegría de la vida: descubra el secreto y la ciencia de la felicidad* (Barcelona: Granica, 2008).

12. Richard Davidson, et al., «Alterations in Brain and Immune Function Produced by Mindfulness Meditation», *Psychosomatic Medicine* 65, no. 4 (2003): pp. 564–70.

13. Matthieu Ricard, *Happiness: A Guide to Developing Life's Most Important Skill* (Nueva York: Little, Brown and Company, 2003).

14. Shawn Achor, *La felicidad como ventaja* (Barcelona: RBA, 2011).

15. Shawn Achor, «The Happiness Dividend», *Harvard Business Review*, 23 junio 2011, http://joyondemand.com/r/happiness_dividend.

Capítulo uno: El gozo es lo adecuado para ti

1. Comunicaciones personales por correo electrónico.

2. Walter Isaacson, *Steve Jobs* (Nueva York: Vintage Español, 2011).

3. Esta historia, originalmente en el artículo de Jonah Lehrer, «The Eureka Hunt» en *The New Yorker* (julio 2008), también se ha verificado con John Kounios mediante comunicaciones personales.

4. Sigal G. Barsade y Donald E. Gibson, «Why Does Affect Matter in Organizations?» *Academy of Management Perspectives* 21 (febrero 2007): pp. 36–59.

5. Teresa M. Amabile, et al., «Affect and Creativity at Work», *Administrative Science Quarterly* 50, no. 3 (2005): pp. 367–403.

6. Shinzen Young, «Shinzen, the Mindful Math Geek», YouTube, 6 diciembre 2009, http://joyondemand.com/r/shinzen_math, y por conversaciones personales.

7. Elaine Hatfield y Susan Sprecher, «Men's and Women's Preferences in Marital Partners in the United States, Russia, and Japan», *Journal of Cross-Cultural Psychology* 26, no. 6 (1995): pp. 728–50.

8. Olivia Fox Cabane, *El mito del carisma: cómo cualquier persona puede perfeccionar el arte del magnetismo personal* (Argentina: Empresa Activa, 2012).

9. Landon Thomas Jr., «A $31 Billion Gift Between Friends», *New York Times*, 27 junio 2006, http://joyondemand.com/r/billion_friends.

Capítulo dos: ¿Una sola respiración? Debes estar bromeando

1. Y. Y. Tang, et al., «Short-Term Meditation Training Improves Attention and Self-Regulation», *Proceedings of the National Academy of Sciences of the United States of America* 104, no. 43 (2007): pp. 17152–56.

2. Michael D. Mrazek, et al., «Mindfulness Training Improves Working Memory Capacity and GRE Performance While Reducing Mind Wandering», *Psychological Science* 24, no. 5 (2013): pp. 776–81.

3. A. C. Hafenbrack, Z. Kinias, y S. G. Barsade, «Debiasing the Mind Through Meditation: Mindfulness and the Sunk-Cost Bias», *Psychological Science* 25, no. 2 (2014): pp. 369–76.

4. P. Kaliman, et al., «Rapid Changes in Histone Deacetylases and Inflammatory Gene Expression in Expert Meditators», *Psychoneuroendocrinology* 40 (2014): pp. 96–107.

5. Se trata de un famoso diálogo de la película de la comedia clásica *¡Avión!* «Seguramente no puede ser serio». «Lo digo en serio. Y no me llame Shirley». Esta nota existe en beneficio de los tres que no han visto esa película.

6. Michael Mosley, «The Truth About Exercise», *Horizon*, dirigida por Toby MacDonald, BBC Two, se transmitió el 28 de febrero, 2012.

7. Charles Duhigg, *El poder de los hábitos: por qué hacemos lo que hacemos en la vida y en la empresa* (Barcelona: Urano, 2015).

Capítulo tres: De una respiración a un Googol

1. Nimitta Sutta (*The Discourse on Meditation Signs*), Anguttara Nikaya 3:103.

Capítulo cuatro: ¿Quién? ¿Yo, feliz?

1. Malcolm Gladwell, «The Naked Face», *The New Yorker* (5 agosto 2002).

2. *Upanisa Sutta* (*The Discourse on Proximate Causes*), Samyutta Nikaya 12:23.

3. Existen muchos artículos sobre ese tema, pero aquí hay uno bueno, en el cual se pueden encontrar referencias a muchos otros: Kennon M. Sheldon y Sonja Lyubomirsky, «How to Increase and Sustain Positive Emotion: The Effects of Expressing Gratitude and Visualizing Best Possible Selves», *The Journal of Positive Psychology* 1, no. 2 (2006): pp. 73–82.

4. Un buen artículo sobre el poder de agradecimiento: Robert A. Emmons y Michael E. McCullough, «Counting Blessings Versus Burdens: An Experimental Investigation of Gratitude and Subjective Well-Being in Daily Life», *Journal of Personality and Social Psychology* 84, no. 2 (2003): pp. 377–89.

5. Brigid Schulte, «To Achieve Happiness: 5 habits, 2 minutes», The Columbus Dispatch, 14 julio 2015.

6. Akira Kasamatsu y Tomio Hirai, «An Electroencephalographic Study on the Zen Meditation (Zazen)», *Folia Psychiatrica et Neurologica Japonica* 20, no. 4 (1966): pp. 315–36.

7. Amit Bhattacharjee y Cassie Mogilner, "Happiness from Ordinary and Extraordinary Experiences," *Journal of Consumer Research* 41, no. 1 (2014): pp. 1–17.

8. Eric Weiner, «Bhutan's Dark Secret to Happiness», BBC, 8 abril 2015, http://joyondemand.com/r/bhutan_happiness.

9. C. N. DeWall y R. F. Baumeister, «From Terror to Joy: Automatic Tuning to Positive Affective Information Following Mortality Salience», *Psychological Science* 18, no. 11 (2007): pp. 984–90.

10. Shinzen Young, «The Power of Gone», *Tricycle*, otoño 2012.

11. Comunicaciones personales por correo electrónico.

Capítulo cinco: Enriquece tu mente en segundos

1. Mat Smith, «Life Lessons from the World's Happiest Man», *Esquire* (15 diciembre 2015), http://joyondemand.com/r/matthieu_learned.

2. Nyanaponika Thera, et al., "Mudita: The Buddha's Teaching on Unselfish Joy," *Access to Insight* (2013), http://joyondemand.com/r/mudita.

3. H. H. Dalai Lama, *Beyond Religion: Ethics for a Whole World* (Boston: Mariner Books, 2012).

4. Anguttara Nikaya 5:35.

5. Barbara L. Fredrickson, et al., «Open Hearts Build Lives: Positive Emotions, Induced Through Loving-Kindness Meditation, Build Consequential Personal Resources», *Journal of Personality and Social Psychology* 95, no. 5 (2008): pp. 1045–62.

6. En el Visuddhimagga (camino de purificación), un texto budista del siglo V, el enemigo cercano de alegría altruista se identifica de manera enigmática como «la alegría basada en la vida en el hogar», pero básicamente describe el placer malsano. El Visuddhimagga nombra a los enemigos cercanos de los otros tres estados sublimes de manera menos enigmática como la avaricia, el dolor y la ignorancia, respectivamente, las cuales he traducido en esta sección de manera que incluso yo puedo entender. Cabe señalar que maestros de meditación modernos tienen muy similares, pero no generalmente idénticas, listas de enemigos cercanos y lejanos para cada

enemigo inmensurable. En mi caso, trato de respetar la más antigua fuente reconocida posible, que es el Visuddhimagga.

7. Si te interesa saber más, aquí está una introducción corta y muy legible al tono vago, escrito por James Heathers: «Introducción to Vagal Tone», http://joyondemand.com/r/vagal_tone.

8. Bethany E. Kok, et al., «How Positive Emotions Build Physical Health: Perceived Positive Social Connections Account for the Upward Spiral Between Positive Emotions and Vagal Tone», *Psychological Science* 24, no. 7 (2013): pp. 1123–32.

9. Dacher Keltner, «The Compassionate Instinct: A Darwinian Tale of Survival of the Kindest», Meng Wu Lecture, Stanford School of Medicine, Palo Alto, CA, 29 septiembre 2011, http://joyondemand.com/r/dacher_compassion.

10. Bethany E. Kok y Barbara L. Fredrickson, «Upward Spirals of the Heart: Autonomic Flexibility, as Indexed by Vagal Tone, Reciprocally and Prospectively Predicts Positive Emotions and Social Connectedness», *Biological Psychology* 85, no. 3 (2010): pp. 432–36.

Capítulo seis: La felicidad está llena de tonterías

1. Comunicaciones personales por correo electrónico.

2. Christopher Chabris y Daniel Simons, *El gorila invisible: y otras maneras en las que nuestra intuición nos engaña* (Buenos Aires: Siglo Veintiuno Editores, 2011).

3. Louis C. K. en *Late Night with Conan O'Brien*, NBC, 1 octubre 2008.

4. Thich Nhat Hanh, *El milagro de mindfulness* (Barcelona: Oniro, 2014).

5. Louis C. K. en *Late Night with Conan O'Brien*.

6. Comunicaciones personales.

7. Paul Reps y Nyogen Senzaki, *Zen Flesh, Zen Bones: A Collection of Zen and Pre-Zen Writings* (Boston: Tuttle Publishing, 1998).

8. Matthieu Ricard, *Altruism: The Power of Compassion to Change Yourself and the World* (Nueva York: Little, Brown, 2015), pp. 56-57.

Capítulo siete: Una mente poderosa es mejor que el placer sexual

1. Ajahn Brahm, «Life Moments with Ajahn Brahmavamso (Ajahn Brahm)», YouTube, 5 febrero 2013, http://joyondemand.com/r/brahm_moments.

2. Esta parábola es parte de la séptima etapa en las diez etapas descritas en el Avatamsaka Sutra.

3. Michael R. Hagerty, et al., «Case Study of Ecstatic Meditation: fMRI and EEG Evidence of Self-Stimulating a Reward System», *Neural Plasticity* 2013 (2013), artículo ID 653572.

4. Hay una colección de estudios en la que cada uno aborda un aspecto diferente de la relación entre la conciencia emocional, la empatía y la ínsula. Craig y Herbert sugieren vínculos significativos entre la fuerte conciencia emocional y la conciencia de los sentimientos del cuerpo interior por medio de la actividad en la ínsula, incluyendo la percepción de latidos del corazón, mientras Singer describe los muchos estudios que vinculan la ínsula con la empatía. Lutz sugiere que todas estas habilidades son entrenables con meditación.

   A. D. Craig, «Human Feelings: Why Are Some More Aware Than Others?», *Trends in Cognitive Schiences* 8, no. 6 (2004): pp. 239–41; Beate Herbert, Olga Pollatos, y Rainer Schandry, «Interoceptive Sensitivity and Emotion Processing: An EEG Study», *International Journal of Psychophysiology* 65, no. 3 (2007): pp. 214–27; Antione Lutz, et al., «Regulation of the Neural Circuitry of Emotion by Compassion Meditation: Effects of Meditative Expertise», *PLoS One* 3, no. 3 (2008): p. e1897; Tania Singer, «Understanding Others: Brain Mechanisms of Theory of Mind and Empathy» en *Neuroeconomics: Decision Making and the Brain*, 2ª ed., eds. P. W. Glimcher, et al. (Londres: Academic Press, 2009), pp. 251–68.

5. Ajahn Brahm, *Mindfulness, Bliss, and Beyond: A Meditator's Handbook* (Somerville, MA: Wisdom Publications, 2006).

Epílogo: Ni te detengas ni te estreses

1. Samyutta Nikaya 1:1. El hecho de que este sea el primer discurso de la muy voluminosa colección de Samyutta Nikaya probablemente respalde su gran importancia. Para toda la colección maravillosamente traducida al inglés, ver: *The Connected Discourses of the Buddha: A Translation of the Samyutta Nikaya*, 2ª ed. (Somerville, MA: Wisdom Publications, 2003).